山と渓に遊んで

高桑 信一

みすず書房

山と渓に遊んで◇目次

あの夏の海辺

幼子《おさなご》は母にいだかれて海を見ていた。日傘を開いて砂浜の波打ち際に腰を下ろした母のかたわらに、ふたりの兄とすぐ上の姉がいた。仕事で山中を飛びまわっている父を除けば、それが家族のすべてだった。

夏の光が砂浜を灼《や》き、空の一角に入道雲が湧いていた。

背後に連なる防風のための松林まで砂浜が延び、その向こうに、たおやかな山が見えた。寒風山《かんぷうざん》と呼ばれる、標高わずか三五五メートルの低山だが、中腹から上は天然の芝に覆われて清々しく、山麓や海辺の人々に親しまれてきた山である。

山頂からつづく裾野がゆるやかに高度を落とし、岬となって海に没していた。周囲の海底は岩礁を形成して、磯の魚たちの恰好の住処になっており、岩礁は、そのまま半島をめぐるように険しい海岸線を連ね、やがて全国でも有数の磯釣りの名所として知られることになる。

岬の奥に船を碇泊させているのは、半島の中心地の船川《ふなかわ》港だった。

岬によって海岸は岩礁と砂浜に分け隔てられ、幼子のいる砂浜は左手にゆるやかな弧を描き、遠くたたずむ秋田港までつづいていた。

多くの海水浴場を点在させる長い砂浜は、母なる河川、雄物川《おものがわ》が運びもたらしたものである。列島の創成期、日本海に浮かぶ小さな島に向かって、北の米代川《よねしろ》と南の雄物川が膨大な土砂を運び、海を埋めて島と結びついたのが半島の成因であり、そこに誕生したのが、琵琶湖に次いで大きな湖として知られた、干拓前の八郎潟なのである。

その小さな半島が、少年期まで幼子を育み導いた豊穣の故郷、男鹿《おが》半島だった。

半島の付け根に近い砂浜の上に、太平山《たいへいざん》が片流れの山容を浮かべ、その左手のはるか彼方に、青森との県境にまたがる白神《しらかみ》山地が淡く霞んで見えた。

海の向こうに端正な山が聳えていた。それが、出羽富士と称される鳥海山だということを、幼子はむろん知る由もない。

砂浜には近郷の人々が集まって海を眺めていた。やがて重い衝撃音とともに、沖合いはるかな海面に、高さ百メートルを超えようかという水柱が数本あがった。それは時をおいて連続し、人々は声を呑み、あるいは歓声をあげて、時ならぬ海上の饗宴を見守った。

海辺に住む人々は、あらかじめ知らされていたその光景を目にすることによって、悲惨のままに推移した、ひとつの時代の終焉を了解したのである。

第二次大戦の終戦前夜、昭和二〇（一九四五）年八月一四日の深夜に行われた米軍の秋田空襲は、マリアナ群島から飛来したB29爆撃機、一三四機編隊によるもので、秋田港（旧・土崎港）に投下された爆弾は一万二千発に及ぶ。

石油備蓄基地として機能していた日本石油、秋田製油所の無力化を狙ったものである。

そのときの不発弾の処理が、終戦を経た数年後のこの日、初めて行われたのだった。

沖合いの爆発音と水柱に気を奪われていた母と兄弟の足元を逃れ、幼子は覚束ない足取りのまま、波打ち際に歩み寄っていた。翡翠色の浅い水底で光を拡散する砂の粒子が、宝石のように煌めいて幼子を魅了したのかもしれない。

小さな波が、海に分け入った彼の足元の砂を抉り、バランスを崩した幼子は瞬時ののちに波に呑まれて、沖に向かって運ばれていた。

異変に気づいて幼子を掬いあげたのは、十歳離れた長兄だった。遠浅の海岸で不測の事態にいたることはなかったにせよ、ささやかな海辺の出来事は、幼子の胸に抜きがたい記憶として刻まれることになる。

＊

人間の記憶は、はたしてどこまで遡ることができるのだろう。

私の記憶はいつも、遠い夏の日の海辺で途絶えて消える。沖に向かって運ばれていくさなかにも、恐怖は覚えなかった。

まるで浮遊感のような光に満ちた見知らぬ世界に運ばれていく、透明で心地よい感触が残るばかりである。

しかし、やはりそれだけでは済まないようで、やがて登山の世界にのめりこみ、水の流れに抗して頂をめざす行為の折々に、私は飛沫の向こうに潜む暗い情念を覚えて立ちすくむことがある。いつか、水によって命を絶たれるのではないか、という強迫観念から、私はいまだに逃れられていない。

二歳の夏のあの日、私たちはどこに住んでいたのだろう。東京の葛飾から秋田市、船川港、そして父の生家のある海岸の村へと、めまぐるしく住まいを替えていたからだ。

やがて落ち着くことになる父の生家まで、海岸から歩いて三百メートルと離れていない。しかし、それはまだ先のことで、その前は少し離れた駅裏の、粗末な下宿に住んでいたはずである。その記憶が、わずかに残っている。しかし駅裏の下宿から海岸までは、歩けば三十分はかかる。

戦後の動乱で交通機関も整備されていない時代、幼い四人の子どもを連れた母は遠い炎天の路を、歩いて海に向かったのだろうか。

成人して生家を離れた父は、東京に出て技術系の仕事に就いた。

長男だった父が生家を離れた背景には実母が他界し、祖父が子連れの後添えをもらった経緯がある。東京に出て下町生まれの母と出会い、長男と次男を得た父には、故郷の秋田にもどるつもりなどなかったはずだ。

あの戦争さえなければ、おそらく私もまた東京で生まれ育ったに違いない。人生というものの、未来を決定する不可避のおもしろさがそこにある。

本土空襲がはじまった昭和一九（一九四四）年、父は母とふたりの息子を連れて秋田に疎開するこ

生後間もないころ。母に抱かれているのが私

とになる。父が兵役を逃れられたのは、仕事中の事故で右手の人差し指を失ったからだ。その幸運がなければ、はたして私が生まれていたかどうかもわからない。

秋田市内で終戦を迎えた一家は、船川港の日本石油の社宅に移り住み、そこで三男の私が生まれた。船川は男鹿半島の中心地として発展した旧国鉄の船川線（現・JR男鹿線〈男鹿なまはげライン〉）の終着駅である。

終点船川の二つ手前の脇本《わきもと》が、父の生家のある駅だった。その駅裏の下宿に引っ越したとき、父はすでに日本石油を辞め、トンネルの掘削を主な業務とする会社に転職していた。

戦後の復興を担い、鉄道や道路のトンネルを掘る仕事が山積しており、現場の技術者として雇われた父は、単身赴任に等しい状態のまま、めったに家に帰ってこなかった。

幼い私は、高校に進学して父が会社を退職するまでの十数年のあいだ、まともに父と言葉を交わしたことがなかったのである。

私の家は東京を離れ、ついに秋田の方言に馴染むことのなかった母と、子ども四人の母子家庭だった。

しかし、周囲の悪ガキ仲間の環境は、どこも似たようなもので、出稼ぎ家庭が多かった。一家の主は、冬は北海道で土方仕事をし、春から夏は家に帰って失業保険で暮らすのである。吉幾三《よしいくぞう》の歌う「津軽平野」の歌詞そのものの暮らしが、当たり前のように周囲に満ちている時代だった。

山のようなみやげを背にして帰り、半年を家で過ごす父親のいる彼らがうらやましかった。私の父は、盆や正月に帰省しても一週間と家にいることはなく、場合によっては帰宅する前に勤め先から電報が届き、ひと晩を過ごしただけで現場に引き返さなければならないことさえあったからだ。

　私たち一家が父の生家に身を寄せたのは、私が三歳のときかと思う。それも正確に言えば、父の生家の敷地の片隅に、である。そこに六畳二間の小さな家を建て、私たちはささやかな暮らしをはじめた。

　みずからの意志で家を出た父は、たとえ仮住まいとはいえ生家に頼ることを潔しとしなかった。しかし、時代がそれを許さなかった。父が生家に入らなかったのは、そこに祖父と後添えの母子の暮らしが営まれていたからである。

　生家で暮らす父の義弟には嫁がいて、すでに二人の息子を得ていた。叔父も父も互いに母を違えた長男という立場だが、自分から家を捨てた父にしてみれば権利の主張など無益なことだった。

　父は生家に入ることを望んでいなかった。敷地の片隅に小さな家を建てて住まわせてもらうだけでいい。それが戦後の復興の時代を生きる父の、おのれの誇りに準ずる限界だったように思うのだ。

*

　海岸線に沿って延びる集落には、岬の上にあった山城の、城下町の痕跡が残っていた。

　はるか中世からつづく集落の中央に、幅一〇メートルにもおよぶ広い道が一直線に延び、その両側に間口の狭い長屋のような建物が、向かい合うようにして軒を連ねていた。

　それぞれの家の間口は一〇メートルに届かず、互いの家の間隔は軒を接して歩く隙間さえない。

　家々の奥行きは八〇メートルもあったろうか。通りに面した個々の家の土地は、長方形の区画に納められた二百坪たらずに過ぎないのである。

その土地の、山側の一隅に建てられたのが私の家だった。表通りに面しているのは昔からの本家で、背後にひっそりと住んでいるのが訳ありの分家、というのが当時の家々の事情だった。

脇本城と呼ばれた岬の山城は、中世の戦国武将だった安東愛季《あんどうちかすえ》の築いたものである。秀吉によって領土を安堵された安東氏はのちに没落し、岬は太古の居住まいに還るのだが、岬の中腹にあった菅原神社はそのまま残り、地元の人びとの厚い信仰心によって支えられることになる。

脇本という地名の由来には二説があり、岬の山城の麓から館下、仲町、御札町、荒町、浜町というふうにつづくのだから、脇本陣という城下町の来歴に違いはないのだが、その一方で湧本という命名も見逃せないものがある。集落の背後の高台の小学校のすぐ下に「茶の水」という湧水があるからだ。「湧本《わきもと》」という呼称は、前面に海を臨み、背後に山を控える住民にとって命の恵みを意味している。

たかだか三五五メートルに過ぎない寒風山に降り注いだ水が、海沿いの寒村の背後の山裾に湧き出していた。それゆえに湧本は高台の小学校の校歌に歌われてもいる。

だが、そんなことより西に岬を望んで海に寄り添い、背後に寒風山の裾野をいだいて過ごす風土そのものが、幼い子どもたちにとっては掛け替えのない王国だった。

水道のない時代のこと、日々の暮らしを支えたのは「茶の水」だった。天秤棒を担いでブリキのバケツを両端に提げ、往復一キロに近い田んぼの畦道を往復して家に備えられた水瓶を満たすのが、集落の子どもたちに課せられた下校後の欠かせない仕事だった。

煮炊きはすべて薪である。その後しばらくして、自給自足の根底を揺るがす燃料革命にも等しいプロパンガスが登場するのだが、当時は疑いようもなく、炊事と風呂は薪に頼るほかなかったのである。薪を焚き付ける落ち葉の確保もまた、家々の子どもたちの仕事に他ならなかった。

ラジオもテレビもなく、日々の暮らしが仕事そのものに等しい時代が敗戦直後の列島にみなぎって、苦しいけれどたくましい、おおらかな日常が人々を支えていたのである。

だからこそ子どもたちは不満も言わず、与えられた家々の仕事に没頭した。それが戦前から連綿と伝えられたこの国の、貧しくとも豊かに生きる暮らしのありようだったのだ。

子どもたちの遊びは、それぞれの仕事を終えた後の、夕暮れを間近に控えた、ささやかな一刻しか与えられなかった。

それでも、課せられた仕事を終えてしまえば自由の天地が待っていた。

砂浜と岩場が並立する、類まれな海岸が子どもたちの飽くなき好奇心を満たし、松林には初茸や網茸などのキノコが採れた。

田んぼの畦の小さな流れを熊手で追えば、鮒《ふな》や泥鰌《どじょう》がいくらでも採れたが、それらが食卓にのぼることはなかった。子どもたちはなんの疑いもなく、野性への無邪気な殺生を繰り返したのである。

＊

私は山の子であり、海の子であった。砂浜を隔てて波打際に赤く群がる浜茄子に海の香りを嗅ぎ、松林の根元をめぐってはキノコの在り処を探った。かたわらで潮騒を聴き、その一方で山の端を視野に入れていた。

表通りの父の生家とのあいだには家で食べる程度の狭い畑があったが、それは生家のもので、私たちは背後の高台の、小学校の裏手にある山裾の畑を借りて耕した。

片道四十分ほどの畑からは海が一望だった。海が見えているというだけで空気が違うように思えた。家から田んぼの畦を通り、茶の水を汲んで腰に下げ、小学校の裏手の山道を登ると、寒風山からつづく裾野の一角にある畑に出るのだった。

傾いだ斜面を拓いた二面の畑に、さまざまな野菜を植えた。畑のあいだを掘り下げて肥溜めを作った。肥料は我が家が生産する天然の人糞である。それを肥桶に詰め、幾度となく往復するのが子どもたちの仕事だった。

背中で糞尿の桶が揺れ、そのたびに強烈な香りが鼻を過ぎるのだが、それでも集落を離れ、山道を歩いているだけで、私は知らない世界に迷い込んだようなよろこびを覚えていた。

肥溜めには底がなく地下浸透式だから、すぐに使わないとあっという間に消え果てるのが悲しかった。

それでも、山上の畑に通うのが楽しかった。それが私の山だったのだ。

やがて社会に出て登山に行こうと誘われたとき、私にはなんのためらいもなく、むしろ傲岸不遜の自信さえあった。私にとっての山は、肥溜めを担いで登った山上の畑そのものだったのである。

オーロラの思い出

あれはいつのことだったろうかと思い返している。汗ばむほどの季節だったから、すでに初夏にはなっていたはずだ。西空の岬の上に暮れ方の余光がたたずみ、家々の明かりが安らぎとともに浮かび上がろうとするその時刻。静かに消えて行く夕暮れの光を補おうとするかのように、北の空に光が灯った。

その光は次第に明るく、おおきく広がって、やがて全天を覆ったのである。初めは山火事かと思ったのだ。深紅でもなくピンクでもない空の色は、日ごと竈《かまど》の前で目にしている炎の色そのものだった。

山火事などでないのは明らかだった。燃えさかる空の下に、寒風山の稜線が黒々と沈んでいたからである。

ならば近隣の港が放った光かとも思ってみるが、寒風山を越えた北の方角には海しかなく、寒々とした漁港が点在しているばかりだった。

夕餉の準備に取りかかっていた家々から異常を知った住人たちが滑り出て、それぞれに途方もない空の饗宴を見上げていた。

怪奇現象と呼んでしまえばそれまでのことだが、そこには不吉なものに対する怖れが微塵もなかった。

まるで闇のなかに打ち上げられた花火を眺めるような、華やかな祭りの喧騒に身を潜ませるような、おだやかなまなざしを湛えた住人たちの姿があった。

あれはオーロラだったらしい、という噂が流れたのは翌日のことである。しかし私が本などで見知っているオーロラは、絨毯のような華やかな襞が天空に舞うそれであって、空を燃えつくすような昨夜の現象とは異なるものだった。

およそ二時間近く、空は茜《あかね》色に輝いて静かに闇に融けていった。

その闇のなかに現れた光景を、いまでも私は克明に覚えている。

光を失った空に、忽然と星が生まれたのである。そのわかりきっていたはずの天の摂理が、私を打ちのめした。

闇に誘《いざな》われて少しずつ生まれ落ちた星たちは、小さな光を放ちながら、それまで君臨していた茜色の空と入れ替わるようにして全天を満たしたのである。不意打ちを浴びた私は星空を見上げ、ひとり呆然とたたずんだ。

そのかすかな記憶を問い糾した私に兄たちは、そういえばあのころ、季節を前後して二度ほどオーロラを見たことがある、と答えてくれたのだ。

あれからすでに五十年を越える歳月が経ち、その後、オーロラの出現は記録にも現れてはいない。だとすれば、と思う。天の法則がどうであれ、北極の空を彩るオーロラが海を越えて小さな半島を覆ったのは、この星の大気が澄みわたっていた、つかの間の証なのではなかったか。

やがて風を孕んで高度成長へと疾走していくこの国の、一瞬の静穏と、ゆるやかな助走の時代がそこにあった。

*

どの家も貧しかったが、我が家は突出していた。赤貧と呼んでいい暮らしだったのである。生家の片隅に住まわせてもらっているとはいえ、私の家には自由に使える田畑がなかった。あるのは遠い山上の一隅に借りた、猫の額ほどの二面の畑である。

どの家にも小さな田畑があり、それを耕すのは牛馬だった。牛馬を飢えさせないためには餌になる乾し草があればよく、その草は野山に行きさえすれば、どこにでも得られた。

自由になる田畑があり、牛馬を養う労働力さえあれば、決して裕福とはいえないにせよ、食べていけるだけの収穫は得ることができたのである。

額に汗して持ち帰る、父の現金収入に頼るしかない我が家との暮らしの差が、歴然としてそこにあった。

長兄と次兄は三歳差だが、次兄は一月生まれだったから学年差は二年しかない。

高校に通わせようと思っても、二人分の負担を担うほどの家計の余裕はなかった。

次男には生まれ持った障害があった。逆さ睫毛《まつげ》という難病である。それがふたりの明暗を分けた。逆さ睫毛は、本来表にあるべき睫毛が瞳に沿うように内側に生える病である。当然のことながら視力の劣化を招き、場合によっては失明の怖れさえあった。

両親の判断は、病に冒された次男の治療を優先する、というもので、その結果、長兄は中学を卒業してすぐに就職を余儀なくされた。

すでに七十歳を超えている長兄に、そのころの苦悩の影を見出すことはできない。しかし、いかに弟のためとはいえ、高校への進学の途を閉ざされるその一方で、家という屋台骨を背負わされた長兄の不当ともいうべき不運は、いまも私の想像の埒外にあって胸を塞ぐのである。

二間《ふたま》しかないあばら家でも、当時の間取りは、ほかの家と変わらなかった。炊飯器が普及する以前のことで、土間には竈《かまど》が築かれていた。

玄関を入ってすぐが土間で、土を塗り固めた二連の竈が置かれたその横に水瓶があり、流しと隣り合っていた。

長兄が就職したのは秋田市内にある工務店で、国鉄船川線の汽車に四十分ほど乗らねばならず、家から駅までは、徒歩で二十分を要した。

脇本駅の発車時刻は六時四〇分で、それに間に合わせるためには家を六時二〇分には出なければならない。

そのため、四季を問わず母の起床は五時を超えていなかったはずである。竈の火を熾して米を研いだ釜を乗せ、火を絶やさぬようにして菜を刻んで味噌汁とおかずを作り、子どもたちを起こして出勤や登校の準備をさせる。

社会人とはいえ、長兄はまだ十六歳を迎えたばかりだった。まだ眠くてならない年頃だろうに、朝早く彼を起こさねばならない母の心情もまた、いかばかりだったろう。

やがて歳を重ね、いつまでも子離れのできない母を嫌って郷里に寄り付かなくなった私だが、このころの母は、女手ひとつでよくぞ四人の子どもを育ててあげたものだと、掛け値なしに思う。

母は、おおきさの違う二つの釜を使い分けて飯を炊いた。白米だけの釜と麦飯の釜の二つである。我が家の主食は幼いころから麦飯だった。いまでは健康のために麦飯が奨励されるが、それはほんの少量混ぜるからいいのであって、我が家のように米と麦が半分ずつ炊かれた飯は筋金入りの不味さだった。

白米だけの小さな釜は、長兄の弁当に用いるためで、せめて弁当だけは職場で惨めな思いをさせまいという母の配慮であった。

その白米の量を少しだけ多めにするのが母の絶妙な気配りで、兄の弁当に詰め終えると、ほんの少しの銀シャリが釜の内側に残るのである。

それを削り落として小さな塩むすびにし、残る次兄と姉と私に分け与えるのだが、「美味しいねえ、おかずが要らないねえ」と口々に言ったのだから、貧乏のなかに一滴落とされた幸福の滴《しずく》の、なんとたわいのないものであったことか。

そのささやかな幸福も、日曜だけは例外だった。長兄が休みで、弁当の余禄が生まれなかったからである。

＊

七つ違いの次兄が高校生の休みに、アルバイトに精出していた記憶がある。耕運機などあるはずもなく、田んぼの代掻《しろか》きは牛馬が主力の時代だった。牛の鼻先に結わえた竹の竿を両手で支え、田んぼに立ちこんで耕起する農家のひとと呼吸を合わせて、牛馬の誘導をするのである。それが高校生の兄の得た、慣れないアルバイトだった。

その光景を畦道で見つめていた私がいる。

夕暮れの光が空のすべてを満たし、牛たちの躍動を促す竹竿の果てに兄がいた。それは、野と山とひとが一体になった風景だった。

背後に低い丘陵が連なり、高台の小学校にいたる段差の不揃いな棚田のそれぞれに、日の落ちるまでに耕起を終えようとする、ほの暗い営みの影が見えていた。

幼い私は、やがて丘の上の小学校に入るのだが、当然のように学ぶというよりは遊びが日常の中心だった。

父の生家との微妙なバランスが崩れたのは、叔父の次男の事故からである。道端の用水池に転落した幼児を誰も見ておらず、通行人が、池に浮いている変わり果てた姿を発見して大騒ぎになった。

母親が目を離した隙だったのだろうが、亡くなった次男はまだ二歳で、子守を手伝っていた私の姉もまた、おおきな衝撃を受けたようだった。

このころ、叔父は家の外にべつの女性がいて、次男の事故を契機に、叔父夫婦は一気に修復不能の状態に立ち至るのである。

叔父は家を出てその女性と暮らし、叔母も長男を連れて新しい生活をはじめることになる。生家に残されたのは、脳溢血で半身の自由を奪われ、歩くことさえままならない祖父ひとりだった。その、どうにもならない状況を打破するためには、父が生家に入るしかなかった。母が祖父の世話をするよりほか、選択の余地がなかったのである。

思ってもいない展開を、父は決してよろこんではいなかった。最後の最後で長男という、逃れられない責務だけがまわってきたのだった。

私たち一家は、そのまま生家に移って暮らしはじめた。祖父の介護という、母の負担だけが増えていた。

＊

学校に通うかたわら、山と海で遊んだ。どちらか一方というのではなく、無意識に山と海を等分に遊んだのだと思う。

さまざまな遊びをしたつもりだが、記憶にあるのはキノコや山菜などの山の恵みであり、海の魚や貝類の収穫である。家に持って帰れば母によろこんでもらえるだろうという単純な思いも、おそらくあったのだ。

田んぼの畦で採った鮒や泥鰌を食べなかったのは、海のものが格段に美味しいことを知っていたからである。

長じて登山に親しみ、渓谷を遡行して山頂にいたる、沢登りという登山の一分野に没頭するようになった私は、下界から食材を背負い上げながらも、できるかぎり山の恵みを食べて山中をさまよってみたかった。

渓流に潜む岩魚《いわな》を狙って、ザックに渓流竿を忍ばせたのも、そのためだった。

釣った岩魚を捌いて刺身にし、塩焼きにして焚き火のそばで夜を過ごすのだが、岩魚の刺身は鰤やハマチのそれに似て美味しく、塩焼きも渓流の食文化と呼んでいいほど味わい深いのである。

そのとき、いまでも交際のつづく山仲間の水野栄次のぼそりと呟いた言葉が、名せりふとして、いまに語り継がれている。

「岩魚も美味いけど、やっぱり秋刀魚《さんま》が美味いよなあ……」

思いがけない言葉を漏らした水野に対して、私は唖然として声もなく、少しの沈黙のあと、それぞれに小さく頷いたのである。


海岸に「キッチ」と呼ばれる丸木舟が何艘も放置されていた。幅一メートル、長さは二メートルもあったろうか。木を組み合わせたのではなく、一本の巨木を繰り抜いていて、当時でもめずらしいものだった。

なんのための舟だったのかはわからない。けれど海に漕ぎ出すためのものでないのは明らかで、漁具や天草などが積まれていたのを覚えている。

放置されていたのは持ち去られる心配がないからで、使ったとしても、きちんと返しておきさえすれば自由に使っていいという、暗黙の了解があった。

持ち主がいれば声をかけるが、いなければ無断で舟を引いて夕凪の海に漕ぎ出すのである。小さな木片をオール代わりにして左右の手に持ち、ここぞと思う場所で脈釣りの糸を垂らしてアタリを待った。エサは岩虫というイソメの一種である。

釣れるのは白ギスが主で、たまに鰈《かれい》が釣れて貧しい食卓を飾ったりもしたが、なにより私が惹かれたのは、海から眺める山の風景の新鮮な視座だった。

寒風山にスカイラインという名の観光道路が拓かれるまでは、低山とはいえ歩いて登らなくてはならない山だった。

天然の芝に覆われた山頂一帯にはセンブリという高山植物の薬草が密生していた。いまでは信じられない話だが、この薬草を収穫して販売し、学校の教材購入の補助にするために、小学校では毎年、生徒総出で山に登ってセンブリを採りつくしたのである。

中腹の森には栗の木が多かった。山栗である。小粒だが甘みのある栗で、南京袋を背負った私たちは、仲間とともに山中をめぐっては栗の収穫に励んだ。

消えぎえの山道をたどり、栗やキノコやアケビの実を求めて山中をさまよう幼い日々の記憶が、後年になってより高く、より険しい山に立ち向かうアルピニズムの薫陶を受けながらも、麗しい日本の山と渓谷の、自然との同化を求める旅に移行していったのは、幼い日々に山野に親しんだ、逍遥の果実にほかならないのである。

その意味において、たかだか標高三五五メートルに過ぎない寒風山は、私にとってかけがえのない存在であり、母なる山であった。

＊

秋田市内の工務店に勤めた長兄は、その後上京し、王子にある、田中角栄の創設した中央工学校の建築過程を経て、二級建築士の資格を得たのち、川崎で独立することになる。

いずれ秋田に帰ることになるとはいえ、いちどは超えねばならない父母との別れだったに違いない。

その年の冬、高校二年の次兄は冬休みを利用して、目の手術のために秋田に出た。吹雪の山道を、黙々と駅に向かった記憶がある。付き添ったのは母と私である。

私が必要だったのは、手術を終えて家に帰る次兄の目になるためである。

秋田市内の眼科医の待合室で、私と母は寒さに震えながら、手術の終わるのを何時間も待った。吹雪はますます吹き募り、人通りの絶えた通りを、手術を終えた包帯だらけの兄の手を引いて、滑りやすい足元に気をつけながら、母と息子たちはのろのろと歩いた。

空腹に耐えかねて入った秋田駅に近いラーメン屋で、目の見えない兄が、どのようにしてラーメンを食べたのかは、すでに記憶の彼方なのだが、深い安らぎとともに、店の入り口のガラス戸を小さく鳴らして吹きこむ風が、立ちのぼるラーメンの湯気を揺らしていた覚えだけが、かすかに残っている。

忘れられた城下町

岬の山城につづく道は急な石段になっていた。百段近くはあったろう。波打ち際の登り口に一対の狛犬《こまいぬ》が置かれ、石の鳥居のあいだから古びた石段が蒼穹に向かって延びていた。

神社があるのは岬の台地で、その奥にあったはずの城跡は、深い藪に埋もれて判然としなかった。社殿の前の海を見下ろす一角が、篝火《かがりび》を燃やすための場所だった。遠くからでもそれと知れる篝火は、年に二回燈《とも》された。正月の初詣と四月末の祭礼のそれぞれである。

祭りの前夜、夕暮れの薄闇に燈された篝火に引き寄せられるようにして石段を登った幼い私たちは、意味も知らず、その日を「ゆみや」と呼んで、篝火で餅を焼いたり薪を放りこんだりして遊んだが、それが宵宮《よいみや》の方言だと知ったのは後年のことである。

いつもは無人の神社に、そのときだけは、どこからともなく神主と巫女《みこ》がやってきて、おみくじを売り、祝詞《のりと》をあげた。

篝火の向こうに暗い海があり、乏しい灯りを添わせた海岸線が、梓弓のような弧を描いて闇の彼方につづいていた。

遥かな昔、神社は岬の山城の本丸付近にあった。むろん脇本城が築城される以前のことだから、城の存在を想定してのことではない。そこから半島が一望できたからなのだ。

神社のどこかに起源と由来を記した額が掲げてあったはずだが、幼い私たちの興味を引くことはなかった。

菅原神社の勧請は鎌倉時代の一二九〇年ごろとされている。その後、城が築かれ、その城が滅んでからも営々と存在し、現在に至るまで七二〇年の長きにわたって、この古い神社は海沿いの集落の歴史の変遷を見つめてきたのである。

菅原神社を氏神として勧請したのは安東氏で、要害の地ともいえるこの岬に建立したのは、半島全体の鎮守神としてである。

そのような故事など知らず、無邪気に神社を遊び場としていた私たちだが、せめて菅原道真と天満宮の関係などを、たとえば当時の教師たちが教えてくれてさえいれば、少しはみずからを護ってくれているはずの神社の存在に興味を持ったかもしれない、と思う私がいる。

もちろん、学問の神様といわれた菅原道真のことは知っていた。能吏だった道真が政争に巻きこまれ、無実の罪によって大宰府に配流《はいる》されたのち、失意のうちに没したことなどだが、知りたかったのはそれ以後の、道真の怨霊伝説なのだ。

道真の死後、彼の政敵だった藤原一族を初め、朝廷の内外で凶事が続発する。それを菅原道真の怨霊の祟りだと怖れた朝廷が、道真を神として崇め、祟りを封じこめようとしたのが天神信仰のはじまりである。いまでは信じがたいことだが、科学の発達していなかった当時、天変地異の元凶を怨霊の仕業と考えたのは無理からぬことだった。

その後全国に分祀されて信仰を集めることになる天神さまは、基本的には怨霊の祟りを鎮めるための神社だったのである。

これは正史に基づく故事なのだから、教師が話して聞かせるにはなんのためらいも要らないと思うのだが、幼い私たちに聞かせても理解不能と考えたからかもしれない。しかし、道真以前からあまたあった怨霊信仰の話をおもしろおかしく聞かされたなら、闇に潜む魑魅魍魎《ちみもうりょう》をさえ信じていた私たちは瞳を輝かせて話に聞き入り、知らず知らずのうちに歴史に興味をいだく端緒になっていたかもしれないと、いまでも思う。

学問は、どんな教師と邂逅するかによって、好きにもなり、嫌いにもなるというのが、頭の出来の悪かった私の言い訳である。

山城にあった菅原神社は、江戸時代に起きた二度の地震によって現在の地に移され、明治の神仏分離令の洗礼を潜り抜けたのち、周辺の神々を合祀して産土神《うぶすな》、すなわち土地を守る農耕の神として信仰されてきたのである。

この神社が老朽に耐えられなくなり、権現造りの神殿に建て替えられたのは昭和五七（一九八二）年のことで、氏子それぞれの家庭に、当時の金で十万円を寄進させられたのを覚えている。

父はすでに会社を辞め、自宅で金物屋を営んでいたが、この負担は決して小さなものではなかった。しかし、泣き言ひとつ言わずに寄進に応じたのは村落共同体の、いわば逃れられない制約のゆえだと私は解釈している。

ちなみに、江戸時代の地震によって岬が崩壊した事実は、本稿を書き進める上で判明した得がたい副産物である。崩壊して海に沈んだのは、岬の先端から七百メートルにおよぶ膨大な規模で、いまでは鋭角の突起にすぎない岬が、当時は七百メートルにわたって、長く鋭く海中に延びていたのである。

何気なく岬の呼称を使っていた私は、その事実を知って、ようやく膝を打つ。西の海に崖を晒して横たわっている岬の名を、生鼻《おいばな》岬というのである。

*

古くからある石段が、いつの時代に築かれたのかは知らない。それが神社の勧請にともなって据えられた石段であったとしても、中世のころから、八郎潟の河口をわたって半島に向かう人たちは、この険阻な山城を越える道程を余儀なくされたのである。

国鉄船川線の全線が開通したのは大正五（一九一六）年のことで、寒風山から岬へと峰つづく山腹に鉄道を通すためのトンネルが穿《うが》たれ、それ以前に「茶臼峠」と呼ばれる峠越えの道が、車道として整備されたはずである。

その時点で、岬の山城を越える古道は歴史の空隙に沈み、集落は行く手を閉ざされて孤高の存在になる。

私の住む海岸の集落は本村と呼ばれた。山城の伝承に支えられた由緒があるからである。私が生まれた昭和二四（一九四九）年、ほどなくして移り住むことになる父の生家の地名は、秋田県南秋田郡脇本村字脇本という、恐ろしく長いもので、通称脇本仲町と呼ばれて本村の中心に位置していた。

脇本が周辺の町村と合併して男鹿市になるのは、昭和二九（一九五四）年春のことである。そのころから脇本はおおきく四つに分かれていた。脇本駅を中心とする駅前集落と、寒風山の山裾に点在していた集落、八郎潟の西に沿って北方の能代へと向かう街道筋の集落と、本村の四つである。現在、脇本地区全体の人口は三千人あまりだから、当時の本村は、戦後のベビーブームの増減を加味したとして、多くて千五百人といったところかと思われる。

まだバスさえ通っておらず、駅から徒歩で二十分ほど要する本村は、街道から置き忘れられた集落だった。それでも、集落の完成形は残されていたのである。

郵便局があり、小学校があり、集落を構成する、さまざまな営みがあった。直線にして、たかだか七百メートルほどの集落の両側に、城下町ならではの商家が過不足なく軒を連ねていた。

古い寺が四ヵ所あり、当然のように石屋があった。魚屋が二軒に呉服屋が三軒。食料品を扱う商店が三軒に酒屋が二軒。桶屋や駄菓子屋や製粉所、米屋とくず鉄屋があった。

電気屋があって、その向かいに医院と薬局があり、塩や醤油を売っている店がある。自転車屋と銭湯とパーマ屋もあり、特筆していいのは潰れかけた映画館まであったことだ。

潰れかけている証拠には、いまの若いひとには通じるまいが、梅若正二という人気俳優の演じる赤胴鈴ノ助の三本立ての映画が、当時のお金で二十円、いまのお金なら二百円足らずで観ることができたのである。連日上映していたわけではない。たまに上映の知らせが立つと、親にせびった小遣いを握り締めて映画館に走り、がらがらの客席に陣取って、わくわくしながら少年活劇映画に見入ったものである。

旅芝居の一座がくれば、映画館はにわか仕立ての劇場に早代わりする。そのときばかりは、集落の老若男女がこぞってやってきて、お酒や弁当持参で席に着き、国定忠治なんぞを演じている舞台に向かって声援を飛ばすのである。

「よっ、日本一！」「負げるな！」「後ろがら狙われでるのがわがらねが！」「きたねえど、卑怯者！」

野次や声援はすべてずうずう弁である。

このあたり、役者も心得ていて、絶妙な間合いでアドリブが入る。

とても子どもの出る幕ではないのだが、舞台と観客が一体となって興奮の坩堝《るつぼ》に陥る光景というものを、幼い私は初めてこの日、目撃する。

村から村へと旅して歩く芝居一座にしてみても、これほどの観客の声援と反応を見せられては張り切らざるを得ないだろう。彼らにとっても、いい時代だったのだ。

テレビの普及する以前のことであってみれば、寒村で味わえる娯楽など、映画や芝居のほかには考えられなかった。そして本村にたった一軒あった映画館は、テレビに席巻されるようにして、数年後に姿を消すのである。

＊

商家以外の暮らしを見てみると、大工がいて農家があり、漁師がいて出稼ぎの家があった。私の家も、祖父は腕のいい大工で「高長《たかちょう》」と呼ばれていた。名前が高桑長治《ちょうじ》だったからである。すでに傾いで隙間だらけの家だったが、生家は祖父が明治の末期に、みずからの手で建てた家屋である。

こう書き連ねてみると、それなりの城下町の風情だが、しかし、華やかな町の記憶はなく、寂れゆく半農半漁の集落がそこにあった。

それでも、城下町の古い格式は家々の佇まいに残されていた。

広い直線の表通りに面した家は縦長に密集し、それぞれの家の間隙はひとひとり通ることさえ難しい狭さだった。

立ち並ぶ平屋の家の背後を貫くようにして細い裏通りがあった。家々は館下や仲町、御札町、荒町などと呼ばれた集落で区切られた路地を通るほかに、表通りと裏通りを行き来するすべはないのだが、幼い子どもたちにとって、縦横無尽に集落を走りまわるためには、開け放たれた家々の土間を走り抜けるほうが早かった。

当時の家々には西洋式のドアというものがない。すべて引き戸で、雨が降らないかぎり日中は玄関を開けておき、出かけるときも鍵をかけないのが習慣であり、美徳だった。それぞれの家は土間で貫かれており、表通りから裏通りにかけて一直線に見通せた。

家の作りはすべて同じである。玄関を入ると寝所がいくつかあって、土間の向かいは納戸である。

寝所の奥は仏間で、そこだけ納戸が切れて坪庭になっている。仏間は客間にもなっているため、坪庭にこぼれた光が土間の向こうから部屋を明るく照らす仕組みになっている。日中でも光が差すのは、その部屋しかないのである。

囲炉裏のある居間の向こうは一段低い板張りの台所で、水まわりはすべて裏口付近にまとまっている。

裏口を出ると道の向こうに外便所がある。加えて防災の思惑があったのか、表通りに面した山側の家も海側の家もシンメトリーで、土間はすべて西側に設けられていた。つまりガキどもにしてみれば、山側の家の裏口から海側の裏通りまで、どの家を通っても一直線に走り抜けることができたのである。思えばいい時代だった。予告も前触れもなく、近所の子どもたちが生活空間のかたわらを走り抜けていく姿を、叱ることもなく日常の光景のように見守っていた大人たちがいる。

それでもやはり遠慮というものがあって、大方は仲間の住んでいる家を選んで通ることになる。

そんな古びた城下町が、小京都のような雅で華やかな佇まいと風情を生まなかったのはなぜだったろう。

それはこの小さな海沿いの集落が、城下町としての成熟の歳月を与えられなかったと思われるからである。

安東愛季が脇本城を築いたのは、戦国時代真っただ中の一五七〇年とされる。脇本集落の城下町の形成は不明だが、おそらくそのあたりと見て間違いはあるまい。

しかし安東一族の支配は、わずか三十年にして潰え去るのである。

これには諸説がある。秀吉が天下統一を為した礎の奥州仕置（秀吉の参戦の呼びかけに呼応しなかった武将への見せしめ）で領地を追われたという説や、領地を安堵されたが、江戸幕府開設の前年（一六〇二）、常陸《ひたち》から秋田に減封された佐竹義重《よししげ》の入城によって、逆に常陸に転封されたという説だが、いずれにしても城下町としての命運は、その時点で尽きたと考えていいのだと思う。

だが疑念は残る。中世に体をなした城下町の家並が、衰えたとはいえ、なぜ戦後まで残ったのかという疑問である。

安東氏の支配の絶えた山城は、すでに要害の地ではなく、半島への道もまた、岬越えの難路を逃れて茶臼峠の古道に移っていたと思われ、置き去りにされたかのごとき海沿いの小さな城下町は、それでも歴史の陰に埋もれるようにして、ひっそりと生きながらえてきたのではなかったか。

＊

いずれにしても、以後の脇本本村のたどった足跡は、いまのところ不明のままである。はっきりしているのは、駅前集落と本村は、みごとに棲み分けをしていたことだった。

生まれる以前のことはいざ知らず、海辺の集落には食堂と宿屋がなかった。そこが半島の奥地に向かう街道筋であってみれば、なかったはずはないのだから、時代の波に押されて消えたと見るべきなのかもしれない。

宿と食堂は、当然のように駅前にあった。必要な施設が必要な場所に生まれ、袋小路のような集落から消え果てたのに違いない。

白装束にゲートルを巻いて軍帽をかぶり、松葉杖を突きながら軒先に佇む傷痍軍人がいた。黒いマントに烏帽子を載せ、鼓を打って家々をまわる三河漫才の姿が脳裏にある。僻村をめぐって旅する彼らは、どこに宿を求め、どこで食事を済ませていたのだろうか。

私のうちにあるのは、古い山村を訪ねて一夜の宿を民家に求め、彼方に聳える頂をめざす登山者たちの遠い幻影である。

私にとって山は旅である。そしてそこには里の存在が欠かせない。頂に向かう行為が冒険であり、挑戦と呼ばれるものであったとしても、山は私にとって漂泊であり調和だった。

その背景に流れているのは、置き捨てられたような海沿いの村への、抜きがたい郷愁である。

豊穣と災厄の海

私は山に育てられてきた。

山に魅せられ、いまでも遠い道のりを歩いているさなかであってみれば、幼いころから親しんだ海辺の集落に帰って余生を過ごすのは、可能性はあるにしても考えにくい。

だがしかし、たとえば余命数ヵ月と宣告されたなら、山上の療養所で、少しずつ削りとられていく命の破片を見つめながら、眼下に広がる海を眺めて過ごしたい。

それがもしも岬の上の城址のような広がりに建つ施設なら、なおのこといい。

西の海に銀波《ぎんぱ》を散らす夕暮れの光が、長く尾を曳いて水平線に伸びて行き、茫漠と霞む空とのあわいを航行する貨物船を照射してつかの間ただよい、やがて薄暮に消えて行く光景が脳裏をよぎる。

朝《あした》の風と夕べの風が、行方を違《たが》えて交錯する山上の一角に身を置いて、来し方を振りかえることができればそれでいい。

私は山を背負うことで山への感謝の祈りを捧げ、前面に海を望むことで、海への鎮魂の思いを新たにしたいのだった。

＊

表通りの山側に面した生家からは海が見えなかった。しかし、海の気配は濃密にただよっていた。起きていようが眠っていようが、我を忘れて遊びまわっていようが、海は常に、間断なくそこにあった。

その思いがひしひしとよみがえって私を放さない。

海が荒れれば、波濤の咆哮が家々の屋根を揺らして五体に届き、凪いでいれば清浄な潮の香りが、切り通しの路地を伝ってひっそりと家の隅々まで忍びこむ。

海辺の集落を離れるまでの十八年間、海はいつも日常とともにあった。それはもしかしたら意識と無意識の境界を超え、肌に染み入る浸透圧のようにして、海に囚われていた歳月なのかもしれない。

私は海を愛したが、海は激越で理解を超えた存在だった。

近くの港で花火が上がれば、夜の海に繰り出してそれを楽しみ、花火が終わっても、暗い浜辺で華やぎの余韻に浸るのが好きだった。

夜光虫が波頭を妖しく彩り、油を流したような海面を月光が揺らめいていた。その光の帯を追うようにして、いつまでも波打ち際を歩いた。

そんな安らぎをもたらす一方で、海はときに非情の形相を露わにして荒れ狂った。

海が荒れると、招き寄せられるようにして海辺に向かった。目前に、視界のすべてを覆いつくす波濤があった。砂浜の後端に立つかぎり、持ち去られることはないとわかっていても、鉛色に染められた荒海は、人智のおよばない知られざる世界からの、新鮮な何ものかの殺到であった。

鷲づかみにされそうな波濤には、抗いがたい誘惑があった。そして私は、金縛りに遭ったように身動きひとつできず、ただ立ちつくすだけの豆粒のような存在だった。

私は海を愛し、そして怖れた。その根底に、幼い日の海辺の記憶があることを疑ってはいない。私は山に逃れたのかも知れない、と思うときがある。さまざまな山に親しんできながら、沢登りという遊びに没頭するようになったのは、山と海を結ぶ水脈を旅することによって、背を向けてしまった海への渇仰を満たし、贖罪を果たそうとしているではないか、と。

＊

海はいつも豊饒と災厄を運んできた。

夏の浜辺に向かうとき、私たちは褌《ふんどし》ひとつで家を飛び出した。海が近いから着替えを持たなくていいのである。

褌は、いわゆる六尺褌で、幅一尺、長さ二メートル弱の赤いさらし木綿を買ってきて褌にするのだが、この褌の爽快感と、きりりと締めあげた高揚感は、経験した者でないとわからない海の子の特権だった。

海水パンツというのもあるにはあったが、これは街場からやってきた子どもたちの穿《は》く軟弱なものと相場が決まっていて、私たちは故意に相手にしなかった。

白いさらし木綿の褌は高校生以上の大人たちの専用とされていて、子どもたちの憧れであった。手にするのは、曇り止めのヨモギの葉で拭いた水中眼鏡とヤスだけで、海に浸かりすぎて唇が青くなるころ、砂浜に寝そべって甲羅干しをしたものだった。

短い夏の陽光が浜辺に降り注いでいた。

砂にまみれて背中を晒す子どもたちのかたわらに、砂浜を掘り起こした穴がいくつも並んでいた。直径は三メートルほどもあったろうか。波打ち際に掘られた穴は海面よりも低く、穴のなかには染み出して太陽に温められた海水があった。

その海水をジョウロで汲んで、砂浜に広げた海藻にかける光景が、夏の浜辺の風物詩だった。筵《むしろ》の上に広げられた海藻は天草《てんぐさ》である。天草を乾燥させて煮出すと寒天になる。寒天は心太《ところてん》やゼリーの材料である。

広げた赤い天草に海水をかけて濡らし、天日で干す作業を数日繰り返すと白く脱色する。そのころに仲買いがやってきて引き取っていくのである。

乾いた白い天草はそれぞれがくっ付いて、さながら畳鰯《タタミイワシ》のお化けだった。日が傾くと、畳数枚分にもなった天草をくるくると丸めて仕舞い、晴れているかぎり広げては干すという作業を繰り返すのは、海辺の家々の母ちゃんたちである。

戦前からつづいた仕事だったかどうか、定かではないが、天草干しの心和む光景は、昭和三十年代の半ば（一九六〇年前後）には姿を消した。

それもそのはずで、海岸に流れ着いた海藻を拾って選別した天草が元手なのだから、量もかぎられていたし、産業と呼ぶにはあまりに零細すぎた。実入りの少ない手仕事よりは、効率のいい仕事が、いくらでも探せる時代になっていた。

だがしかし、その数十年後、私は天草干しに酷似した光景を、深い山中で目撃することになる。山のなかの沢沿いの台地に小屋掛けして暮らす、ゼンマイ小屋においてである。

急峻な斜面に生えるゼンマイを折ってきて釜で茹で、天日に晒して数日揉みあげると、十分の一にまで縮まって乾燥ゼンマイになる。

それはまさしく、幼い日に見た海辺の天草干しの、かたちを変えた再現であった。

なにより驚いたのは、その匂いだった。干しあげたゼンマイを嗅がせてもらった私は、その匂いに驚嘆した。海藻そのものだったのである。

海と山の違いはあれど、どちらも同じ植物であってみれば、成分や加工の過程で海藻の匂いを醸し出すのは、科学的に立証できることなのかもしれない。しかし、そんなことはどうでもよかった。

私はゼンマイの匂いがもたらす、海と山との抜きがたい輪廻のような、間然するところのない関係性に思いを馳せたのである。

早朝の冬の海を、好んで歩くひとがいるのは知っていた。それが単なる散歩だけではないらしいことも。

けれど、子どもたちの朝は忙しいのである。

ときおり、さざ波のようにして噂が流れた。

――ふたつ獲ったらしい。ひとつ十キロはあったとよ。そんじゃあ数万円だ。どうやって上げたんだべ。紐かけて引っ張り上げて魚屋に連絡したらしいな。元手はいらねえから丸儲けだな。俺も獲ってみてえ――。

獲物は「たるいか」である。そでいかとも赤いかとも呼ばれるたるいかは、体長八十センチ、胴の直径は五十センチにもなる巨大な烏賊《いか》で、冬の海辺にやってきて番《つがい》で産卵をする。

子どもが獲ったという話は聞かないから、多くは朝の早い、暇を持て余した老人たちの余技である。寿司ネタや刺身にすることから、かなり高値で引き取ってもらえたが、船を出すほどのコストはかけられないから、つまりは砂浜に寄り過ぎて海に帰れなくなった巨大烏賊を、散歩がてらの駄目もとで拾う、ということになる。

いちどは拾ってみたいと願っても、忙しい朝を思えば、どうやったところで海を歩く時間など、ひねり出せるわけがなかった。

海は実りをもたらし、災いを連れてくる。

私が目撃したのは、たるいかではなく「どざえもん」だった。その鮮烈な光景は、いまも脳裏に焼きついている。

目も鼻も耳も口もすでになく、空気が抜けて脱色したぶよぶよのゴム風船が、色の落ちたシャツとズボンを穿いてただよっていた。

シャツの色がピンクだったことを、いまだに覚えているのだから、子供心にもかなりの衝撃だったことは間違いない。

それは洋服があるから人間だとわかるだけの、無機質な塊だった。海坊主というのは、もしかしたら水死体からの連想なのではあるまいか、などと思ったりしたものだ。

連絡を受けてやってきた駐在が、竹竿で水死体を引き寄せている姿を覚えている。あれではとても身元などわからなかっただろう。

しかし、といまなら思う。事故か自殺かをさておけば、水死というのは死にざまとしては悪くない。それが清浄な海だったらなおさらのことだ。

塩漬けにされてただよう体から、甘く腐敗して融け出した肉汁が海の魚を育て、波に揉まれて海中をさまよい、あるいはおだやかな月の夜に月光を浴びて、いずこともなく波間に浮いて運ばれていく。すでに輝きを失った眼窩からはなにが見えただろう。閉ざされてしまった耳や鼻から、潮の香りや波の音が流れこんできただろうか。

誰にも知られることなく、いつ、どこへたどり着くともわからない漂流という名の埋葬。

それが生を終えたひとつの安静のかたちでないとは、誰にも言いきれないのではないか。

ひとはすべて大地から生まれて大地に還るのなら、誰にも知られずに、母なる海に還る死があってもいい。

勝手な思いこみをしていいなら、彼の犯した唯一の過ちは、その身が消え果る前に海岸に流れ着いてしまったことだ。

それもまた生々流転の、逃れられないかたちだったということなのかもしれない。

＊

海の運んできた災厄の記憶がもうひとつある。数軒離れた親戚の親父の海難事故だ。末の娘が私と同級だったから、親父はまだ四十歳をいくつも超えていなかったはずである。漁のさなかに、漕いでいた櫓が折れて海に投げ出されてしまったのだ。

半島の周囲はハタハタ漁の好漁場だった。

ハタハタは深海魚で、鰰とも鱩とも書く。神が授けてくれる魚であり、冬の雷が鳴る嵐の海で獲れる魚だからだ。

ハタハタは、冬の時化《しけ》の日を狙って海岸に近づき産卵をする。オスの放つ白子で海が白く濁るといわれるほどの膨大な魚群が、海岸の海藻めがけて殺到するのである。

ハタハタは秋田の県魚になっているほど、古くから親しまれてきた魚だ。秋田の民謡に秋田音頭があるが、冒頭の「秋田名物八森ハタハタ、男鹿で男鹿ブリコ……」のブリコは、ハタハタの産み落とした卵塊のことである。

冷蔵庫が普及していない時代だったから、必然的にハタハタは、秋田の冬を乗り切る保存食として大切に食べられた。

その魚醤《ぎょしょう》は塩魚汁《しょっつる》として親しまれ、本体はハタハタ寿司という熟《な》れ寿司に仕込まれて、どの家でも夏が過ぎるまで食卓に載せられたのである。

ハタハタ漁は、ハタハタが産卵する深夜から夜明けまでが勝負だった。

海が荒れた日の夜にしかハタハタはこないのだから、漁はいつでも命がけになる。焼玉エンジンを載せた船もあるにはあったが、まだまだ少数で、多くの船は櫓を漕いで海に乗り出した。

親戚の親父の役割は、網を入れる仲間を横目に見ながら、櫓を操って船を安定させることだが、その櫓が継ぎ目から折れて夜の海に投げ出されたのだ。

親父が海岸に打ち上げられたのは三日後のことである。荒れ狂う酷寒の海に落ちてしまえば事態は一刻を争うが、網のなかに落ちたのならまだしも、彼の不運は、波濤逆巻く背後の暗黒の波間に沈んだことだった。

しかし、彼の仲間たちが漁を休んで彼の姿を捜し求めたのかといえば、それはなかった。翌日も、翌々日も漁はつづけられたのである。

仲間の安否を気遣いながらも、最盛期の漁を休むのは死活に繋がるからだ。

彼らを麻痺させたのは、過酷なハタハタ漁での事故の多さだった。ひと冬で何件もの事故が、宿命の同居人のように付きまとっていたのである。

親戚の親父の死は、豊穣をもたらす海への逃れられない対価であり、捧げものだったのかもしれない。

私も葬式に参列し、小さな手を合わせた。主を失った家に流れていたのは悲痛な慟哭だったが、それは決して陰々滅滅とした暗さではなかった。

親父の事故は、ハタハタ漁の過酷さを思えば、安全対策の欠片もないお粗末さの結果だが、命綱もライフジャケットも作業の邪魔になる軟弱な代物には違いなく、ねじり鉢巻ひとつで海の男の心意気のままに、狂騒の坩堝の酷寒の海に立ち向かうのは、攻撃は最大の防御という逆説を持ち出すまでもない、生還するための唯一無二の手段だったのであり、それが許された時代でもあった。

板子一枚下にある地獄を承知していた親父の死は、つまるところ自己責任による敗北の結果である。それは否応なく、その後私が向き合わされてきた山の死と正しく符合する。

華やかな生を存分に生き、なおも生き抜こうとして海に請われた主の死を、笑顔でとはいわず、淡々と、晴れやかに送り出してあげたいと願う遺族の心情を、葬式の席に見たように思うのは、私の忖度《そんたく》にすぎるだろうか。

大漁に沸くハタハタ漁が、漁師たちに高額の報酬をもたらしたかといえば、そんなことはなかった。大漁貧乏という言葉そのままに、箱代も出ないといわれたのである。

深さ八センチほどの新聞紙大の木箱にスコップで投げ入れた、およそ三百尾は入っているであろうハタハタの値段が、漁のはじめで五百円はしたが、私たち地元民が買うのは、師走の漁の百円近くにまで値下がりしたハタハタだった。

駅前の食堂のラーメンが六十円だったのだから、三百尾のハタハタの値段は捨て値以下ともいえたのである。豊穣の海の悲喜こもごもの姿がそこにあった。

早熟と音楽

小さいころは神童といわれた。

それが中学でふつうの生徒になり、高校に進んでからは、絵に描いたような劣等生になった。

その時点で私は、己の器の小ささを知るべきだったのだ。

海辺の集落の人々が、こぞって神童と噂したわけではない。まして全校で五百人にも満たない小学校であってみれば、神童など所詮はお笑い種にすぎないのである。

たしかに、ほかの子どもたちに比べれば、少しは機転が利いて理解が早かったかもしれない。しかし、それだけのことだった。

それを私は、なにを勘違いしたのか、自分はほかの子どもたちとは違う何者かだと信じてしまったのだ。

大人たちの誰かが、軽い気持ちで口を滑らせたのに相違なく、それを耳にした母親もまた、わが子可愛さのあまり周囲の冗談に反応したのかも知れなかった。

しかし、その他愛もない出来事が、私の不幸の根源になった。

劣等生になってからも、私は己を特別な存在だと思いつづけた。やがて高校を出て社会の荒波にもまれながら、なおも私は傲慢で融通が利かず、自己中心的で扱いにくい存在だった。努力などなにひとつせず、それでいながら、いつかは何者かになれると信じていた。

それがあるとき、手ひどい痛手を受けてやっと気づいた。その痛手が失恋だったというのが、いかにも私らしい、といまでは思う。

十代の末に東京で再会した幼馴染（小、中学時代の同級生）と交際を重ね、愛されて当然と思っていた私は、愛してくれる女性の心情を慮《おもんぱか》ることのできない男だった。彼女に思いを寄せながら、ともに暮らす言質《げんち》をなにひとつ与えなかったのだから、彼女が離れていくのは自明であった。

思ってもみない別れを告げられて、なかば狂乱のようになりながら、私のなかに滑りこむような覚醒が生まれた。

なんのことはない、お前はただそれだけの、決して特別でもなんでもない、芥子粒のような存在に過ぎないという、そのことである。

その心境の変化が私を呪縛から解き放った。私はようやく、己のあるべき姿を悟ったのである。

その安静が、いまにまでいたる私の基軸のすべてだといっていい。歪んでしまった精神の矯正というものは、熱いうちに鉄槌を下さないと、ろくなことにはならないという証明である。

小学校の学期末の成績表に記された教師から父兄への通信欄には、「自己顕示欲が強く、落ち着きがないのが気になる」とあるのが常だった。

小さいころの私は、小生意気で小ずるく、小賢しい存在であった。すべからく「小」が冠されることと自体が小物の証明というべきである。

加えて私は早熟だった。

中学一年のとき、廊下ですれ違った担任の女教師に頭を小突かれ、「しん！　早く大人になりてえべ」といわれたことを覚えている。

思い返す光景がひとつある。

幼い日に、海辺の集落の銭湯で目にした記憶がそれである。

男女を仕切る番台の扉がたまたま開かれていて、その向こうに若い女性の裸体があった。

もちろん見知らぬ女性なのだが、風呂上りとおぼしきそのひとが半身になってからだを拭いていた。年のころは三十代の前半で、入浴時間の経緯を思えば既婚の女性だったはずである。

その半身の女性の腰あたりに、ソフトボールを断ち割ったような大きさの、半球状の黒い塊を目にしたのである。

それがなんであるのかはすぐに分かった。その一瞬の思いがけない光景が、ひどく私を混乱させた。たおやかでやさしいはずの女性の中心部で、狂気の焔《ほむら》が燃え盛っているように思えたのだ。白い肌に萌え出た炎のような剛毛の密生が、私をパニックに陥れたのかも知れない。

その凄まじい記憶を、しかし私は誰にも漏らさなかった。

そのことを、担任の女教師が知っていたはずがない。ならばなぜ、彼女は私の早熟を察知したのだったろうか。

色に出にけり、としか思いようがない。私の早熟は、すでに教師に悟られていたようなのである。しかし早熟とはいっても、子どもらしからぬ振る舞いに及んだことはない。

高校を卒業するまでは異性の手すら握ったことはなく、夏の薄着の女生徒の背中に浮き出た下着の影を見て、ドギマギして目を逸らすような初心《うぶ》な子どもだった。つまり私は異性に関しても意識過剰な、頭でっかちなガキに過ぎなかったのである。

＊

青春という、青臭い時代の記憶など思い出したくもない。どうしようもなく未熟でいながら、それでいて、無限の可能性と未来を無条件に信じていた、掬いがたい時代を語るべき言葉を持たない。

もちろん、未熟ということで言えば、ここにいたって、いまだ未熟の塊だという自覚だけはある。なにも円熟ではなく角熟でいいではないかと、酔いに紛れて仲間たちに嘯《うそぶ》いた時期もあるが、円熟が生涯にわたって到達すべき理想の境地であることに変わりはない。特に私のような、ねじくれた精神の持ち主にとっては、なおさらである。

いまでさえそうなのだから、怖れを知らない青い時代に、未熟を未熟と思わず、当然の権利だといわんばかりに、稚戯にも等しい暴言や失態を繰り返していたわが身を思うと、恥ずかしさに消えてしまいたくなるのである。だからこそ、そのころの失態の数々を披瀝するつもりはない。

小学校の倍近い距離にある中学校までは、肩から提げる布カバンで通学した。学生服が詰襟になり、ランドセルに別れを告げられたのが、ほんの少し大人になったようでうれしかった。

脇本中学校は、脇本地区の二つの小学校の卒業生が通う学校で、海辺の集落から遠く離れた、脇本第二小学校の卒業生とともに学んだのである。

見知らぬ生徒たちとの出会いは、まるで世界が倍に広がったようで楽しかった。小学校では担任だけの授業だったのが、中学ではそれぞれの教科で受け持ちの教師が変わるのも新鮮だった。

思春期の熱気と情熱の坩堝のような学び舎で、私がなにをして過ごしたのかといえば、なんと音楽鑑賞だったのである。

からだの小さい私は体操部に所属していたが、あまり熱心な生徒ではなく、多くの時間を放課後の音楽室で過ごした。

べつに音楽の女教師が美人だったというのが理由のすべてではない。私にとってクラシック音楽との出会いは、ひとつの衝撃であり、救いだったのだ。

田舎の中学の男子生徒にとって、週に一度の音楽の授業は、またとない息抜きの時間だった。音楽室の壁にめぐらされた名作曲家の肖像が記憶にあるばかりで、授業の内容さえまったく覚えてはいない。

おそらく音楽の女先生も、忘れられたような頻度で行なわれる音楽の授業だけで、子どもたちに音楽の持つ偉大な効能を浸透させ得るとは思っていなかったはずである。

まだ若く、みずからの教育に情熱を燃やしたであろう女先生が、ならばせめて課外授業のかたちで、音楽に興味を示す生徒を掘り起こそうと思ったとしても不思議はない。

中学には彼女が顧問をしている合唱部があり、部員の大半は女生徒だった。当然、音楽鑑賞の課外授業も女生徒が中心で、男子生徒は私ともうひとり、いたかどうか。

女生徒と一緒になって、放課後の音楽室でクラシック音楽に聴き入っている軟弱な男子生徒など、若いちからをもてあまして校庭を走りまわっている連中からすれば、理解不能な存在だったに違いない。

そんな好奇心と軽視の視線に晒されてなお、私はレコードプレーヤーから流れ出るクラシック音楽の誘惑に抗し切れなかった。

思えば、国も言葉も歴史も文化も時代も違う、西洋の作曲家たちの生み出した旋律が、髪の毛一筋の違和感もなく私のからだに殺到して駆け抜けていく、甘美をともなった衝撃を、なんと表現したらいいのだろう。

それは和声や対位法などに代表される音楽理論以前の、直截的な感覚だった。

やがてアルピニズムの洗礼を受け、海外の高峰を目指しもした私は、原生林の森に覆われた、美しい日本の自然に回帰して各地の山岳を彷徨うことになるのだが、そのおおらかな自然の根底に流れていていいはずの、日本の古い音楽に惹かれることがなかった。

わが国古来の雅楽であれ謡曲であれ、また新内や長唄や端唄がそうなのだが、それらには一切の感興を覚えなかった。

大げさに言えば、それらはすべて雑音にすぎなかったのである。

伝統的な日本古来の音楽を、軽視も蔑視もするつもりはない。ただ私には理解不能だというだけである。それは、いまでも変わらない。

私にとって音楽を理解するということは、理屈を超えるということである。夾雑物を介在しない精神の融合と共振、とでもいえばいいか。演歌も好きだし歌謡曲も、民謡も悪くはない。ただ、古式ゆかしい日本の音曲だけはどうしても馴染めなかった。

そのなかで唯一魂を揺さぶったのが津軽三味線だった。その悲哀に満ちた旋律を耳にした黒人が、あれは俺たちのブルースと同じだ、と呟いたと知ったとき、即座に了解するものがあった。

私もまた津軽三味線に、北の大地で生まれた魂の慟哭《どうこく》を覚えたからである。なにもクラシックに拘泥したわけではない。音楽の持つ偉大なちからに目覚めた私は、その後ジャズを知り、フラメンコを知り、タンゴを愛した。

ヨーロッパで花ひらいたコンチネンタルタンゴの華麗なメロディーに親しみ、アルゼンチンタンゴのバンドネオンの音色に、民俗音楽の本質を探ろうともした。

クラシックでいえばバロックから後期ロマン派まで、こよなく愛したつもりだが、それもショスタコビッチやバルトークまでがせいぜいで、現代音楽、それも武満徹あたりになると、もうまったくお手上げで、理解不能に陥ってしまう。

だから私は、音楽の質と方向性を考えず、フィルターとしての自分の耳だけを信じたのだ。

私にとって山は動かないものの象徴だった。振幅の激しい、若い日の精神の在り処を見定めるために、山は揺るがざる対象としてあった。

そして音楽は、山を知る以前の幼い日に出会い、いまも変わらず私を支えつづけている、生きることへの指標そのものであった。

＊

昭和三六（一九六一）年の春、高校に進学した。家の経済状態を思えば大学進学などありうるはずもなく、迷うことなく就職に有利な実業高校を選んだ。

それが秋田工業高校だったのは、次兄が卒業した高校だったからである。兄が土木科を選んだのは父の影響からだったろうが、私が進んだのは電気科だった。その選択に意味はあまりない。まだ十五歳の少年に、明確な進路を決められるはずがなかった。

だから初めて顔を合わせた同級生のなかに、航空業界で働きたくて電気科を選んだ、というやつがいたのには、心底驚いたし、うらやましくもあった。

ほとんどの学生は、高校二年の夏あたりから教室の壁に張り出される各社の求人情報で、初めて進路の選択を迫られたからである。

私は、兄や姉が利用した、朝の六時四二分発の二番列車で、三十キロほど離れた秋田市内の高校に通いはじめた。

現在も男鹿線（旧国鉄、船川線）は電化されず、ディーゼル機関のままなのだが、当時は通勤客の多い朝夕の二本にかぎってSL（蒸気機関車）が走っていた。その二本は車両編成が一〇両を超えていたため、ディーゼル機関では力が弱かったのだ。

始発の船川駅を出た列車は、次の羽立《はだち》駅を過ぎると坂道になり、茶臼トンネルを通って脇本駅に到着するが、雪が降ったりすると坂が登れずに立ち往生することがよくあった。

そんなときは、いったん船川駅までバックでもどり、最後尾にＳＬをもう一両付け足して仕切りなおすことになる。

当然、授業開始には間に合わないわけで、これが学生たちにとって羽を伸ばす好機になった。事情はすでに学校に伝わっているから、私たちは悠然と昼近い学校に着いて教室の扉を開け、「船川線です」というだけで、咎められずに済んだのである。

この列車には美風がひとつあった。路線の中間の駅に着くと、座っていた学生たちが立っている乗客に席を譲るのである。

自然発生的に育まれてきた美風というべきで、当時はそんなものかと思うだけだったが、考えてみれば、いまの日本で、このような愛すべき習慣が残っているかどうかは、すでに疑わしい。

高校は秋田駅から徒歩で二十分ほどの場所にあった。経路は三本ほどあるのだが、私たちは好んで小高い山にある城跡の道を通った。

城跡は、常陸から移封させられた佐竹義宣《よしのぶ》が築いた久保田城の跡地で、桜の名所として知られる千《せん》秋《しゅう》公園である。

城跡を出外れると眼下にこれから向かう高校が見え、その東方に太平山が聳えていた。

四季折々の城跡の道と太平山のたたずまいが、三年間の高校生活に潤いと変化を与えてくれた。

私が入部したのは音楽部である。音楽といっても合唱ではなく、ハーモニカバンドクラブというやつである。

十種類におよぶハーモニカを中心に、ピアノ、アコーディオン、コントラバス、ギターが加わるというオーケストラに似た編成で、全国的にもめずらしい存在だったはずである。

私の高校生活は、音楽で明け暮れた。

同級生に山岳同好会に入っている生徒がいた。山に登らない授業の日々を、彼らがなにをして過ごしたのか不思議に思ったが、仮に私が山に関心を覚えたとしても、登山の費用などひねり出せるはずもなかったのだから、無縁のままだったのも当然である。

しかし、もしもあのとき登山に誘われ、新しい世界を知らされたとしたら、その後の私の登山人生は、どのような変遷を見せたのだろうと思うときがある。

質実剛健の高校生活

三年間の高校生活は快適だった。実業高校を選んだことにも悔いはない。しかし、予期していない展開があった。実業校に進学したというのに、私は理数系の頭脳を持ち合わせていなかったようなのである。

中学一年で担任の女教師に頭を小突かれて早熟を見透かされた私だが、卒業を控えた中学三年の三学期にも担任に頭を叩かれた。

担任の数学教師は、かなり本気で私の頭を出席簿の角で引っぱたき、「この石頭、4はやれても5は無理だな」といったのである。

当時の成績通知簿は五段階で3が普通、4がまあまあ、5がよくできました、という区分である。つまり担任の数学教師は、中学最後の特例として4はやってもいいが5は無理だと告げたのである。

それまでどうやっても3しか取れず、お情けで数学の4をもらった私は、その段階で理数系には向いていないと気づくべきだったのに、周囲も私も、なんの疑念もいだかずに実業高校を選んでしまったのだった。

当時の秋田工業高校は、進学校である秋田高校に次いで県下でも有数の競争率を誇っていた。なかでも電気科の倍率は高く、なんのことはない、私は単なる合格者の倍率だけで自分の進路を決めてしまったことになる。

男鹿半島の小さな中学からやってきた私にとって、秋田工業高校は大海に等しかった。県下各地から集まってきた神童くずれや秀才たちがごろごろいたのである。

一年生の一学期の中間試験での成績は、二クラスある電気科全体の中間あたりで、もう少し上位に食いこめるだろうと思っていた私には、少なからずショックだった。

電気科なのだから当然のように理数系の授業が多い。もともと理数向きの頭にはできていないのだから、授業についていくのがやっとなのである。

それでもいちどだけ、本気でやればどこまで成績が上がるものかと努力してみたことがある。なんと、次の試験でトップテンに肉薄したのである。

当たり前のことだが、そのまま努力していればよかったのである。しかし、そうはならなかった。やればできるとわかった時点で、私は簡単に努力を放棄したのだ。

きょうできることは、きょうのうちにやってしまえ、という考えにはついに至らず、明日でいいものなら明日にまわせばいいではないかという、なんとも自堕落であっぱれな考えがそこにある。

後年私は、ナンバーワンの学校に入ってトップを取れないなら、ナンバーツーの学校に進んでトップに立つほうを選ぶ、という考えを持ち、事実そのように行動した女性を知って、その発想に驚嘆した覚えがあるが、私には思いもよらない境地だった。

それからの私は、いつも下から数えたほうが早いくらいの成績だった。不思議な居心地の良さを感じていたからでもある。

団塊の世代の旗手として、生まれながらにして競争を強いられてきた私たちには負け組の屈折があまりない。勝ち組というのはしょせん一握りの存在にすぎないのであり、大方は負け組になるように定められている。負けたからといって、いちいち屈辱に打ちひしがれているようでは生きていくことさえ覚束ないのである。

団塊の世代の逞しさとしたたかさの源は、おそらくそのあたりにあるのだと思う。

そのことが理由になっているのかどうかは知らず、戦後のベビーブームの産物として圧倒的な数を擁する私たちの世代には、勝者と敗者が渾然となって支えあうような連帯感がある。大げさにいうなら、やがては俺たちが国を背負わねばならないという気概と共感である。

私にそれをもたらしたのは、秋田工業高校の「質実剛健」の校訓だった。

男女共学とはいえ、全校生徒千五百人のうち、女性はわずか三十人ほどなのだから、気分は完全に男子校だった。県外からの生徒も受け入れていたため寄宿舎があり、その隣には高校としてはめずらしいボクシング部の部室がリングとともにあった。男臭さに満ちていたのである。

実業校として不要な音楽や美術の授業は一切なく、代わりにあるのは週にいちどの体育の授業で、雨が降ろうが雪が降ろうが、炎天も何もお構いなくラグビー一本やりという徹底ぶりだった。

いまでは精彩を欠いて見る影もないが、私たちが入学した当時の秋田工業高校は、全国高校ラグビー大会で十五回の最多優勝を誇る古豪だった。いわゆる花園の覇者である。

だからといって季節を問わず、すべての体育の授業をラグビー一色にし、しかも授業の開始時に体育の教師がやってきて「二班に分かれて紅白戦！」と告げたきり姿を消してしまうのはいかにも節操がないのだが、私たちにしてみれば、そうした節操のなさが気に入っていた。ともかく質実剛健なのである。

教室で苦手な専門教科の授業を耐え忍び、実習で息抜きをし、あとは好きな音楽に明け暮れる。それが私の高校生活であった。

＊

県立秋田工業高校は明治三七（一九〇四）年の創立で、私の入学した年が創立六十周年だった。創立以来風雨に耐えてきた木造校舎の重厚なたたずまいが良かった。太い柱もさることながら、柱に埋めこまれた壁板一枚の厚さが三センチもあったのだ。

校舎の中央に、以前は講堂として使われていた図書室があり、左右に教室群と繋がる廊下があった。図書室になってから使わなくなったその廊下を、引き戸で区切った一角が音楽部の部室であった。

部室の前を曲がった先に体育館があり、ある日、なにかの用事で体育館に向かった放課後、その部室から漏れ聞こえるクラシックの旋律が私の足を止めた。

それはチャイコフスキーのバレエ音楽、白鳥の湖のなかの「情景」という曲だった。次の日の放課後、私は迷うことなく音楽部の部室の扉を叩いていた。

高校には吹奏楽部と軽音楽同好会のふたつの音楽系のクラブがあったが、ともにクラシックとは無縁だった。だからそのどちらにも入るつもりのなかった私を、不意打ちのようにして襲ったのが、ハーモニカの甘い旋律による「情景」だったのだ。

誰もが素通りするような古色蒼然とした部室の扉を開けると、いきなり狭い空間を占領するかのようにグランドピアノが鎮座し、その奥にコントラバスや、数台のアコーディオンが置かれていた。雑然とした楽器の群れに囲まれて練習をしていた数人の学生に入部を申し入れたとき、私のなかを新鮮な感動が走った。それまで未熟な音楽鑑賞者にすぎなかった私が、新しい世界に導かれて、演奏者へのささやかな転進を果たそうとしていたからである。

それからの私は、部室に入りびたりの毎日を送った。部室から教室に通っているようなものだった。十種類におよぶハーモニカはオーケストラの編成を模したものである。たかだか二十名ほどしかいない部員数だったから、全員が何でも屋で、誰もがピアノを弾き、アコーディオンを奏で、ハーモニカを吹いた。

だが、当時の部員たちの大方が愛したのはギターであった。ナイロン弦を張った、ガットギターと呼ばれるクラシックギターである。

本業はハーモニカでギターは余技、という位置づけだったから、放課後はハーモニカの練習と音あわせに専念し、ギターの練習は授業のあいだの一〇分ずつの休み時間と昼休み、という暗黙の了解が守られていた。その短い練習時間を確保すべく、授業の終了ごとに廊下を走ることになる。部室にある三台ほどのギターの争奪戦である。

物理的に部室に近い教室にいる部員がギターを手にするのは道理で、だから多くの部員はアルバイトに精を出し、自前のギターを用意して部室に置いたのである。

年にいちどの文化祭と、市内の高校の音楽クラブが合同で開く演奏会が、私たちの晴れ舞台だった。それぞれの持ち時間を有効に利用して日ごろの練習の成果を聴かせるのである。ハーモニカの演奏の合間に余技のギター演奏も加えるのだが、私は演奏者としての資質に恵まれなかった。

高校時代のギターを手はじめに、社会に出てから街の合唱団に所属して四年ほどコーラスをやり、その後ユースホステルの吹奏楽部でトランペットを三年ほど吹いたが、それはただただ私に演奏者としての素質のなさを伝えるだけの効果しか生まなかった。

努力をしないがプライドだけは人並み以上にあるという厄介な性格の私にも、恵まれたものがひとつあった。音感である。音を聞き分ける才能といってもいい。それはつまり、指揮者や編曲者に必要な才能なのである。

ハーモニカバンド専用の譜面というものがない以上、演奏用の譜面は自分たちで作るしかなかった。先輩たちの多くが苦労を重ねてきた編曲作業の後継が私の仕事になった。

それぞれのパートを同じ和音のなかで展開し、タンゴやブルースという、それぞれのリズムで味付けすれば曲の体裁は整えられる。稚拙な技には違いないが、頭のなかで音を練り上げ、譜面に落とした曲を指揮して演奏するよろこびに、私は魅了されていくのである。

さまざまな個性の先輩たちと仲間がいた。私は彼らによって育てられ、鍛えられたようなものだった。

そして思ってもいなかった出会いがある。

なかば衝動的に入部した音楽部の顧問が、なんと私の義理の叔父だったのである。

そう、父の生家に入るまで、そこで暮らしていた父の義弟が私たちのクラブの顧問であった。

もちろん叔父が秋田工業高校の教師をしていることは知っていた。進学の際の相談にも乗ってもらっていたからである。しかし、何も知らず、部室で顔を合わせたときは、さすがに唖然としたものだった。

叔父が父の生家で暮らしていた部屋が、当時の私の起居している部屋だった。そこには叔父が残したままの古い文学書や書籍などが積まれており、日常のように手にしていたのだが、まさかその叔父と、顧問と部員というかたちで時間を共有することになるとは思ってもみなかったのだ。

といって、叔父に何かを教えてもらったわけではない。叔父に演奏できる楽器があったはずもない。しかし音楽は好きだと聞かされたことがある。

クラブとして認知されているからには顧問を置かねばならず、音楽好きの叔父に白羽の矢が当たったということなのだろう。

私たちは自主的にクラブを運営したし、叔父もまた、私たちの自主性を尊重して放任してくれたのである。

＊

父が会社を辞め、自宅を改装して金物店をはじめたのは、私が高校二年のときだった。腕に覚えのある溶接技術を駆使して金属加工のようなこともしていたから、ハードとソフトの両面を提供する商店にしたかったのだろう。

よろこんだのは母である。店は繁盛していたとは言いがたかったが、食べていくくらいの収入は得られたようである。父にとって金物店は初めて手にした自分の城なのだから、なんとしても軌道に乗せたかったはずである。

姉はすでに高校を卒業し、秋田市内に仕事を得て家を出ていて、海沿いの集落で暮らすのは父と母と私の三人だけだった。

幼いころから母子家庭同然の暮らしだったから、ある日突然父が帰ってきて一緒に暮らしはじめたとき、私がいだいたのは途惑いだった。父にどう対応していいのかわからないのである。

無口なひとだった。生活と学費のすべてを父に依存しているはずなのに、子どもというのはそのことに感謝を覚えたりはしない。そんな難しい年ごろの私の扱いを父もまた、苦慮していたのかもしれない。

しかし、朝の暗いうちから家を出て学校に向かい、クラブ活動を終えて暗くなってから帰宅する日常の繰り返しなのだから、我が家は平穏に明け暮れていた。

すでに私は酒を覚え、タバコを吸うようになっていた。背伸びというにはあまりに軟弱な、絵に描いたような悪がきぶりである。

幼かったのだとしみじみ思う。それとも他者に対する屈折が、自分をおおきく見せようとでもしていたのだろうか。

中学を卒業して北海道に出稼ぎに行っていた級友が年末に帰省し、「呑もうぜ」と誘われたとき、私は躊躇いもなく応じた。

ウイスキーをしたたかに呑まされ、天井がぐるぐるまわる状態のまま家に帰った私を、父はめずらしく激怒した。親として当然の叱責である。不肖の倅だったとしかいいようがない。

そんな父に後日、私は追撃ちのようにして痛烈な言葉を浴びせることになる。

第二次世界大戦を起こしてしまった戦争責任は、当時の大人たちすべてが背負うべきものではないのか……という無残な言葉を。

私は言葉という刃の怖ろしさを知らずに父を斬りつけてしまったのだった。

発端がなんであったのかはすでに不明なのだが、奇妙な正義感を持つ子どもだったことは間違いがない。

鬼畜米英であり、一億玉砕であり、本土決戦であった当時の戦争の世相風土を、指がないために徴兵を逃れた父が、どんな思いで暮らしてきたのかを思うなら、私は何ひとつ父を責めるべきではなかった。

父もまた被害者だったはずなのだ。そんなことも知らず責めてしまった私に、父は何も言い返さなかった。

父が亡くなって、すでに十三回忌を迎えるが、生前の父にあの日のことを詫びずに数十年を過ごしてしまった悔いをかかえたまま、私はいまでも、ときにあの日のことを思い起こすのである。

＊

昭和四二（一九六七）年の春三月、高校を卒業すると同時に私は電電公社、関東電気通信局（現・ＮＴＴ関東支社）に入社すべく秋田を後にした。

伝手など何ひとつなかったが、学校推薦というかたちで面接試験を受けて合格したのだった。私より優秀な生徒が何人も推薦を受けていたはずなのに、なぜ劣等生の私が合格枠に残ったのかは、いまだに謎のままである。

山々との出会い

故郷の秋田よりも一ヵ月ほど早い桜の花に迎えられるようにして上京した私は、入社式を終えたのち、埼玉県蕨《わらび》市にある借り上げアパートの社宅に落ち着いた。

六畳ひと間にふたりずつの寮生が住み、自治会があって、二十名ほどの寮生のなかから寮長が選ばれていた。

独身寮といっても借り上げアパートなので、煩わしい規則は無いに等しく、門限なども定められてはいなかった。

食事の世話をする寮母さんがひとりいて、前日までに欠食届けや外泊届けを出しておけば、自由に行動できたのである。

蕨はにぎやかな街だった。いまでもそうだと思うが、当時から蕨は日本でもっとも人口密度の高い市として知られていた。そんな都会に、夕方の七時ともなれば、わずかばかりの商店の悉《ことごと》くが灯を落とす海沿いの寒村からやってきた少年が住みはじめたのだから、これはもう驚きととまどいの連続であった。

京浜東北線の隣の駅が西川口で、そこに次兄の会社の独身寮があり、週末ともなると入り浸るようになった。

蕨の寮の半数ほどの寮生で、次兄も年長の部類に属していたから、私は比較的自由に振舞え、居心地が良かったのである。

蕨の寮であれ次兄の寮であれ、することといえば掃除洗濯のほかはなにもなく、あとは夜ごと酒を呑み、休みといえば麻雀に興ずる生活だった。

呑んでは吐き、吐いてはまた呑むという繰り返しが数年つづくと、やがて吐かなくなった。酒というのは吐いた分だけ強くなるものだと知った時代だった。

私が配属されたのは埼玉電気通信部という管理機関で、電車でふたつ下った県庁所在地の浦和にあった。所属は機械工事課という部署である。

当時の電電公社は、全国自動即時化という一大目標を掲げていた。これは簡単に言えば、それまで人間の手で繋いでいた電話の接続を、すべて交換機に自動でやらせようというものである。都市部の自動機械化は進んでいたが、農村部や離島は、まだまだ交換手が手動で接続をしていたのである。受話器を持ち上げてダイヤルを回せば、ひとの手を介さずに全国どこへでも即座に自動で繋がる時代。それは電電公社のみならず、高度成長が求める国民の悲願であった。

新幹線が走り、東京オリンピックが開かれたといっても、それは都市部だけが文明の恩恵に浴しているに過ぎなかったのである。

各地の電話局に続々と、省スペースで経済的なクロスバー交換機が導入されていた。それらのほとんどは請負会社の施工だったが、一部は発注元の電電公社の手によって行なわれた。それが直営工事部隊と呼ばれる機械工事課の仕事だった。

浦和の本部に出るのは月に二度ほどで、あとはすべて埼玉県内に点在する各地の現場に通勤した。工事の進捗にともなって各地の電話局を転々とするのである。

私たちはジプシーと呼ばれた。みずから現場を選ぶことはできないから、ひとによってはジプシーのような移動生活を嫌ったが、私は楽しかった。性に合っていたのだ。

現場によって仕事の規模とメンバーが変わるのも新鮮だったし、出張費の実入りもよかった。実際は家から現場への通勤だったのに、毎日浦和の本部に出勤し、それから現場に向かうかたちをとるため、余分な通勤費を支給されたのである。

たとえば本部から遠い地域に住んでいる課員の場合、家の近くに現場があれば通勤費もさほどかからないのに、本部への往復の費用がプラスされてもらえるのだから通勤費の丸儲けといってよかった。これに出張費と泊まってもいない宿泊費が加わるから、給与よりも出張費のほうが多くなる。直営部隊で三年勤めれば車が買えると噂されたほどである。

そうした悪弊は、それからしばらく続いたのちに是正されたが、私たちはなんの疑いもなく、不労所得に違いない過分の出張費の恩恵を得ていた。

高度成長は給与に如実に反映されていた。昭和四十二年入社の私の初任給は一万二千五百円で、それが翌年には二万三千円になり、三年後には四万一千円になった。倍々ゲームの昇給である。

戦後の復興はすでに十全に叶えられ、国民すべてが諸手をあげて繁栄の時代を享受しようとしていた。その証のひとつが、昭和初期に次いで訪れた登山ブームである。

＊

機械工事課に配属された八人の同期のなかに、山好きの名倉誠一がいた。自宅通勤でさほど酒好きでもなかったから、夜毎呑み歩いたわけではない。けれど現場が一緒になったときなどは、帰り道によく酒場に寄った。未成年でも社会人なのだから、酒についてうるさく言う者はない。

山の話になったのは、そんな酒の席でのことである。名倉が登山の楽しさを語り、私がそれを一蹴するかたちだった。なにが楽しくて山なんぞに登るのか、と言い返す私の脳裏に、寒風山の山裾の畑があった。

この夜のことを思い返すたびに私の思いは、その後、会津の山をさまようちに知り合うことになる、ゼンマイ採りの言葉に行き着くのである。

「なにが目的で山さ登るんだ。釣りが。違う？　山菜が。それはまずいな。ゼンメエはおらがだの飯の種だから、それを採られるのは困る。ウドやらコゴミやらを土産にするくれえなら、ちっとはかまわねえ。山菜でもねえ？　それならなんだ。理由がなくて山には入らんめえ。野鳥の観察が？　岩石の採集が？　そんな連中とたまには会うな。それも違うってが。遊びだって？　金払ってが。金払って楽しみだけで、こんなあぶねえ山のなかを登ったり下ったりしてるってが。おらにはわかんねえな」

山里の人々にとって、山は神の住まう地だった。山の恵みによって生かされてきたからだ。山から流れ出る水を田畑に導いて作物を育て、森の木々は薪《たきぎ》や用材になった。春の山菜や秋のキノコは貴重な現金収入の糧であり、冬を乗り切るための大切な保存食になった。渓流に潜む岩魚やヤマメは、不足しがちな動物性タンパク質の補給源として欠かせなかった。

山は里びとに生命の恵みを与えてくれる存在であり、それ以外の何者でもなかったのである。そんな彼らにとって、楽しみだけで山を歩く人間は理解の範疇を超えていた。

たかだか四百メートルに満たない低山の中腹にある畑とはいえ、私もまた山の恵みによって支えられてきた里びとの端くれである。だからこそ、山を遊びで登ろうとする者たちを認めるわけにはいかなかったのである。

名倉は当然のように、ならば騙されたと思って山に登ってみればいいではないか、と持ちかけ、私もやむなくそれを受けた。

よく晴れた秋の休日に、秩父の武甲山《ぶこうさん》をめざした。池袋に出てから西武線に乗って横瀬駅で降り、そのまま歩いて武甲山に向かった。

わずか一三〇〇メートルの山だろうと侮《あなど》った私に、武甲山は鮮烈な一撃を与えた。

疲労困憊のあまり登れなかったのではない。海を見下ろす山の畑に肥え桶を運び上げて鍛えた私の足腰は、武甲山にも充分通用した。そんなことより、それまで標高三五五メートルの寒風山しか知らなかった私の山の概念を、武甲山は軽々と、そ知らぬ顔で打ち破ったのである。

それは森の奥から聴こえてくる渓流のせせらぎであり、光を拡散する木々の葉末であり、甘酸っぱい朽葉の匂いであり、鳥たちの鳴き声であり、高く澄んだ秋空であり、遠く霞む青い山脈だった。

高鳴る鼓動が離れがたい友のようにかたわらにあり、一歩を刻んで勝ちとる高みが、まるで手品のように目に入る風景を変えた。清浄な大気が肺腑をめぐって強靭なエネルギーに換えていく。海や街や低山では得られない森羅万象のなかに私がいる。すべての音が消え、私は山とひとつになっていた。

私は奥武蔵の、さほど高いわけでもない武甲山によって山に目覚めさせられたのだ。

全山が石灰岩からなる武甲山は、地元のセメント会社によって山肌を削り取られ、山頂に鎮座していた御嶽《おんたけ》神社のご神体まで遷座させられていた。山に向かう私たちのかたわらを、石灰岩を積んだトラックがひっきりなしに走りまわっていた。

秩父の象徴といわれた武甲山は、すでに満身創痍の手負いの虎であった。そんな傷だらけの武甲山に、私ははるか彼方につづくであろう山の真髄を見たのだった。

＊

それからの私は、暇を見つけては山に出かけた。相棒はもちろん名倉である。

山を知った目で世間を見ると、なるほど世のなかは登山ブーム一色なのだった。

企業の週休二日への移行ははじまったばかりで、まだ月にいちどという企業が多かった。その連休を狙う登山者の群れが、金曜夜の上野駅や新宿駅に殺到した。

一時間に一本のペースで発車していく夜行列車を待つ群れが改札の外にまで列をなし、到着する登山基地の、たとえば茅野あたりでは、夜中の三時だというのに各地に向かうバスが待ち構えているの

山を始めたころ。奥武蔵、有馬山。20歳のころ

である。

まるで週末ごとの民族移動を見る思いがした。

老いも若きも瞳を輝かせ、なんの疑いも抱かずに山に向かう時代だった。あれはいったいなんだったのだろうと思う。それがブームというものだといわれてしまえばそれまでだが、しかしあの晴朗には疑いがなかった。

山小屋泊まりという選択肢はあまりなく、多くはキスリングに帆布《はんぷ》でできた家型テントを括りつけて電車に揺られた。

山が好きだといっても、名倉だってそれほど登ったわけではないらしく、私たちの山は一般受けする尾瀬や八ヶ岳や鳳凰《ほうおう》三山の縦走が多かった。

しかし、次第に私はハイキングレベルの登山に物足りなさを覚えるようになった。それは焦燥と呼んでいいものだった。遥かなる山なみの向こうが見てみたかった。ハイカーたちに混じって向かう頂ではない山の素顔が知りたかった。華やかで美しいばかりではない、荒涼とした季節のなかに身をおいて見たかった。私が私であることを知る手段が欲しかった。

しかし名倉はハイキング以上の山に向かおうとしなかった。彼は楽しみとしての山があればそれでいいのだという。山を教えてくれた名倉を卒業し、新しい一歩を踏み出す時期が近づいていた。

そんなとき、私は背中を押してくれることになる風景と出会うのである。

＊

技術系の職員に課せられた宿命は、技術の進歩に置いていかれないようにすることである。交換機の耐用年数がこないうちに最新鋭の交換機が開発され、古い交換機と入れ替えて導入されるたびに、設置工事に関与する職員は訓練機関に集められて学ぶことになる。

入社して二年目の秋、私は関西の鈴鹿にいた。鈴鹿サーキットに近い白子《しろこ》の町の訓練施設で、新しい交換機の導入訓練を受けていたのである。

訓練機関は二ヵ月あまり。もちろん泊り込みだった。

休みの日には白子の海で魚を釣ったり、四日市の町に出かけて映画を見たりした。

やがて九月の連休になった。訓練期間中は休みが取れないからと、振り替えの長期の休暇になった。会社の温情には違いないが、これには困った。家庭のある訓練生は自宅に帰るが、独身者には帰ってもすることがなかった。旅費だってばかにはならないのである。

ならばと私は小さな旅を企てた。木曽路を歩いてこようと思ったのである。

レンタカーなどあったかどうか。あったにしても思い浮かぶはずもなく、すべては電車とバスを利用した。

いい旅だった。大勢のほうが楽しいに違いないが、ひとりのほうが身軽でよかった。

上松《あげまつ》の安宿で一泊し、妻籠《つまご》や馬籠《まごめ》の宿を歩いた。寝覚《ねざめ》ノ床《とこ》の、白い岩肌ととろりとした川の流れが新鮮に目に映った。

木曽福島で泊まった夜、不意に上高地に行ってみようと思い立つ。まだ二日ほどの日程が残っていた。

いまでもそうだが、私には予定を立てない癖がある。日程を決めず、宿の予約もせずにふらりと旅をするのである。むろん、旅する土地の調べもしない。そのほうが新鮮だからである。

おそらく木曽のどこかで上高地のポスターを目にしたのだ。木曽福島から上高地に向かうバスがあった。片道四時間ほどである。

翌朝、バスに乗った。どことも知れない山間を揺られているうちに、バスの運転手が急を告げた。途中の山道が崩れたというのである。迂回を余儀なくされるため、到着までに倍の時間がかかるという。

それはかまわなかったが、その日の宿をどうしようという戸惑いだけがあった。

上高地に着いたのは夜の八時近かった。あたりは濃い霧に閉ざされ、開いている宿など一軒もなかった。

標高千五百メートルの上高地の夜は冷え込む。夏用のメッシュのズボンしか穿いていない私を、秋の寒さが容赦なく襲った。

ふらふらと歩きまわった私は、やがてバスターミナルの食堂の裏手に居場所を見つけた。

そこには余熱になっているボイラーの管があり、ほんの少しの暖かさを提供してくれたのである。

ボイラーの管に抱きつくようにして蹲《うずくま》ったまま、ほとんど眠ることもできずに夜をすごした。まして私は、きのうの宿で朝飯を食べたきり、なにも口にしていなかった。空腹と寒さが相乗してやってきた。なにも見えない上高地のバスターミナルで、私はたったひとりで朝を待った。

白みはじめた霧が朝の訪れを告げていた。森閑とした気配だけがあった。食堂が開くまでには、まだ数時間かかるはずだった。空腹を抱えたまま、初めて訪れた上高地を歩いた。

やがて河童《かっぱ》橋のほとりで梓《あずさ》川の流れを見つめていた私の頭上で、霧の晴れる気配がした。霧に閉ざされてなにも見えなかった世界の上空が、青みを帯びていた。

天空の一角がくっきりと青く切り取られ、それが広がっていく様子を見つめていた私の目に、思いがけない高みから飛びこんでくるものがあった。

朝の光を浴びた穂高連峰の、荘厳の光景である。

あまりの展開に、私は呆然としたままだった。すでに色づきはじめた木々をまとった吊尾根が惜しげもなく全貌を現していた。霧が消えると、朝の光を散らした梓川の流れが躍動しはじめる。

静かな川辺の彼方に、三千メートルを超える穂高の峰々が傲然として聳えていた。親和でも拒絶でもない、以後数え切れないほど通うことになる山々との出会いだった。

初冬の穂高へ

鈴鹿での研修を終えて職場に復帰した私は、仕事もろくに手につかず、山を思って日々を過ごした。秋の日差しを浴び、高空《たかぞら》を割って全貌をあらわにした、一群の山塊の情景が脳裏を去らなかったのである。

梓川のほとりから千五百メートルの標高差を保つ高峰の群れには、拒絶も親和もなかったが、孤高のやさしさがあった。

あれは何だったのだろうかと考えつづけた。一瞬にして私のこころを鷲づかみにしたまま、身じろぎもしなかった高峰の群れは、私にとってあきらかに非日常の存在であった。

それは文明の対極に位置する原生の自然の姿だった。

わずか二十年の人生を経たにすぎない私は、いまだ何者でもない若造であった。私はいったいどこへ行くのか。どのように生きるのか。技術系の仕事は嫌いではなかったが、それが天職だとは思えなかった。

どのように生きたらいいのか。私はどうあるべきなのか。なにを支えに歩んだらいいのか。私は、なにをすべきなのか。

希望と不安をいだきながら、混沌とした自身の揺らぎの振幅を知る手立てが欲しかった。その答えが、あの日の情景にあったのだと、ようやく悟ったのだ。

自身の揺らぎを知るためには、揺るがざるものが必要だった。文明でもなく日常でもない、太古からの居住まいを変えることなく聳えている不動の山岳こそが、私に揺らぎの振幅を教えてくれる対象であった。

しかし、その非日常の高峰は、日常の延長にあったのだ。言い換えるなら、海沿いの寒村の背後に横たわる低山が、緩やかなグラデーションを描きながら高度を上げていく遥か彼方に、非日常の山が聳えていた。

私があの日、穂高の峰々に見出したのは、決して違和感などではなかった。

悪魔が棲むとして怖れられた西欧の山々はルネッサンス以降、より高くより困難な対象として征服する対象になった。それが西欧アルピニズムの発露である。

しかし日本では、山々は古来、神の棲む畏敬すべき存在であった。農耕を生活の手段とする人々は、山の神を田の神として祀り、収穫の秋ともなると、秋祭りとともに感謝の祈りを捧げて山に神を還したのである。

屋久島には岳参《だけまい》りという風習がある。柴を刈り山菜を得る生活圏の範囲の山を前山と呼び、その向こうに聳える山を奥山と呼んだ。

海辺の村々では毎年、若者を選んで神の棲む奥山に向かわせ、豊漁と豊作を祈願した。それが岳参りという美しい風習である。奥山は決して日常の生活と無縁ではなかった。

そう分析したのは、むろん後年のことだが、しかし私は宿命のように穂高の高峰と出会い、そして魅了されたのである。

いま過ごしている文明の時間軸ではなく、山々の悠久の営みのなかに身を置いて、みずからを見つめてみたかった。そのためにはまず、あの山懐に向かわなくてはならない。それはあの日から温めてきた抜きがたい衝動であり、逃れることのできない痛切な希いであった。

*

その翌年の昭和四四（一九六九）年の一一月末の連休に、私はふたたび上高地を訪れていた。河童橋から見上げる穂高の峰々は、厚い雲に覆われて姿を現さなかった。幾分水量を減じたように見える梓川の流れが、冷たそうに岸辺を洗っていた。川面をわたる晩秋の風が、ケショウヤナギの梢を揺らして吹きすぎていく。

河童橋の周辺にも人影は少なく、周辺のホテルでは冬支度に余念がなかった。それもそのはずで、この連休を最後に上高地は長い冬籠もりに入るのである。

葉を落としたモノトーンの山肌をしばらく眺めてから、重いザックを担いで一歩を刻む。待ちに待った瞬間だというのに、なぜかこころは弾まなかった。

山の計画は、名倉にも伝えず、深く静かに進められた。それまでのささやかなハイキングの経験など、三千メートル級の高山に向かおうとする身にとって、なんの役にも立たないはずだったし、計画を聞かされたとしても、名倉はおそらく困惑するしかなかっただろう。

私は穂高の頂上に立とうとしたのではない。初見で初冬の穂高に挑戦するほど無謀ではなかった。穂高の概念を知り、安全に登るためには来年の夏を待つしかないのはわかりきっていた。しかし私は待てなかった。長い冬を迎えようとしている峰々の素顔をこの目で見ておくことで、私もまた長い冬を耐えられると思ったのだ。

私が選んだのは、穂高の展望台として最適とされる、蝶ケ岳から燕《つばくろ》岳への縦走であった。時期は一一月下旬の連休。山々の標高を思えば、晩秋というより初冬と呼んでいい季節である。

入山は上高地で、初日は蝶ケ岳ヒュッテまで登り、二日目は常念《じょうねん》岳を越えて大天井《おてんしょう》岳の大天《だいてん》荘まで。いずれも冬季小屋を利用し、三日目は中房温泉に下るという、三泊四日の計画である。

天候が悪ければ常念岳から東面の須砂渡《すさど》に下ればいいし、蝶ケ岳からも須砂渡へのコースがある。その場合なら一日の予備日が確保されることになり、いずれにしても怪我さえしなければなんとかなるはずだった。

入山地の上高地までバスが運行されているのが一一月後半の連休までで、それを逃すと沢渡《さわんど》から長い車道を歩かなければならなくなる。経験の浅さを思えば、その機会を逃すわけにはいかなかった。

そして私は、新宿発の夜行列車に乗った。初めての単独行であった。

結局私は、出発直前に名倉に計画を打ち明けた。なにをして欲しかったわけではない。身内に話せば反対されることはわかっていたし、心配させるのは本意ではなかった。

といって誰にも明かさずに出かけてしまうと、なにかあったら大騒ぎになる。少なくても名倉にだけでも話しておけば、事態を知った会社が重い腰を上げてくれるだろうと判断したのだった。

＊

上高地をあとにすると、とたんにひとの気配が途絶えた。連休だから、誰か登山者に出会えるだろうと思っていたが、どうやらあまい期待だったようだ。

蝶ケ岳まで夏道でも七時間あまりだから、ゆっくりでいいはずだったが、つい歩みが速くなる。歩みが速いのも、こころが弾まないのも不安だからだった。せめて秋晴れだったなら、と思うが、ないものを求めても仕方がなかった。雪が降らないだけいいと思うしかない。

葉を落とした唐松林の道を歩いた。道端の斜面から朽葉の甘い匂いが漂った。梢を鳴らして上空を風がわたっていく。

徳沢園の前で小憩をいれる。越冬する冬季小屋の番人がいると聞いていたが、気配はなかった。ここまでは水平の道だが、ここからは展望の利かない樹林のなかを登ることになる。

肩から下ろした新品のキスリングザックを、いまさらのように眺めてため息をつく。なかに詰まっているのも、ほとんどが新品の冬山装備だった。上野のニッピンという登山用具の格安店で揃えたものだ。

ピッケル、アイゼン、ヤッケ、登山靴、コンロ、コッフェル、それにテントとシュラフと食糧。すべてが無骨で重かった。それからの登山用具のめざましい進化を思えば、驚くべき重量だったといえる。

ピッケルは木製シャフトだったしアイゼンは鍛造品である。靴は鋲底が姿を消し、ようやくビブラムのゴム底になったとはいえ、決して軽いものではなかった。なによりナイロン製の登山用具が出まわる前で、ヤッケもテントも重くてかさ張るビニロン製だった。

いまなら足首から雪が入らないためのスパッツが一般的だが、当時は靴ごと履くビニロンのオーバーシューズだった。しかも膝までの編み上げ式である。

おそらく雪中行軍をする軍隊が開発したものだろうが、そういえば冬用シュラフも皮製のオーバーミトンも米軍の放出品だった。

それらをすべてザックに詰めた重量は、三〇キロを超えていただろう。

頭の上からつま先まで新品なのだから、ベテランから見ればひと目で冬山初心者だと見破ったはずだが、誰もいないのだから恥ずかしがることもない。ならばいっぱしの冬山登山者をきどってやれとここまで歩いてきたのだが、これからの登りを思うと、早くも気持ちが萎えた。

ほの暗い森の道を歩いた。道は要所に指導標があり、明瞭につづいていた。荒い呼吸を友として規則正しい登りを重ねていく。五〇分歩いては一〇分休みというサイクルを繰り返していくと、やがて雪が出てきた。

雪は予測していたが、困った事態が起きた。先行する登山者がいないため、雪に覆われて森の道が消えているのである。

背の高い指導標は明瞭なコースの分岐にしかなく、足元に置かれた小さな標《しるべ》を目標にして登ってきたが、雪に埋もれてしまえば、それすら探しようがなかった。

地形はほとんど変わらず、したがって目標物を定めることもできなかった。ときおりザックを下ろして、樹木に付された赤布を探すのだが、その分だけ行程はどんどん遅くなる。

このまま登れば山頂に着くのは間違いない。それはわかっている。しかし、前途を失うという不安が焦りを助長する。

どこかで風を避けて泊まってしまおうかという思いが、ちらりと湧きあがる。しかし、それは道を見失ってからでも遅くはない。

雪はやがて膝上になった。地形図を見ると登りの後半は迷いようのない尾根上の道になっている。そこまで行けばこっちの勝ちだ。焦ってはならない。落ち着け。時間はたっぷりあるのだ、と自身に言い聞かせ、ふたたび登高を開始する。

長塀山《ながかべ》に着いたのは、午後をおおきく超える時間だった。標識を認めてようやく安堵する。コースタイムによれば、ここから山頂までは一時間ほどだから、明るいうちには着けるだろう。風は弱まったが、背後の穂高の山々はすべて雲のなかである。

ときおり吹き溜まりに足を取られながら、確実に高度を上げて稜線の一角にたどり着く。それまでの雪が突然消えて、砂礫の凍った吹きさらしの台地の向こうに蝶ケ岳ヒュッテがあった。風が強いのだろうと判断する余地もなかった。ただ、そんなものかと思ったまでだが、その理由を翌日、いやというほど思い知ることになる。

蝶ケ岳ヒュッテの冬季小屋は二階建てだった。ほかの登山者がやってくる気配はなかったので、思う存分店を広げてくつろぐ。

ようやくここまでやってきた。ここが縦走の事実上の出発点である。明日はおそらくアイゼンを使うことになるだろう。ともあれ初めての穂高だ。晴れて欲しいと願うしかない。

切り詰めた食事はあっという間に済んだ。水は雪を溶かして作り、明日の分まで水筒に詰める。ほんの少しのお酒を呑むと、睡魔がすぐにやってきた。ラジオを聞く暇もなく、シュラフに入ったとたんに眠りに落ちた。

＊

目覚めると外が明るかった。しめたとばかり外を見ると穂高の峰々に日が当たっていた。急いで身支度を整え、まずは穂高に対面せねばなるまいと、飛び出す。

展望指示盤の前に立って息を呑む。深い谷間の向こうに、朝日を浴びた神の座が横たわっていた。山の名前もろくに知らないのだから山座同定もできないが、目前に聳えているのが穂高連峰で、おおきなギャップの右手遥かに鋭角の突起を見せているのは槍ヶ岳に違いなかった。

これが穂高のモルゲンロートかと、胸中でなんども呟く。この光景に会いたかったのだ。俺にもいつか、厳冬の穂高に立つ日がやってくるのだろうか。

風が静かに流れていた。行く手に見えるのは常念岳だ。三角錐の山容に刻まれたひと筋の条痕が夏道に違いない。果たしてすんなりと通してくれるだろうか。

寒さでいられなくなるまで山々を眺めてから小屋にもどった。これだけ展望があれば、余裕をもって大天井岳に着けるだろう。出発は、ゆっくりと朝飯を済ませてからでも遅くはあるまい。

その、ほんの少しのあいだに事態はおおきく変わっていた。おそらく予感はあったのだ。黎明の穂高を浮かびあがらせていたのは、雲間から差しこむ一条の光の帯だったからである。

食事を終えてザックに荷物を詰める前に、外の様子を見ておこうと開けたドアの向こうにあったのは、小雪混じりの濃霧だった。

視界がなければ常念岳を越えることはかなわない。視界だけならまだしも、これに風が加わるとなると自殺行為に等しい。さてどうするか。

ぐずぐずと考えているうちに、やがて怖しいものがやってきた。吹雪である。それよりももっと怖しいのが強風だった。

ドアを開けられないほどの風が小屋を包んだ。初めは断続的だった風が、やがて怒濤のように小屋を叩き、持ち去ろうとしていた。小屋の隙間という隙間から白いものが侵入して壁を覆いはじめた。それが雪だと知ったとき、私の思考は完全に停止していた。おそらく私は震え、青ざめていたに違いない。

吹雪は激しさを増し、私を恐怖の坩堝に叩きこんだまま二晩吹き荒れた。その間、私はまんじりともせずに小屋の片隅で震えていた。このまま嵐がやまなければ死ぬな、と思った。だから小さなノートに遺書を書いた。生まれてこのかた、遺書など書いたのは、後にも先にもこのときかぎりである。

山の放つ咆哮の凄まじさを初めて知った。それが冬山の洗礼だというなら、私はあまりに苛烈な体験をしたことになる。

あのモルゲンロートは、低気圧が去って季節風が吹き出す合間に生まれた疑似好天という現象だと知ったのは、本格的に冬山をはじめてからである。

してみると私はまことに幸運だったといわねばならない。あのまま好天を信じて行動を開始していたら、私は吹雪に捕まって常念岳を越えられずに斃れていただろうからだ。

三日目の朝、ようやく風が弱まった機会を捉えて速攻で小屋を逃れた。エスケープの須砂渡へのコースなど思いもしなかった。ただただ下界へ、それもひとが恋しかった。

道迷いを避けて最短の横尾《よこお》をめざした。雪まみれになりながら横尾の避難小屋に着いたのは夕刻だった。誰もいないと思った小屋には登山者がいて、見る影もなくやつれた私を哀れんで、熱いコーヒーをいれてくれた。それが山岳写真家として名を知られた、三宅修氏と助手のおふたりだった。

後年、なにかのパーティーで話す機会があり、昔のお礼を述べたのだが、すでに四半世紀を経た避難小屋の夜の小童《こわっぱ》のことなど、山岳写真界の巨匠の脳裏にはないらしく、少し考えてから「いや、覚えてませんな」といったのである。

私が大宮にある小さな山岳会に入ったのは、その年の暮れのことである。

山岳会事始め

昭和四四（一九六九）年の年末年始を、八ヶ岳で過ごした。

初冬の穂高から逃げ帰って一ヵ月後のことである。

あれからすぐに、山岳雑誌に掲載されている会員募集欄を開き、住まいの近くにある山岳会の門を叩いたのだ。

山を基本から教えてくれそうな会ならどこでもよかった。独学で向かう山の限界を、骨身にしみて悟らされたからである。

入会したのは、埼玉県大宮市（現・さいたま市大宮区）にある「稜線の仲間」という山岳会だった。

創立してまだ日の浅い会だったが、見るもの聞くものすべてが新鮮で、私はたちまち山岳会に溺れていった。

その会で初めて迎える年末年始の合宿が、冬の八ヶ岳の定着山行だった。

言われるがまま装備を買い足し、会所有の装備の点検や食糧の買出し、そして打ち合わせと、頻繁に行なわれる準備会を経ての合宿本番であった。

たどり着いた登山基地の美濃戸口には、山で新年を迎えようとする多くの登山者がいた。凍てついた寒気が肌を刺し、硬く澄んだ冬空に風花が舞っていた。

新人に与えられた荷の重さは四〇キロ近かった。メンバーの総数は三十人ほどだが、最後尾に位置するリーダーは私物の入ったサブザックのみで、山での序列を思い知らされた。

合宿を率い、すべての判断を素早く的確に下さなくてはならないリーダーは、判断を鈍らせる重荷を避けて軽量化を心がけ、そのぶんを入会して日の浅い会員たちが背負うシステムだった。

それまで登山界を席巻していたキスリングザックが姿を潜め、アタックザックと呼ばれる縦長のザックが出はじめてはいたが、七〇リットル、八〇リットルという大型のものはまだなく、大量の荷物を背負うために活躍したのが、アルミパイプ製の背負子《しょいこ》だった。

小さなサブザックを横に置き、その上に、駄菓子を入れるためのドウカンと呼ぶ一斗缶を二つ重ね、共同装備や食糧を格納して背負ったのである。

登山者が歩行に支障なく背負える重量は、体重の三分の一から二分の一くらいまでがせいぜいだというが、チビで痩せていて、五〇キロをやっと超える体重の私にとって、四〇キロ近い荷物は苦行に等しかった。

荷物もここまで重くなると、腕だけでは背負えない。しゃがんで曲げた片ひざに荷物を載せて背負いベルトに腕を通し、立ち上がってから残る片腕を通して、ようやく歩く体勢ができあがる。

凍った雪面をアイゼンで踏みしめ、ピッケルを杖にして冬の山道に一歩を刻む。

ベースキャンプ予定地の赤岳鉱泉までは夏なら三時間ほどだが、重荷を背負えば五時間近くはかかる。その道を、五〇分歩いては一〇分休むという、規則正しい歩行を繰り返す。

だがしかし、モミの葉末に降り積もる乾いた雪が、ときおり風に舞って視界をよぎる幻想的な光景も目に入らないほど、私は重荷に打ちのめされていた。

わずか一〇分の休憩が天国に思えた。テルモス（保温容器）の温かいお茶を飲み、ビスケットやチョコレートなどの行動食を口に入れると、またたく間に出発の時刻がやってくる。歩きはじめて最初の十歩はいいのだ。しかし十一歩目から、最前の休みなどなかったかのような地獄が襲ってくる。五〇分後の休憩だけを待ちわびて、ひたすら重荷に耐えて果てしない山道をたどるのである。

汗をぼたぼた垂らし、雪面を見つめて歩いていたら、ベースが近いぞ、という仲間の声がした。顔をあげると、木の間越しに白い岩塊が見えた。深い藍色の空を切り取るような白銀の岩であった。まるで蹲《うずく》まった僧侶が合掌しているような巨大な岩塊、それが八ヶ岳西面の象徴と呼ばれる大同心だった。

＊

食事当番の起床は深夜の二時。献立の多くはペミカンと呼ばれる調理済みの食材で、入山前に調理して味付けしたカレーや豚汁やシチューをラードで固めたものである。

ご飯を炊くかたわら、お湯で延ばせばすぐに食べられる優れものだが、なにを作ってもラードの味になってしまうのがペミカンの欠点だった。

朝食時間は三時で、その少し前に各テントに人数分の食事を届け、テントリーダーの合図で食べはじめる。

行動開始は四時。準備にいそしむヘッドランプの光芒が、まだ明けやらぬ闇のなかを交錯する。メンバーの発表は前夜で、パーティーリーダーとサブリーダーとメンバーが告げられ、それからパーティーごとの打ち合わせが行われて、持参する装備や行動食の配分、ルート上の注意事項を確認しあうのである。

パーティーの人数は三名から多くても六、七名。メンバーの少ないパーティーは精鋭部隊で、八ヶ岳西面のクライミングルートに散って行く。昂揚するきびしい表情の彼らに羨望のまなざしを送りながら、難易度の低い縦走コースに向かう私たちもまた、少し遅れてベースキャンプを発つのである。

ヘッドランプに照らされた淡い雪面が行く手に浮かび、キシキシと鳴くアイゼンの音が、遠く近く聞こえている。

それぞれの荒い呼吸が共鳴しあい、溶けた大気が湯気となって、ヘッドランプに浮かぶ表情をおぼろにかすませている。凛とした冬の朝が明けていく予感がある。

やがて満天に散っていた星たちが少しずつ光を失い、地の底から冬の山々が浮かび上がってくる。ベースキャンプを発っておよそ二時間。ルートの取付き近くで夜明けを迎えるのである。

凍てついた山肌を溶かすかのような光の矢が山稜に点り、山を紅く彩っていく。モルゲンロートと呼ぶ、晴れた冬の朝の荘厳な営みに、私たちは言葉を失って立ちつくす。

中山乗越を越えて阿弥陀岳から赤岳をめぐったり、行者小屋から赤岳に登り、横岳の険しい岩稜を経て硫黄岳まで縦走したり、あるいはまた、赤岳主稜などの比較的たやすい岩壁の登攀が、私たち初級者に与えられたルートであった。

三千メートル近い稜線を歩きつつ、富士山の秀麗な山容と南アルプスの重厚な山脈を眺め、ときに風雪に叩かれながら冬山の日々を過ごした。

たどるルートが岩壁であれ縦走路であれ、冬の八ヶ岳の早朝行動ならば、ベース帰着は午後をおおきくまわることはない。帰る時間が早ければ、近くの斜面で雪上訓練を行うのが常だった。

とっさの判断と反射神経が自分を助け、仲間を救う。そのためには反復訓練が欠かせない。アイゼンを履いていないときの雪面の歩き方。滑落停止。ピッケルワークとアイゼンワーク。そしてザイルを使ったコンティニュアス（連続登攀）の登り方。

時間になればその夜の食料当番が、訓練を抜けだしてベースキャンプをめざして駈けていく。あらかじめ決められた食事計画に従って食料と燃料を受けとり、夕食の準備がはじまる。

夕食はメインテントで摂った。狭いテントに全員が膝を抱えてひしめき、チーフリーダーの「戴きます」の声とともに食べはじめる。そうやって私たちは同じ釜の飯を食うのだ。

それから明日の行動予定が告げられ、ささやかな宴会があり、山の歌へと移行する。

元旦だけは起床が少し遅く、お節を食べてから近場のルートに出るが、午後の雪上訓練はない。新年会をやるためである。

その日だけは無礼講だった。新年を山で迎えることの新鮮な体感があった。ご来光などは眼中になく、日常の延長のままにルートに出てピークを踏み、ベースに還る繰り返しのなかに、新年を迎える感動があったのだ。

テントキーパーというものがある。ルートに出ることなくテントを護るのだが、これは新人たちに与えられた大切な仕事だった。

それぞれのパーティーを見送ってから朝食で使ったコッフェル（炊事用の鍋）を洗い、雪を溶かして水を作り、晴れれば全員のシュラフ（寝袋）を乾し、テントを張り直し、各パーティーから二時間おきに飛びこんでくるトランシーバーの交信に備えるのである。

眼のまわるような忙しさだというのに、ルートに出るのとは異なる楽しさと充実感があった。それはおそらく、仲間を支え気遣う信頼の手応えというべきものであったろう。

年末年始の六日間を費やしても、入下山で二日を取られ、テントキーパーで一日を余儀なくされるとすれば、ルートに出られるのはわずか三日に過ぎない。その三日でなにができるかと考えるのは不毛である。

ひとつの世界を共有する楽しさだけがあった。それでいいのだと思う。青く幼い記憶だが、あの八ヶ岳の冬が、私の山のそれからを支えているのは間違いがない。あの八ヶ岳は、私にとっての共同幻想に他ならなかった。

*

冬の八ヶ岳を経て、私の山への思いは不動になった。飢《かつ》えた者が水を求めるように山へ向かったのである。それは飢餓であり、渇仰だったかもしれない。

年に二十日与えられる有給休暇のほとんどが山に費やされた。週休二日の可能性がようやく見えはじめたころで、長期の山行は春の連休と正月休みと夏の合宿にかぎられた。

春、夏、冬の三合宿は、穂高や劒岳《つるぎ》や八ヶ岳などの有名山域で行われ、少しずつ難度をあげて、さまざまなルートに挑んでいったのだった。

その合宿の狭間で、私たちは日常のように近郊の山に出かけた。ハイキングやピークハントがあり、沢登りがあるかと思えば岩場の登攀があった。さらに季節に応じて雪上訓練があり、ボッカ訓練があり、クライミング訓練があった。

それはオールラウンドと呼ばれる山岳会の、なんの変哲もない活動のありようだが、しかしそこには否応のないベクトルのような、登山界全体が醸し出す一定の方向があった。

ヒマラヤへの道である。

すでに日本の登山界の趨勢は、近代アルピニズムを切り拓いてきた大学山岳部から市井の社会人山岳会全盛の時代へと移行していた。

冬のアルプスの岩壁からヒマラヤの未踏の岩壁へ。彼らの華々しい活躍は日本の登山界を沸騰させ、ヒマラヤの初登攀を頂点とする、アルピニズムという分かりやすい三角形の底辺に、私たちもまた否応なく組みこまれていったのである。

雪線という万年雪を持たない日本の山で、ヒマラヤに向かうための最初のステップとして沢登りが有効であるとされたのは、日本の三大岩壁として知られた谷川岳の一ノ倉沢や穂高の滝谷、そして北岳バットレスの岩場のいずれもが、渓谷の源頭に展開しているためだったろう。

私たちは丹沢や奥多摩の沢登りを手はじめに、奥秩父の幽玄な渓谷に向かい、それから谷川岳のマチガ沢や南面の鷹巣沢、オジカ沢などで登攀を混じえた遡行を繰り返し、ようやく岩登りのための山靴を履いて、一ノ倉沢の岩壁に足を踏み入れて行ったのである。

のちに私の登山を規定し、その大半を占めることになる渓谷の遡行は、つまるところヒマラヤへのワンステップに過ぎなかった。

その一方に雪山登山があった。八ヶ岳を経て中央アルプスの千畳敷で合宿を展開し、さらに上越国境の重く湿った雪を経験したのち、厳冬の穂高へと向かうのである。

その一連のステップの末に、冬の岩壁登攀があった。岩登りと冬山が、ここでようやく融合するのである。すべてのベクトルの向こうにヒマラヤがあった。

べつにヒマラヤへの具体的な計画や可能性があったわけではない。しかし、誰もがヒマラヤを夢見ていた。

類稀な才能と、血を吐くような努力の末に勝ち取る遠征隊の希少な椅子の、芥子粒のごとき彼方に私たちがいたのだとしても、夢は見ていたかったし、努力だけはつづけたかった。

沢登りが、より高くより困難な高峰の初登攀に象徴されるアルピニズムの呪縛から解き放たれ、この国の豊かな山河を逍遥するという独自の価値観を獲得するまでには、さらに多くの歳月を待たなくてはならなかった。むろんそれは、必然として訪れるヒマラヤの未踏峰の消失のゆえに、である。

＊

山を生活の中心に据えた私だが、毎週末、山に入れたわけではない。山岳会の入会と前後して、浦和電報電話局への転勤を命じられたからである。

それまでの交換機の設置という仕事から、すでに電源が入れられ、稼動している交換機の保守点検という仕事への移行であった。

二十四時間、継続的な運用を義務付けられる電話交換サービスには宿直業務が欠かせなかった。当然のように、若い独身者が割りふられることになる。

宿直は六日にいちど、二人一組で行われ、これを六輪番と呼んだ。夕方の五時から翌朝の八時半までが宿直と宿明けで、しかも毎週一日ずつ宿直が早くなるのだから、必然的に勤務は不規則になる。コンビを組む相方の多くは先輩で、休みを取るのも先輩が優先である。したがって、週末に宿直や宿明けがくるかぎり、山には入れないことになる。

それでもよくしたもので、宿直を伴う工場勤務者や自由業の会員がいて、平日の山行にも、さほどの支障はなかったのである。

困ったのは年末年始と春の連休とお盆休みで、これはもう、拝み倒すしかなかった。

私は着々と、山男と呼ばれる異端者への階段を昇っていた。べつに初登攀の栄誉が欲しかったわけでもなく、それに相応しいちからがあったのでもない。俺はなにを求めて山に登っているのだろう、と自問したとき、充実と充足という二文字が浮かんだ。山は私自身の存在証明であった。

勤務先のビルの五階に多くの電話交換手がいて、仕事仲間の後輩が十歳年上の交換嬢と結婚して会社の近くに住んでいた。

部屋の照明を落とし、小さなランプを灯した彼らの夜の宴に、なぜか私は足繁く招かれた。議論好きな彼女の標的として、登山という不可解な行為に没頭する私は、またとない対象だったのである。議論はいつも、登山は逃避か否かに終始した。私は言葉をつくして山は逃避ではないと抗弁するのだが、それは決して彼女を納得させはしなかった。

山は自己完結の遊びである。しかもそこに精神の融合が加わる。山を登らない人間からしてみれば、その行為は奇異に映るのかもしれない。上空から俯瞰でもしないかぎり、登山の一部始終を捉えることは不可能だからだ。彼女は見えざる登山という行為に嫉妬していたのかもしれない。

目に見えるスポーツに対してなら、逃避という言葉は生まれまい。そう思った私は不意に、山に逃げてなにが悪いのだろうという疑念を覚えた。そう、登山は逃避の対象として成立していい。

眼前にあった薄い霧のベールが、唐突に開かれた瞬間であった。

それまで、山が逃避の対象か否かなどと考えたこともなかったが、充実と充足を求めて登った山で、それとは明らかに異なる安らぎのようなものを覚えてとまどった覚えがある。いまにして思えば、あれは山の風景が与えてくれた慰藉であった。

逃避などという、後ろ向きの言葉を使ったりするから紛らわしくなるのだ。安らぎでいいではないか。

充実であれ充足であれ、安らぎであれ、その目的を問わず、山はそこに分け入る者たちに、等しく慰藉と癒しを与えてくれるのである。

遭難

雨が激しくなっていた。岩壁を覆うガスが切り裂かれて暗鬱な岩肌を見せたかと思うと、すぐにまた白一色に閉ざされた。ガスの末端が風に千切られて、命を得た暗い情念のように岩壁を支配していた。

垂直に削ぎ落とされた広大な岩壁の小さなテラス（岩棚）に私はいた。

岩肌とガスの区別が次第につかなくなって、薄暮が訪れようとしていることにようやく気づく。初秋というよりは晩夏と呼んでいい季節、ツェルト（簡易テント）を被っていたこともあって寒さは感じなかった。

さきほど岩壁の下方から聞こえていた呼び声は、仲間たちのものに違いなかった。台風の直撃さなかの岩壁に向かおうとするクライマーなど、すでにいるはずもないのだから、それ以外には考えられなかった。

ツェルトから顔を出し、声をかぎりに叫び返した私の存在を確認したのかどうか、彼らの呼び声は霧の彼方に遠ざかっていった。

「すまん、どうやらここでひと晩過ごすことになりそうだ」

心のなかで呟けばいいことなのに、私はことさら声に出し、すでに息絶えてかたわらに横たわるH＊に語りかけた。

彼の死を確認した午前九時以降、時は止まったままだったが、ときおり触れる彼のからだの変化が残酷に時の経過を告げた。やがてHに死後硬直が訪れ、夜明け間近になってから、ふたたびやわらかさを取り戻した。容赦のない死の現実がそこにあった。

食欲はまるでなかったが、無理やり少しだけ食べた。シュラフカバーに収容した彼の上に行動食を載せ、「食えよ」と呟いてから自分も食べた。砂を噛んでいるように思えた。

どうしてこんなことになってしまったのか。考えても仕方なかった。ともすれば惑乱しそうになる自分を抑えたのは、悲しむよりも冷静にならなければという、その一点だった。

幼い山岳会の未熟なパーティーが、身のほどを知らず、山の呼び声に誘《いざな》われて分け入った結果の事故だった。

入会して四年目の私が二十五歳、年少だが二年入会の早いHが二十三歳で、Hをリーダーにして、ふたりが初めて挑んだ一ノ倉沢のクライミングだった。

入会してからほどなく、五十人ほどいた山岳会は分裂騒動のあげく二分した。およそ成熟とは言い難い、稚拙な抗争の結果である。

山岳会は顧問を務めるYさんの指導力にすべてを託していた。右も左もわからない会員たちにとって、山の経験豊富なYさんの存在は絶対だった。問題だったのは、Yさんがプレーイングマネージャーではなかったことだ。

山岳会という組織を磐石にすることが急務であり、山の活動実績など、あとからいくらでも作れる、というのがYさんの持論だった。

それはそのとおりだったろうといまでも思う。しかし、山への情熱に燃える会員たちが求めたのは、先頭を切って山に導いてくれる指導者の存在だった。

大学の写真学科を卒業した某テレビ局の番組ディレクター、というYさんの経歴が詐称ではないかと囁かれたのが、ことの発端である。それを問題にした会員たちの告発によって、小さな山岳会は騒然となった。代表やリーダー会員などの、上層部のすべてがYさんの任命による傀儡《かいらい》であってみれば、圧倒的な存在である彼への疑惑を見過ごせなかったのはわからないでもない。

だがしかし、あらゆる分野がそうであるように、指導者というのは、その専門分野においてどうであったかが問われるだけでいい。

少なからず謎を秘めたひとではあったが、仮にYさんの経歴が詐称だったとしても、山とはなんら関係がない。彼に山を教わっていたのなら、山を通して彼を見ればいいのであって、犯罪者でもないかぎり、Yさんが何者であってもかまわない。だから私はどちらにも付かず、事の経緯を見つめていた。

やがて反旗を翻した上層部の一群が会を去り、騒動に嫌気の差したメンバーも退会して、若い会員を中心とした半数近くが残った。

それはいいのだが、困ったのは経験の乏しい私たちが山への最先端に立たねばならないことだった。一からの出直しを強いられたのである。

日本三大岩壁のひとつである谷川岳一ノ倉沢の登攀が、私たちの克服すべき当面の課題だった。難しいラインでなくていいのである。この岩壁の登攀を体験することが、次なるステップとしてある北岳バットレス（胸壁）や穂高の滝谷に繋がるのであり、後につづく者たちへの指標になると信じたからである。

*

一ノ倉沢の出合を発ったのは昭和四九（一九七四）年九月一日午前六時。台風が接近しているというのに、巨大な一枚岩の岩壁は稜線まで見上げることができた。

風に流された雨滴が、ときおり顔を打つ。悪天が予想された以上、撤退を視野に入れて臨んだ登攀だった。それでもせっかく調整して得た日程なのだから、せめて試登なりともしておきたかったという心情は否めない。

しかし、私たちは引き際の魔物に魅入られたのである。行けるところまで行って引き返せばいい。その根拠のない行動の危うさを、そのときの私たちは知らなかったのだ。

ひとつ目の過ちはアプローチのミスである。目標とした四ルンゼに向かうには、出合からテールリッジを経て南稜テラスに立たなくてはならないのだが、眼前に現れたのは掠奪点（流れが岸を削って尾根を乗り越え、本来の流れを変えてしまった特異な地形）だった。私たちは本谷ではなく、支流の衝立《ついたて》前沢を遡ってしまったのである。

なんともお粗末な失態だが、偵察と思えばそれもかまわなかった。目前に待ち受けるベータルンゼは、一ノ倉沢でも初級のルートで、これをたどって国境稜線に抜けさえすれば、とりあえずの目的は達するのである。

掠奪点から数ピッチを攀じたとき、雨が激しくなり、これまでと思った私たちは、ザイルをセットして懸垂下降をしながら撤退を開始した。しかし、二ピッチ下った時点で天気はふたたび回復に転じた。雨がやみ、青空が見えたのだ。

思えばさきほどの雨は、覚悟と確信のない進退に対する山の警告であった。それを知らず、私たちは愚かにも登攀を再開してしまったのである。

登攀は順調に進み、やがて三メートルの滝になる。この滝を越えれば核心部は終わり、あとは草付きの斜面が国境稜線まで導いてくれるはずだった。

ザイル無しで滝を攀じようとした私に、「無理をしないで右の灌木から巻いたほうがいいよ」とHが指示を与えた。

そのアドバイスにしたがって灌木に取り付いた私に、「いっちょ、やってみるか」というHの声が聞こえ、その声が「やった！……だめだ！」に変わるまで、さほどの時間を要しなかった。

反射的に灌木に縋って藪から顔を出し、下方を振り返った私は、意思あるもののごとく宙を翔《かけ》るHの姿を見た。

一五〇メートル下方には、私たちと同じようにベータルンゼを登攀している東京岳人クラブの二人パーティーがいた。

Hはみずからの滑落と、その死を告げるようにして、彼らの眼前に舞い降りたのである。

＊

ツェルトを叩く風雨の激しさに耐えかねて外を覗くと、ヘッドランプに照らしだされた雨が、群れなした銀色の矢のように闇を切り裂いていた。

答えが返ってくるはずもないのに、あれからいくたびHに語りかけたことだろう。

勤務先の工場の制服のままだった。日常の延長に山があると主張していた彼らしい姿である。それはまるで、俺は祝祭のために登っているのではないと言わんばかりだった。

彼のこころの揺らぎを知っていたわけではない。関係を噂されたあの娘とはどうだったのだ。キスを交わしたか。胸を触らせてもらったか。すでに結ばれたのか。それならいったい俺は、どんな顔をして彼女の前に顔を出せばいいのだ。

いや、なによりも、寡黙で朴訥な老いた彼の両親に、なんと詫びればいいのか。おそらく山麓には、Hに山を教えたお兄さんが来ているに違いない。彼の痛恨を癒すすべはすでにない。私はどのようにして、みずからの罪を償えばいいのだろうか。

惑乱のままに夜が明け、鈍色の朝がきた。風雨はようやく収束しようとしていた。

昼近く、救助隊がやってきて、私たちは家族と仲間の待つ山麓に下っていった。

一昼夜を越えて岩壁で過ごした私たちの時間は、逝く者と見送る者ふたりだけの、寂しいけれど揺るぎない、濃密な通夜であった。

＊

Hの葬儀は三日後に行われた。埼玉県北部にある鴻巣市郊外の農村であった。真上から降り注ぐ晩夏の日差しが、葬儀を終えて墓地への道を歩む重そうな棺の影を、真下に封じこめていた。

チンチンと鳴る葬列の鉦《かね》の音が、蟬時雨の森に消えていった。かすかに棺から流れ出ているはずの、甘い腐臭の行方を知っているかのように、数羽の鳥が遠い梢に止まったままだった。

深く掘られた穴に、ロープで結わえられた棺が沈められ、参列した人々の手によって土がかけられた。Hの葬儀は、私が立ち会った最後の土葬だった。

少しずつ土に埋もれていくHの棺を見つめる私は、逃れられない死を思い、逃れられない生を思った。

高校二年の夏、新潟に住んでいた母方の伯父が亡くなり、私は母と参列した。葬儀を終えたあと、伯父の遺体は座棺に納められ、村びとに背負われて近くの森の焼き場に運ばれて、荼毘《だび》にふされた。炎が夜を徹して天を揺るがし、伯父は肉をこびり付かせたままの骨片に還っていった。

それもまた、私が最後に目撃した、荼毘による葬送である。

それ以降、日本の葬儀は火葬一辺倒になった。土葬や荼毘などの、死者を悼むという、与えられるかぎりの時間を費やした雅《みやび》な風習は葬り去られたのである。

火葬場の焼却炉の性能は年々向上し、いまや遺体を丸ごと灰にできるようになった。燃焼効率と燃焼時間を調整することによって、骨のかたちだけを留めて遺族に供するというのが、現代の火葬である。

つまりはひとの死さえも、効率最優先のベルトコンベアに乗せてしまったということだ。近ごろの火葬場には煙突がない。それほど焼却炉の燃焼効率が優れているのである。だから私たちは悲しいことに、火葬場の煙突から立ち上る死者の煙を見上げて、「ああ、あのひとの魂が天に昇っていく」という惜別のときを、永遠に失ってしまった。

＊

あれから風のように歳月が過ぎた。すでに私はHの倍以上の人生を生きてしまった。会社を辞めて小額の退職金をHの墓前に供えるのが、生き延びてしまったものの責務だと思っていたが、結局なにもできなかった。Hの分までと言いながら、私は山に登りつづけることを選んだのである。

Hは谷川岳の山麓にある慰霊の丘で、この山で遭難死した者たちを列記した碑《いしぶみ》に、六百四十何人目かの死者として名前を刻まれている。

毎年一〇月に行われる慰霊祭に参列しなくなってから、どれほどの歳月が過ぎただろう。齢六十の坂を超え、いつ死んでもいいと思いながら、決して死にたいと願っているわけではない。

生誕はだれにでも訪れる公平な実相だが、死は自裁をするのでもないかぎり選ぶことのできない不公平な終焉である。問題は、死を迎える覚悟なのだ。

近年体験したあることを思い出す。山スキーを駆って訪れた月山の避難小屋で雪盲《せつもう》になったのだ。一九八一年に初めてヒマラヤを訪れたときでさえ、高性能のゴーグルを携えていたが、いちども使わずに済んだ。それが思いがけない日本の春山で、初めて雪盲になったのだった。私は、すでに寝ていた同宿の看護士を叩き起こして窮状を訴えた。明日になって視界が回復しなければ、下山は不可能だったからだ。

翌朝、視界は回復して痛みも治まった。そのことを思い返すと、いまでも恥ずかしい。下山が不可能だったとしても、仲間たちの食料を集めれば数日は食い繋げたのであり、回復を待って、ひとりでも下山可能だったのだ。それなのに、私は置き去られることを恐れるあまり、痛む目から涙をこぼして助けを求めたのである。その、見苦しくも見境のない生への執着を思う。

死を迎える覚悟とは、つまりはそういうことである。いつ訪れるかも知れない不公平な死を、揺るぎない心情のままに淡々と迎えたい。そうであってこそ、訪れた彼岸で再会するであろうHに、あれから登ってきた山々の話を聞かせることが叶うのである。

＊

霊の存在を信じるかと問われれば、信じてはいないが信じてもいる、と答えるだろう。しかし、はっきりしているのは、火葬場で焼かれた骨に霊は宿らない。

霊魂が宿るのは、荼毘に付された生々しい肉片を残したままの骨であり、地中に埋もれてゆっくりと腐乱していく遺骸である。

言ってしまえば、火葬場の焼却炉で焼き尽くされた骨は人間の滓《かす》である。

思い出してみるがいい。悲しみのあまり棺に縋って泣き叫ぶ遺族を見ることはあっても、遺骨を納めた骨壺を抱いて涙をふり絞るひとを目にする機会は少ない。たとえそれが、二度と還らない死者への諦めを見てしまったからだとしても。

だからこそ、他者は知らず、私は滓になった自分の骨を、ゴミ箱に捨ててもらって一向にかまわないと思っている。

それが法的に叶わないのなら、せめて深山の渓谷に散らして欲しいと希っている。

海がいいではないか、と囁く声が聞こえるが、それを私は好まない。母なる海を汚していいのは、海に斃れた者たちにのみ許された葬送だと思うからである。

ならば山ならいいのかと問われれば、私はうなだれたまま言葉を失うのだが、寄る辺なく山しか思い浮かばない私の残骸の投棄場所を、せめて山に求める無礼を許してもらえないものか、と希うばかりである。

樹影に覆われた、暗い滝の落ち口に骨つぼを置き、山と渓に生きた男の残骸を投げ棄てる罪を許したまえと、山の神に祈りを捧げ、なんの感慨もなしに滝つぼに蹴落としてもらえばいい。それですべては終わりだ。

その祝うべき山中のささやかな儀式に、物言わず立ち会うだけの私がいる。誰かに骨を運んでもらわなければ、私は死の後始末さえできないのである。

墓も要らず、墓碑銘もいらない。求められるままに書き散らした、決して多くはない文章の欠片をさておけば、私は死に際して、みずからの存在の痕跡を消し去ってしまいたい。

べつにストイックだとは思っていない。世間の常識に楯突くつもりもない。ただひとつ、その考えに至った根底にあるものは、常にかたわらにあって私を支え、山への情熱をかき立ててくれたHへの、逃れられない懺悔《ざんげ》ではないかと思ってしまうのだ。

（＊原　勇。一九五一年三月二七日生。行年二十三歳）

ふたたび山へ

遭難事故で仲間を失った私は、以前にも増して山への傾斜を強めていった。

Hの死を忘れてはならないと誓いながらも、私や会の仲間たちは薄紙を剝がすようにして彼の死を忘れ、記憶の断片のひとつにしてしまった。そうでなければ生きていけないからだ。忘れることによって、ひとは再生の道を歩みはじめる。それが人間の悲しい性《さが》であり、生き残った者たちの魂の救済なのである。

だから私はHの死を忘れたかのように、ほがらかに山を楽しむ仲間たちを見ても、決して彼らを非情だとは思わなかった。いつか私にも彼らと同じようにHを忘れる日がくる。だがしかし、私だけは彼の死を特別なものとして重い比重を与え、記憶の一隅に沈めておかねばと思った。たとえそれが砂を積み上げるような徒労だとしても、忘却へのささやかな抵抗になるだろうと信じたからだ。

遭難事故で学んだことがある。それは、行けるところまで行こうとするのなら雰囲気に流されず、必ずポイントごとに進退の根拠を確認することであり、難しい場所を越えて安全地帯に至る直前にこそ最大の危険が待ち構えているのを知るべきであり、仮に事故に遭ったとしても絶望に陥らず、冷静になることが生還に繋がる、という三点である。

これらは、以後の私の山岳人生において、欠くべからざる指針となった。

あれ以来、現在に至るまで、幸いにして大きな山の事故は起こしていない。自堕落な生活が招き寄せた持病の数々はあるにせよ、ともあれ五体満足に暮らせてはいる。そしてなにより私が加わった山行を含め、率いてきた山岳会で死者を出さなかったことが救いになっているのである。

しかし、危機一髪、九死に一生の経験ならば数多くある。それは私の理論に従えば山行の頻度に比例する。山に多く登れば、それだけ危機に遭遇する確率が高くなるからだ。万にひとつの危機ならば、十万回山行をすれば十回の危機に遭遇するであろうという、単純な理屈である。

それが「万が一」で済んでいないのは、多くの悲惨な山の事故が証明している。本来、誰もが出会いたくないはずの遭難の危機を、私は経験値に置き換えられないかと考えた。山に入りつづけるかぎり必然的に出会うはずの死と隣り合わせの経験を、逆手にとることによって、遭難を防ぐための手段にしようとしたのである。

その経験の数々が遭難に至るパターンとして記憶され、登山者たちが学ぶなら、多くの遭難は未然に回避されるに違いない。

登山という行為に冒険が含まれるのは、動かせない事実だ。登山において百パーセントの安全が保障されるなら、なにも好き好んで私たちは山に登らないだろう。いつ、なにが起こるかわからない自然に身を託し、無事に帰ろうとするところに、山に登る意味がある。だからこそ、山とかかわってきた経験という歳月が重要になってくる。

山歴（さんれき、あるいはやまれき）という言葉がある。――私の山歴は二十年になります――というふうに使うが、不思議でならないのは、その数字の根拠がどこにも示されていないことだ。寡聞にして私が知らないだけならいいが、山歴の定義が登山者に膾炙《かいしゃ》されていないのは、やはりまずい。年に十日の山行をする登山者と、五十日の山行をした登山者との差を、どのように判断したらいいか、ということである。それがともに十年の山歴なら、両者の山行日数の差は四百日という膨大なものになる。

だから私たちは、所属する山岳会だけの山歴基準を定めた。前夜発を含めず、年に二十日の山行を一年の山歴としたのである。

そのうち、季節の短い冬山の経験を、十日で一年として別基準を設けたのは、冬山のほうが遭難に遭う確率が高いからだ。A会員の山歴は十年、うち冬山歴五年、というように記録すれば、それぞれの会員の山での経験が、数値として見えてくる。その把握が、事故を防ぐための指針になる。

もちろんこの数値は最低基準である。基準に満たない者は、それまでの山行日数を二十、冬山ならば十で割って申告すればいい。

私の四十年におよぶ山行日数は、年間平均で六十日を超えている。年間二十日とすれば百二十年の山歴になる計算だが、それを誇示するのは不毛である。二十日を超えた日数は経験として蓄積されるだけでよく、それを披瀝するのは尊大な嫌味にしかならない。しかし経験に裏打ちされた、さまざまな山行実績は、事故を防ぐための貴重な判断基準になるはずである。

吹けば飛ぶような山岳会を潰すには、遭難事故がひとつ起きればいい。不意に訪れた事態に慌てふためき、救助隊の編成すらままならず、対策費用の捻出に苦悩し、会員相互の不信と疑心を招いたあげく、あっけなく崩壊していくのである。

それを防ぐには、山岳会組織の会務運営が欠かせない。山は登っているだけではだめなのである。会務と山行が、山岳会を維持していくための両輪として機能していかなくては、永続的な安全と発展は望めない。

リーダー会を中心とした、山に向かうための指導と運営体制の確立。緊急時のマニュアル整備。山岳保険の加入。遭難積立基金の充実。山行記録の啓蒙と実践。

そうした過剰ともいえるほどの組織づくりへの指向が、街の小さな山岳会の消失を防いだと言っていいのである。

＊

オールラウンドの山岳会を標榜している以上、岩登りや冬山はいうにおよばず、山を楽しむためならなんでもやった。撮影山行やスケッチ山行。夜通し休まずに歩きぬくカモシカ山行や低山のハイキング。ザックに百科事典を詰めこみ、重荷に耐えて山頂をめざすボッカ訓練などの、硬軟取り混ぜた山行の数々。

山のいだく、あらゆる事象を体感しようと、むさぼるようにして山に入った。けれど、若さと体力に満ちた私たちが、誘蛾灯に導かれるようにして渾身で立ち向かったのは冬山であった。

蕨の寮を経て二十代の半ばまでの数年間、私は、埼玉県与野市（現・さいたま市）に住んでいた。四階建ての独身寮の、ひとり三畳の個室である。

不規則な勤務体制に加えて、休日は山に行ってほとんど寮にはいないため、他の寮生たちとの付合いは少なかった。

そんな私が、木枯らしの吹きすさぶ初冬の夜になると、重いザックを背負って寮のまわりを徘徊するのだから、奇異な目で見られて当然だったろう。奇行はそれだけにとどまらず、寮に帰ると非常階段から屋上に登り、着の身着のままで、始発電車の動き出す早朝まで過ごすのである。

ザックを背負って歩くのは足腰の鍛錬であり、寒風に晒されて屋上で朝を迎えるのは耐寒訓練である。若い私にとって、そうした行為は苦行ではなく、すぐそこに迫った冬山の季節を迎えるための、よろこびに満ちた準備であった。

冬山シーズンの開幕は一一月後半、連休の富士山で行われる雪上訓練である。なぜ富士山かといえば、その時期、他の山では訓練に耐えるだけの積雪が得られないからだ。そのため、アプローチにスバルラインが使える北面の吉田大沢は、冬山をめざす登山者の群れでにぎわうことになる。

たとえトレーニングとはいえ、冬の富士山は侮れない山である。日本の最高峰で独立峰の富士山の気象条件は、とてつもなく厳しい。

アイゼンの歯が立たないほどの青氷が斜面を覆い、加えて富士山特有の突風が登山者を惑わせる。耐風姿勢と呼ばれる体勢で強烈な風を凌いだとしても、ひと呼吸のあと、角度を変えて真横から襲う風が登山者の隙を衝き、体勢を崩すのである。

そうして自らのからだを支えきれずに斜面に投げ出され、青氷にピッケルを打ちこんで止める滑落停止も間に合わず、滑り台の斜面を矢のように疾走して死亡する登山者が後を絶たなかった。

本番さながらの緊張を強いられるのが冬の富士山である。だからこそ、真剣勝負の訓練が私たちの血肉になった。冬の富士山を、敬意と憧れをこめて「冬富士」と呼ぶのは、この山に育まれた登山者たちの畏敬の思いからである。

過酷な訓練のあと、精神の弛緩が引き起こした事故も多かった。五合目の佐藤小屋の近くに設営したテントのなかで、水と燃料のガソリンを間違えて鍋に入れ、コンロに乗せたために爆発し、死傷者を出した事例がある。

冬富士の厳しさを語る上で記憶に新しいのが、F1レーサーだった片山右京の遭難である。ヒマラヤに向かうための訓練だったと聞くが、就寝していた深夜、烈風でテントを飛ばされ、仲間ふたりを失った事故だった。

そんな冬富士の過酷な洗礼を浴びたのち、登山者たちは年末年始を山で過ごすべく、各地の山岳に向かったのである。

私たちは段階を踏むようにして冬山の難度を高めていった。八ヶ岳を皮切りに、中央アルプスの宝剣岳で合宿を行い、北アルプスの槍ヶ岳に立ち、やがて奥穂高岳の頂を極めた。

後立山連峰の秀麗な連なり。戸隠や奥秩父の中級山岳。そして、年明けの関東地方を襲う南岸低気圧に照準を定めて向かった甲斐駒ケ岳・黒戸尾根の険しい山稜。

いまだ冬の厳しさを残しながら、日を追うごとに日差しが延びて、山は少しずつ春の息吹を宿していった。

そんな活動のさなか、春の北アルプスで、九死に一生を得た、忘れがたい体験の記憶がある。

＊

昭和五〇（一九七五）年の春。三人の仲間とともに新宿から夜行列車に乗って白馬をめざした。大糸線にある駅は、信濃四谷という懐かしい駅名ではなく、「白馬駅」に改称されていた。

私たちはゴールデンウィークを利用して、北アルプスの唐松岳から日本海に至る、長大な山稜の縦走を企てたのである。

山々は、いまだ白銀に覆われていたが、季節は和らぎのさなかにあった。ブナの淡い新緑が山麓を覆い、家々の庭には雪消えを待ちわびた花々が咲き誇っていた。

雪国の春は一斉に訪れる。やわらかな微風の彼方に、紺碧の空を切り取る白い連なりがあった。そこだけが、いつでも冬に立ち還る領域であることを知らなかったわけではない。

初日は八方尾根のスキー場を経て唐松山荘の近くにテントを張った。肩に食いこむ重いザックが、むしろ春山に分け入るよろこびの象徴であった。

春霞の彼方に安曇野の平野が広がりを見せ、山荘のかたわらに立つと、深く穿たれた黒部峡谷の彼方に、剱岳の傲然とした山容が聳えていた。

翌日の予報は気圧の谷の通過を告げていたが、私は迷わず前進を決めた。ひとつの思案があったからである。冬山をも視野に入れた全天候行動の試みがそれである。

たとえ短い行動でもいい。悪天候の間隙をついて、少しでも行程を延ばすことが、自らの行動限界を知る好機であり、安全を保障する手段の一助になりうるはずだと考えたのである。まして天候の周期の早い春山なら、試みの可能性は高まる。そこに、厳しい冬山を乗り越えてきた私の油断があった。

目前に待ち構えているのは、「不帰ノ嶮《かえらずのけん》」と呼ばれる難所で、雪の残る岩稜がつづく。夏なら二時間半の行程だが、春ならさらに手こずるだろう。

そこを越えると不帰キレットの大きな鞍部で、天狗ノ大下りという長い登りがつづき、やがて当時は無人の避難小屋だった天狗山荘にたどりつく。そこまで、一日あれば到達できると踏んだのだ。

しかし、二日目のスタートは、すでに波乱を含んでいた。唐松岳の頂から眺めた剱岳には雲が千切れ飛び、悪天が目前に迫っていることを教えていた。

不帰ノ嶮の不安定な岩場を、梯子と鎖を使って慎重に通過しているうちに雨が降り出した。春の低気圧特有の現象である。雨が身体を濡らし、低気圧の通過後に控えている寒冷前線が風雪を呼んで、濡れた身体を凍らすのである。それが怖い。果たして、それまでに避難小屋に逃げこめるかが勝負であった。

さきほどまで見えていた周辺の山々は、深い霧に覆われてしまった。

昼近くになって、ようやく不帰ノ嶮を越え、キレットに降り立って安堵する。雨は止んでいた。ということは、いつ風雪に変わったとしても不思議ではないということだ。

目前にあるのは、天狗ノ大下りである。標高差四百メートルにもおよぶ果てしない斜面を、逆に登らなくてはならない。

ついに風雪がやってきた。雪はまだいいが、問題は風である。雨で下着まで濡れた衣服を、こんどは問答無用で凍らしにかかるのである。

ピッケルは氷が付着して丸太のようになっている。それでもどうにか三分の二を登り終え、あと少しというところでMが遅れはじめた。板を立てかけたような平坦な斜面に地吹雪が舞い、ザックがなければ飛ばされそうな風が吹いている。身を隠す場所などどこにもない。こんなところで音を上げられても困るのだ。

Mの荷物を軽くさせ、他のメンバーに分散しても効果はなかった。このまま疲労困憊したMと同じペースで歩いていては全滅しかねない。やむなく私はパーティーを二つに分けた。元気なふたりを避難小屋に向けて先行させたのである。その判断が正しかったかどうかは、いまでもわからない。全員で遭難に立ち向かい、全員の生還をめざす。その結果はすべてかゼロだ。それがいまにつづくパーティーワークの基本だからである。

成算などどこにもなかった。全滅よりもましだろうと思ったに過ぎない。ともあれMが歩けるかぎり、彼を支えて登るほかはなく、もし彼が斃れたら、私も斃れるまでだった。

そのとき、私のなかで閃くものがあった。ここは典型的な非対称山稜である。風雪の吹きつける西面は緩やかだが、東面は急峻な崩壊地形になっている。そこには季節風による雪庇《せっぴ》が張り出している。その雪庇も春になれば気温が上昇し、雪の重力によって楔《くさび》を打ちこまれたような裂け目ができる。ならばこの季節、その雪庇の割れ目ができてはいないだろうか。もしそうなら、その割れ目に飛びこめば、風雪から逃れられるのではないか、と。

その閃きがMと私を救った。私たちはまんまと雪庇の割れ目を整地してツェルトを張り、頭上を吹きすぎる風の音を聞きながら、夜を過ごしたのである。

といって、すべてが思い通りに進んだのではない。地表のあらゆるものを凍らせ、持ち去ろうとする風が頭上を吹き抜けて、足元には深さも知れない暗黒の割れ目があった。いつ崩れても不思議ではない雪庇のなかに私たちはいた。もし雪庇が崩れたら、私たちは目前の雪塊とともに奈落の底に落ちていただろう。

雪庇の表面から二メートル下に割れ目の狭まった段差があった。その段差が私たちを救った。暗闇のなかで山側の雪を切り崩し、足元の段差を埋めたツェルトひと張り分の空間が、私たちの命の絆になった。

雪庇が崩れたら、それはそれで運命である。やるべきことはすべてやったのだ。あとは信じてもいない神が審判をくだせばいい。

思いは地吹雪の彼方に消えた仲間に向かっていた。果たして彼らは無事に小屋に着いただろうか。

*

翌朝、山は穏やかに明けた。きのうの烈風などなかったかのような快晴である。Mに、雪庇の割れ目から顔を出し、雪面の上の突起を探せ、と指示した。先行したふたりは、すでに生きていないと思ったからだ。風雪が凍らせた平坦地の突起物こそが、小屋にたどり着けずに斃れた、彼らそのもののはずだった。

やがて行く手の雪面の向こうからぽつんと人影が現れて、わが目を疑う。仲間である。私たちは互いに遭難したと思いこみ、それぞれの痕跡を求めて行動を開始したのである。私たちは駆け寄って抱き合った。言葉なき再会だった。

聞けば彼らも命からがら小屋に逃げこみ、先行していた同宿の登山者に介抱されたのだという。その日、私たちは快晴の空の下で山々を望みながら、天狗の避難小屋で停滞した。これ以上ないであろう行動日和をあえて捨て、互いの命を確かめ合う、贅沢な一日を過ごしたのである。

山岳会浪人

カラオケは苦手である。歌うことが嫌いなのではない。アマチュアとはいえ合唱団に所属していたこともあるのだから、音符は読めるし音程にも自信はある。しかし、歌が上手いと思ったことはない。致命的なのは小節《こぶし》ができないことだ。演歌を歌うときの、喉を細かく震わせる節回しだが、これができないのは屈辱的に悔しい。合唱とカラオケは別物なのである。

カラオケで歌う曲は個性の表現であるが、ソリストでもないかぎり、合唱は個性の埋没を強いられる。調和とハーモニーの芸術だからだ。なまじ声楽の経験があるからこそ、下手な歌を他人に聞かせたくはない。だが、酔ってしまえば話はべつだ。

マイクを握るのは年にいちど、あるかないかだ。たまには歌ってみるかと、素面《しらふ》のままカラオケボックスに乗りこむことなどありえない。多くは呑んだ勢いで流れる二次会でのことだ。それも断りきれずに。

しばらくは仏頂面で席に陣取り、ウイスキーを舐めながら仲間の歌を聞いている。マイクがまわってきても、俺はいいやと他人に譲る。やがて酔いが神経を麻痺させ、座が盛り上がるにつれて、ようやく腰をあげ、不承不承を装ってマイクを握る。歌うのは懐メロである。

三橋美智也の「哀愁列車」からはじめるのが私の定番である。それが、東海林太郎の「誰か故郷を思わざる」になり、津村謙の「上海帰りのリル」になり、伊藤久男の「イヨマンテの夜」とつづくにおよんで、ようやく仲間たちは気づくのである。こいつは猫を被っていやがったのだと。しかし、ときはすでに遅く、私は陶然としてマイクを離さない。

カラオケは個人の趣味だが、多くは他人に聞かせることによって成立する遊びだ。下手は下手なりに楽しめばいいというのは私にもわかる。しかし、少し齧《かじ》っただけの声楽の経験がそれを許さない。自尊心と自己顕示欲の塊のような私は、聞き手を唸らせるほどの喉がないのなら、マイクを握らないほうを選んでしまう。その些細な屈折を酒が麻痺させるのである。酔ってしまえばこちらのものだ。

つまり私は、なんとも鼻持ちならない、鬱屈した心情のカラオケ愛好者だったのだ。

豹変した私は仕上げの一曲にとりかかる。吉幾三の「津軽平野」を秋田弁で歌うのである。辟易していた仲間たちも、これには耳を傾ける。よく知られた曲を、その地方の方言で歌うのだから、曲本来の持つ哀愁への共感を増すのだろうと勝手に思っているが、単にめずらしい歌い方がうけているだけなのかもしれない。

津軽と秋田に代表されるずうずう弁は、滅び行く方言である。テレビの普及と、戦後になって文部省が打ち出した、家でも学校でも標準語を使いましょうという教育方針が、これに拍車をかけた。

方言は風土が生み出した、かけがえのない芸術である。方言を失うことは、風土を失うことに他ならない。ずうずう弁の美しい響きの価値を頑迷に信じている私は、東北の山の紀行を書かせてもらう折々に、文部省の教育方針に異を唱え、その喪失を嘆き、風土と一体になった方言の復活を促してきた。

しかし、近年になって、多少の軌道修正が必要なのかもしれないと思うようになった。東北にかぎらず、家庭からテレビを追放することは、すでに不可能である。それは歴史の必然なのかもしれない。放っておいても、子どもたちはテレビによって標準語を学んでいくのである。だとすれば、逆の発想があってもいい。学校では標準語を話そう、ではなく、学校でこそ方言を話すべきではないか、と。社内での会話を英語にかぎる、という会社が生まれている時勢である。週に一日か二日、その日だけは学校で方言以外は話さない、という教育があってもいい。そうしてこそ、地方に生まれ育つ子どもたちが、みずからの感性を磨き、自分たちの言葉に誇りを持つことができるだろう。

ずうずう弁が、他の地方の方言と比べて特殊なのは、発音が異なるからだ。すべての地方の方言を標準語で話させてみればはっきりする。他の地方の方言は、アクセントさえ直せば、すぐにでも標準語になるが、ずうずう弁だけは無理である。これは生まれついての習慣だから、その子どもが長じて都会に出ると、耐え難い劣等感に苛まれることがある。その意味でいえば、文部省の方針も悪くはなかった。だが、もういいではないか。これからの東北で、発音の矯正に悩む子どもたちは生まれないと思う。それが是か非かは、すでに私の悩むところではない。

最近の秋田では、方言を逆手にとった動きがある。曲のすべてを方言で網羅した歌手のアルバムが出たり、そうではないか、という意味の「ネーガ」という正義の味方を登場させたり、あるいはずうずう弁をフランス語に擬してみたりもする。フランス語を話せない私にも、そう思って聞くと、なるほどと思わせる語感がある。民衆はいつの時代もたくましい。方言は、そんなにあっさり消えたりはしないのだ。方言を見直そうという、故郷のけなげな運動が私を和ませる。だからというべきか、英語さえろくに話せない私は、自身をバイリンガルだと呼んで胸を張る。故郷の駅に降り立った瞬間から、ずうずう弁に切り替えられるのは、私の特技だ。その意味で、終生秋田の言葉に馴染めなかった母に感謝しなくてはなるまい。

帰省して、兄弟で呑んだりすると、まず間違いなく近くのカラオケに行く。帰りは代行を頼むのである。見栄を張ってもしかたがないから、私も遠慮なくマイクを握る。〆はもちろん「津軽平野」である。同じ腹から生まれたのだから、喉の出来に大差はない。いつも喧嘩ばかりしているが、兄弟も悪くはないなと思うのは、こんなときである。

＊

さて。

山の歌が聞かれなくなって久しい。こだわりを言えば、歌ではなく「唄」である。私たちのころは、どの山に登っても、どこのテントからも山の唄が聞こえてきたものだ。私たちも歌ったし、ザックにはいつも歌集を忍ばせていた。

手作りの歌集だから楽譜はない。そもそも山の唄は口伝えによって、世代を超えて歌い継がれてきた。だから長いあいだには、山のクラブによって、歌詞やメロディーがまるで違ってしまったりもする。伝言ゲームのようなもので、だからおもしろいのだともいえる。

山の唄はみんなで歌うから、喉の良し悪しに左右されることはない。下手なやつがいるほど座は和らぐ。食事のあとの一杯の酒に顔を赤らめ、声を張り上げて歌う唄が、その日の行動の辛さを忘れさせ、明日の登高への活力を生み出す。唄は山に登るうえで欠かせない活力であり、慰謝だったのだ。

山の唄の多くは替え歌である。唱歌や抒情歌、ロシア民謡や外国の民謡などが元歌になる。哀愁を帯びた曲調があるかと思えば、華やかで威勢のいい唄もある。そうしたなかに、山のために作られた多くの唄が混じる。「シーハイル」がそうであり、「新人哀歌」がそうであり、「穂高よさらば」がそうである。

日本の山を席巻したかのような山の唄が、あるときを境に、まるで潮を引くようにして山から消えてしまったのはなぜなのだろう。

仮説を述べてよければ、一時期にせよ山のブームが去ったからである。それだけのことだ。山の唄を担った世代が山を去るのは、そのまま伝承者を失うことである。山の唄が口伝に頼ってきたことを思えば明らかだろう。

細々ながら山に登山者が還ってきたとき、すでに山の唄を伝える者たちはいなかったのである。いたとしても口伝を復活させることは難しい。これから山に登ろうとする登山者の多くは個人主義の風潮を帯びてきていたし、古き良き山の唄を、あえて歌おうとする者たちはいなかった。唄を失った山は、まるで落日のあとの黄昏《たそがれ》のように、ひっそりと静まったままだった。それもまた時代である。

わが山岳会に山の唄を持ちこんだのは顧問のYさんである。確認したわけではないが、初心者だけの山岳会の成立を思えば、それ以外にはありえない。

唄が好きだったし、声にも自信があったのだろう。カントリーウェスタンの曲に、自身で作詞をして歌っていたのを思い出す。歌集を作って配布したのも彼だったはずだ。

才気煥発で弁が立ち、有無を言わせず私たちを率いたYさんだが、彼が山頂に立つ姿を見た覚えがない。合宿には参加したが、それは上高地の小梨平《こなしだいら》や穂高の涸沢に設けられたベースキャンプまでである。

よく晴れた春の昼下がり、テントの外でくつろぎ、バンダナを頭に巻いてサングラスをかけ、鋭角の白い峰々を見上げていたYさんの姿がよみがえる。青春の山を懐かしむ風格があった。私とYさんの年齢差は、ひとまわり以上離れていたから、三十代の後半にはなっていた。彼と同じ年齢になったとき、私にも同じように過ぎ去った日々を懐かしみ、山を眺めあげる日がくるのだろうか、と思ったものだ。

しかし私は漠然と、Yさんとは違う道を歩むだろうと思っていた。山岳会の全権を掌握していたYさんが、なぜ顧問の座に甘んじていたのかを問い質してはいない。彼には百年の歳月に耐える山岳会を作り上げる野望があった。そのためには自らの山への渇仰を捨て、後進の育成を一義とする気概と覚悟があったのだろうか。それとも、彼はすでに燃えつきていたのだろうか。

思い返してみても、四十の坂を越えていないのである。まだまだ現役を張っていい年代なのだ。山は彼にとってなんだったのだろう。それがわからない。

あれやこれやの山の基本を学んでいながら、ぎりぎりのところで、私はYさんとの距離を置いてしまったのだともいえる。彼の山の経歴は、ついに謎のままだった。

以後の長い山岳会人生で、私は代表を名乗りつづけた。常に現役でありたいという希望と覚悟を、代表という言葉に滲ませたのである。登れなくなってなお、たとえば会長などという、名前だけのトップに執着したくはなかった。叶うかぎり現役として山と向き合っていたかったからである。

＊

私はYさんに心酔していた。いや、当時の主要な会員たちの誰もがそうだった。彼が熱をこめて説く、山岳会百年の大計を信じたのだ。それを信じさせる波動が彼にはあった。

私たちが学んだのは組織論である。その大小を問わず、組織としての必要なノウハウは変わらない。もしそれが会社なら、仕事を選んではいられない。不平不満も許されないし、ノルマもある。やりがいのある仕事だとしても、すべてが思いどおりに進むわけではない。それでもひとは必死で働く。むろん、賃金を得て生活をするためだ。だから不当な業務命令や転勤への不満を腹蔵していても、上司の前では口に出さず、ときには酒で紛らわす。しかし、山岳会はそうはいかない。そこのところが難しい。

山岳会は趣味の団体である。個々人の持つ、登山という遊びを叶えるために存在する無私の組織だ。だが、山岳会が特殊なのは、生活をまるごと共有するところにある。スポーツというだけでは言い表せない、文化と精神性を包含するという点においても。

野球やサッカーのように、一日数時間の練習や試合に没頭し、あとは自由に過ごせるスポーツと異なって、衣食住のすべてを背負い、過酷な環境のなかを何日も歩き抜かねばならない登山には、自分だけの自由な時間がない。あるとすればトイレのときだけだ。つまり、わがままが許されないのである。

近年発達した、個人の能力を高めてルートを切り拓くというアルピニズムの時流と異なり、当時の山岳会は、個人のちからを結集した総合力でピークをめざすものだった。

しかし、何日も風雪に閉じこめられ、朝といわず夜といわず顔を突き合わせていれば、どうしても齟齬《そご》をきたしてしまうのは自然の理《ことわり》だ。だから山岳会で必要とされるのは、忍耐と協調と柔軟性なのである。

会社なら我慢すべきところを山岳会では我慢しなくていい。利害関係がないからだ。嫌なら辞めてしまえばいいのである。そんな幾多の個性を尊重し、懐柔し、あるいは鼓舞して目的に向かって進ませるのが山岳会の難しさであり、おもしろさである。

若い私たちの多くは、労働者であっても経営者ではなかった。私たちがやっていたのは、洟垂《はなた》れ小僧の組織作りごっこだといってもいい。それでも私たちは夢中であった。むろん、若かったからだ。

わが親分のYさんには困った性癖があった。組織の改変が大好きなのである。ようやく慣れた体制でも、半年も経たないうちに組織変えを言い出すのである。こっちの駒をあっちに置き、あっちの駒をこうすればどうだろう。

慣れっこになっている私たちは、またはじまったかと苦い顔で囁きあうが、彼はこれがしたいがために会を率いているのではないかと疑ってしまうほどだった。ほとんど病気である。

そんなYさんが一貫して唱えていた方針がある。山岳会内の男女関係の禁止である。もちろん、通達でもなければ会則でもない。いわば暗黙の鉄則といったところだ。

それを、以後の私の感慨を含めて解釈すれば次のようになる。

山岳会は男女が相手を求めあう場ではない。しかし、それは自然発生的に後を絶たない。まるでゾンビだ。殺しても殺しても生き返ってくる。根絶は難しい。男と女しかいないからだ。組織のなかでの男女関係が益をもたらさないのは、古今の歴史が証明している。女は城を傾けるのである。会社などで社内結婚をすれば、どちらかが異動を強いられる。社内の機密事項が漏れてしまうからだ。困らないにしても、決して有益ではない。経営者は、そのことを知悉しているのである。

なによりめんどうなのは、障害は恋のエネルギーになる。秘密の共有は媚薬に等しい。駄目といえばいうほど男女は燃え上がる。

排除が不可能ならば、あとは統制しかない。Yさんの打った手はこれである。会内の恋愛を禁止したうえでなお、できてしまったものならば公表させてしまえばいい。そのうえで、プライベートなふたりの山行は認めるが、公《おおやけ》の山行では同じパーティーを組ませない。たとえばその男性がリーダーだとして、相手の女性がパーティー内にいれば、すべてのメンバーに対して公平であるべき彼の視点が曇るのである。

Yさんの方針を当然のように支持した私だが、波乱は思いがけないところからやってきた。私自身が当事者になってしまったからである。ある女性会員と恋に陥ちたのだ。それを過ちだとは思っていない。

それからの運営陣の混乱を述べても意味はない。私は裏切り者になったのだ。追求の意味さえおぼろげな後輩たちで構成する申し開きの席上で、俺を除名しなよ、と言った。なぜか思いは残らなかった。

半年の謹慎を告げられた私は、迷わず退会届を出した。

幸いだったのは聡明な彼女が、男と山と人生を一直線上で捉えなかったことだ。

そして昭和五一（一九七六）年、私は会を去り、小さな私の恋は、それからしばらくして終わりを告げた。

新たな仲間たちとの出会い

いったん逃れたはずの山岳会の男女関係に、私は後々まで苦しめられることになる。無所属の山岳会浪人となった数年後、次章で述べるように浦和浪漫山岳会を立ち上げ、代表の座に収まるのだが、以降三十数年におよぶ歳月のなかで、もっとも悩んだのがこれである。

所詮他人の集まりなのだから放っておけばいいものを、私はその集合体の中核に「家族」という幻想を据えてしまったのだ。

山に登りつづけるかぎり、遭難は逃れられない宿命の同居人である。防ごうと努力しても、絶対に起こさないという保証はない。唯一の手段は山に登らないことだが、それはあまりに逆説すぎて話にならない。ならばその努力の一助として、「攻撃は最大の防御である」という古事に倣《なら》い、意欲的に山に向かう姿勢を保ちながら、遭難を防ぐためのさまざまな手段を講じようとしたのである。

そのひとつとして、趣味の集まりにすぎない山岳会に、昔の村落共同体のような大家族にも等しい絆を求めた。いわば運命共同体としての覚悟である。

その覚悟さえできてしまえば、会員相互の絆は深まる。絆が深まれば、そこに男女の愛が生まれても不思議はない。その当然の成り行きを承知してなお、私は会員同士の恋愛を放任しなかった。「稜線の仲間」の顧問のYさんのように禁止はしなかったが、掌握だけはしておきたかった。折に触れて会員たちに組織内恋愛の功罪を説いたのも、そのためである。

禁止ではなくても、歓迎されないことを感知している男女は、深く静かに潜行する。それが結婚という鞘に納まるのならめでたいが、問題は、そこに至るまでの過程である。同数の男女が、そのまま同数のカップルになるわけではない。どうしても特定の異性に対象が偏ってしまう。選ぶ権利はもちろん女性にある。

まだ若い会員たちのことだから、男性のほうが幼くて単純で初心《うぶ》である。密かに思いを寄せる女性に意中の会員がいるのを知ると、もうそれだけで、失恋の苦しさに耐え切れずに会を去ってしまうのである。それをこちらが知っていれば諭しようもあるのだが、表面に出なければ手の打ちようがない。それで何人の貴重な戦力を失ったことか。

だが、「色に出にけり」ということはある。そんな男子会員を見つけると、お前は山に登るために山岳会に入ったのであって、女を探すためではないだろう、と叱咤するのだが、しかし女性にこの理屈は通らない。

「女は子宮で考える」という不動の格言があるが、正確には、彼女たちは全身全霊を傾けて本能に従おうとしているのにすぎない。

山に熱中しろといいながら、その一方で恋の相手は会の外で探せ、というのだから、私の示唆は矛盾もいいところである。

男女共に、目の届く範囲で相手を求めるのは自然の理《ことわり》である。まして山岳会では嘘や見栄は通用しない。生活をまるごと山に持ちこむからである。四六時中行動をともにしているのだから、互いの考え方や信念や生きざまが、隠しようもなく丸見えになってしまう。つまり山岳会は、生涯にわたって生活をともにする相手を得ようとするなら、これ以上求めようもない良好な出会いの場である。そして女性たちは、まことに冷静に相手を見つめ、本能の命ずるままに相手を選ぶ。

しかし私は、それは違うと呻くように思っていた。なにが主たるものかを見失いたくなかったからである。山に登るための集団ならば、山こそが主体でなければならない。その方向性を過《あやま》たず、無事に下山するというパーティーワークを最前提にして山に向かってくれるなら、恋愛もまたやぶさかではないのである、と。

放任という手段ももちろんあった。しかし、古い友人が立ち上げた山岳会では、仕事の忙しさにかまけて目を離した隙に、すでに山岳会は合コンのような場になり、野合の群れに等しかったという。男と女という、度し難い人間の本性を思い知る。たとえそれが方向を誤った結果なのだとしても、情熱を傾けたであろう彼の山岳会は、そのようにして、あっけなく潰え去った。

それならいっそ、会員を男子のみに限定すればいいではないか、という選択肢が生まれてくる。それはそのとおりなのだ。純粋に山に向かいたいのなら、わずらわしい性差など排除して、男子のみにすればいい。しかし、そこのところが難しい。

なぜかは知らず、すべての組織は拡大をめざす。山岳会においてもそうである。けれど私は、所定の会員数さえ確保すれば、無理に規模を大きくすることはないと考えていた。会の方針を確立し、活発に活動をしていれば、ひとは集まるはずだからである。それにしても補充は必要だった。一年で十人入会して三人残れば上出来、というのが当時の山岳会事情であった。であれば、恒常的な会員募集は欠かせないのである。

しかし、よほど高度な登攀をめざす専門集団でもないかぎり、男子のみ、というのは現実的ではなかった。会員が集まらないのである。まして、すでにある男女混成の山岳会から、そのような理由で女性を排除し、男子のみにできるわけがない。

つまり私にできるのは、現有の山岳会の方向性をいかにして保ち、山に向かわせるかに腐心することだけだった。

私は女性会員たちに、次のように語ったことがある。「男と山と人生を、同一線上に並べてはいけない」と。

けれど、女たちは、私が危惧したとおり、まさに男と山と人生を同一線上で捉えていたのだった。

男がいるから女がいるのではない。女がいるから男がいる。男が女性の胎内から産み落とされるという絶対的な真理が覆されないかぎり、どうあがいても女に敵うはずがないのである。男なんぞ、なにをどういおうと、所詮は女の手のひらで遊ばされている孫悟空にすぎない。ときには相手を褒めて持ち上げ、ときに叱咤激励して意のままに操ろうとする、しなやかでしたたかな強靭さが女性の本質だと思っている。

断っておくが、私は女嫌いではない。むしろ女性崇拝論者だといってもいいほど女性を愛している。

だからこそ私は、山岳会のなかでの男女のあり方に過剰に反応し、懊悩《おうのう》を重ねてきてしまったのかもしれない。

未来永劫にわたって、いかなる状況のさなかにも、決して変わらないであろう男女の真理を、私は悟った。苦し紛れに言ってしまえば、それはむしろ、清々しい教訓であった。

＊

「稜線の仲間」を辞め、仲間を失った私は、単独で山を歩くようになった。単独行が山との対話を深める手段であることを知ったのは、このころのことだ。

仲間との山は文句なしに楽しい。気心の知れた者同士が山を共有する楽しさであり、それぞれのちからを結集して頂をめざす達成感である。

しかし、ひとりの山はそうではない。それは青空を翳らせて去来する雲のかたちであり、森の木々の梢をわたる風の行方であり、藍色に澄んでかすかに響く水の囁きである。あるいはまた、陽光を跳ね返して輝く残雪の途方もない質量であり、芽吹きの新緑の鮮やかさであり、冷え冷えとしていながら、しっとりと手のひらに馴染む岩の感触である。

それらはすべて仲間たちとの山でも得られたはずなのに、ひとりで山に分け入ったとたん、まるで潜んでいたかのように存在をあらわにして、新鮮な驚きとともに五感に殺到し、圧倒するのである。山と私の絶対無二の空間がそこにあった。

ひとりの山と仲間たちとの山の違いは、極論すれば、山を共有するか占有するかの差である。

ただ、単独行は膨大なエネルギーを必要とする。すべてを自分ひとりのちからで成し遂げなければならないからだ。いや、それはいいとしよう。得られるものもまた、自分ひとりの勲章なのだから。めんどうなのは準備である。行こうと決めるまではいい。そこからが、どうにも億劫でたまらないのだ。決行日が近づくにつれて、どうにかして辞められないものかと思いはじめる。スーパーで食材を買っているときも、アプローチの列車時間を調べているときも、ザックを背負って駅に向かっているときでさえ、辞める理由を考えているのである。

そうして、列車に飛び乗って、ようやく覚悟が定まる。辞める理由がないからだ。それは後押しをしてくれるもののないつらさであり、列車で運び去られることへの安逸である。もう行くしかないのだと覚悟して、山への意欲を静かに掻き立てていく。

さまざまな山をめぐったはずなのに、いまではもう、そのほとんどが霧の彼方にかすんでしまった。しかし、断片だけは残っている。それでいいのだと思う。ひとりでめぐった山が、それからの私の血肉になっていることだけは間違いない。

仲間との山を動とするなら、ひとりの山は静である。それがたとえ、きびしい岩壁の登高であり、雪山での格闘だったとしても、ひとりの山は私にとって、静と呼ぶべき空間だった。

新しい山岳会に入ってからも、年に一度か二度は、機会を捉えて単独行をした。それほど、ひとりでめぐる山のよろこびは捨てがたかった。しかし、ほんとうの意味でのひとりの山は、山岳会に所属せずに歩いた、あの遠い日々に終わっていたのである。

山岳会に籍をおいて歩く山は、有事に駆けつけてくれるはずの、仲間を背景とする登山である。もちろん、そのような安全への配慮を確保したいからこそ山岳会に入るのである。しかし、そのためにはさまざまな制約が課せられる。

下山日が遅れれば、すぐさま緊急体制の準備が整えられるから、単なる下山遅延なら、どうにかして決められた時間までに連絡しなくてはならないし、予定ルートを変更することも許されない。その一方で、病気やけがや道迷いなどで動けなくなったとき、必ず仲間たちが見つけてくれるという安心感がある。

たったひとりで山を歩いているのだから、どこからどう見ても単独行に間違いはないのだが、実際には太陽と月ほどの違いがある。組織という安心を背負った山なのか、すべてのリスクを背負う、たったひとりの山なのか。

自由とはなにか。ひとりの山とは、いったいどうあるべきなのか。

それはおそらく、登山という行為がつづけられていくかぎり、永遠に論じられる課題なのだと思う。

＊

所在なく山を歩いていた二十代後半の私を見かねたように、遊びにこないかと声をかけてくれた山岳会がある。職場の山岳会だった。私が山をやっていることは、社内では周知の事実だったからである。

まだ民営化になる前の電電公社だったから、埼玉の有志で構成しているという意味で、電電埼玉山岳会と名乗っていた。埼玉を冠してはいたが、実際は県南の、浦和や大宮などの東京に近い電話局の

電電埼玉山岳会時代。穂高涸沢春合宿

職員や交換手を主体とした、仲間内の山の会だった。まだ出来てから五、六年という若い会である。会員数は二十名もいなかった。会を立ち上げた創立メンバーによれば、山岳会を作ったのは、入山規制のある谷川岳の岩壁を登るためには煩雑な手続きが必要で、山岳会を結成して上部団体である日本山岳協会に加盟すれば、簡単な申請で済むという理由からだった。だからというわけでもあるまいが、よく言えば自由な会風の、悪く言えば会則などないも同然の山岳会だった。

月にいちど集まって山の相談をし、近くの居酒屋に流れて酒を吞み、仕事の憂さや登った山の話で盛り上がる会だったから、私も気軽に顔を出せたのである。

登る山も身構えるほどのものではなく、私は次第に山行にも参加するようになり、やがて正式に入会したのだった。

といって会の運営に携わるつもりなど、さらさらなかった。もともと長く世話になるつもりはなかったし、浪人の延長のような遊軍でいいと考えていたからである。

それでも同じ会社の、気さくな仲間たちとの付き合いは楽しかった。集会場所は京浜東北線の北浦和駅西口にある常盤《ときわ》公民館だった。公民館から直線で三百メートル、交差点の対岸にあるのが私の職場なのだから、これはもう、願ってもない環境だった。

集会の後で流れる居酒屋は二軒。一軒は「淀一《よどいち》」といい、カウンターが十席程度の、なんの変哲もない普通の居酒屋なのだが、この店には二階に宴会用の広間があった。私たちも十人程度は流れたから、カウンター席に割りこむわけにもいかず、多くの場合、二階の広間が宴席になった。ここで、仕事の都合で遅れた会員を交え、延々と呑みつづけることになる。

淀一のいいところは、料理も美味いがどんぶり勘定だった点にある。いくら呑んでも、ひとり千五百円が相場なのである。山屋はおおむね貧乏で、山以外に使う金はないから、安くて美味い呑み屋に勝るものはない。

加えて淀一は、二階の広間に泊めてもらえた。呑みすぎて正体をなくしたものや、終電に乗り遅れた会員が枕を並べて討ち死にし、翌朝シャッターを開けて出勤していくのである。いうまでもないが、宿泊費は無料《ただ》である。

こんな呑み屋は、探してもそうそうあるものではない。以降、山岳会の変遷を経ながらも、淀一との付き合いは三十年にわたってつづくのである。

残る一軒の呑み屋を「金ちゃん」という。味噌だれが看板の焼きトン屋である。淀一が満席のときにかぎって流れるのだから、使用頻度は淀一が四回に金ちゃんが一回というところだった。

金ちゃんのすさまじさは、その立地にあるだろう。五差路の交差点の、鋭角の道に挟まれた三角ビルの一階にあるのだが、いちどカウンターに座ったら身動きのできない狭さと、食べ終えてもいないのに、矢継ぎ早に皿に置かれる焼きトン攻撃が売りであった。

ビールのあとはコップ酒になるが、この酒は安売り店なら一升八百円で買える「千菱」という合成酒で、この酒と焼きトンの組み合わせが絶妙であった。悪酔いするのである。

金ちゃんの店名は、ママさんが韓国籍だったからである。本名を金さんというのだろう。流行った店だが、彼女には副業があった。占いである。むしろこちらのほうの収入が多かったはずである。

あるとき、カウンターに座った私の目をまじまじと見て、彼女は「高桑さん、水難の相が出てるよ、気をつけな」といった。折から沢登りの合宿に向かう直前で、私はその合宿中、気が気でなかったことを覚えている。

行き暮れていた私を救ってくれた職域山岳会は、やがて登山ブームの低迷の波を受けて、少しずつ勢いを失っていくのである。

浦和浪漫山岳会設立へ

どこの山へ行ってもひとの姿の絶えなかった大衆登山ブームが頂点を迎え、ゆるやかに衰えを見せはじめたのは、一九七十年代に入ってからのことだった。

だが、西欧アルピニズムの薫陶を受け、より高く、より険しくを標榜してきた日本の登山界が輝きを失ったわけではない。むしろ逆で、その証拠に、一九七〇年に行われた日本山岳会のエベレスト登山隊で、南西壁を断念した転進の結果とはいえ、松浦輝夫と植村直己《なおみ》が日本人初のエベレスト登頂を果たし、国民の喝采を浴びるのである。

この快挙は氷山の一角ともいうべきで、七十年代の日本人による海外登山の活躍は枚挙にいとまがないほどである。

七五年には田部井淳子を含めた女性初のエベレスト登頂があり、七七年には、新貝勲《しんかいいさお》の率いる日本山岳協会隊が世界第二の高峰であるK２に登っている。

日本の山岳界の主流は大学山岳部を離れ、すでに社会人山岳会の手にあった。小西政継《まさつぐ》を中心とする山学同志会が、ヨーロッパアルプスの冬の岩壁、そしてジャヌー北壁やカンチェンジュンガというヒマラヤの難峰の登頂をなし遂げ、登山のスタイルもまた、組織登山から山岳会単位へ、さらには無酸素のアルパインスタイルという、個人単位の登山へと変遷していくのである。

植村直己はその後、五大陸の最高峰を極め、目標を南北の極地に移し、犬橇《いぬぞり》を駆使して冒険家の道を歩むが、八四年の冬、アラスカのマッキンリーで消息を絶つ。

マッターホルン、アイガー、グランドジョラスというヨーロッパの三大北壁の、冬季単独初登攀に成功して名を馳せた長谷川恒男もまた、パキスタンの未踏峰、ウルタルⅡ峰で雪崩に巻きこまれて果てるのである。

七十年代の登山界は、そのような時代であった。そして私は、華やかな登山界の成果と壮絶な苦闘に一喜一憂しながら、せっせと国内の山に登っていた。

七〇年で思い出すのは、よど号のハイジャック事件である。赤軍派による凶行だったが、人質の身代わりとして機内に乗りこんだのが、当時運輸政務次官だった山村新治郎で、「ひとの命は地球よりも重い」という有名なセリフで名を上げたのだが、これが私にはわからなかった。なぜ、人間ひとりのいのちが地球よりも重いのか、という単純な疑問である。むしろ、人類すべてのいのちよりも地球が重いのではないのか。

あれから四十年も経つのに、誰もあのセリフに疑義を唱えず、誰も私の納得する答えを教えてくれないままである。

思えば七十年代は、日本人がようやく戦後を忘れるようになった時代だった。日本人が自然と乖離して疑いを持たなくなった時代である。水の話をすれば、昔は深い山奥にある魚止めの淵まで海から鱒が遡上して、動物性蛋白源に乏しい山中の村びとたちに極上の栄養を提供したものだったが、その川の流れを幾重にも分断してダムを築き、生態系を断ち切ってしまった。あるいはまた、上流に遡上して産卵する習性の鮭を、河口で一網打尽に捕獲して孵化させたりもする。それが果たして何百年か後、生まれ育った河川に回帰しようとする鮭の遺伝子を、わずかずつでも狂わせることにならないという確証があったのか。

それらは、ゆたかな暮らしを求めるための自然からの搾取に他ならないのだが、西洋から招き寄せた、人類は自然を征服しうるという思潮が、ついに日本人をも屈服させたということである。

ときあたかも、いまこの国を震撼させている福島第一原発の稼働が四十年前という事実を知らされれば、たとえそれが偶然であるにせよ、やはり、という思いが深くこころにわだかまる。

繁栄を謳歌するな、とはいわない。新しい挑戦をするな、ともいわない。しかし、巨大なリスクを伴う未知への領域に踏み出すとき、私たちはもっと謙虚で慎重であるべきだったのではないか。無神論者でありながら自然を崇拝している私が言ってよければ、もっと神を畏れていい。母なる自然があって、はじめて私たちは存在しうるのである。

いまの危機的な状況を、あの時代に世界で活躍した先鋭登山家たちが知っているはずもない。だが、どこかで疑っていたのだと思う。ひとは際限なき文明の進化の道をひた走っていいのか。人類は自然に対して、もっと謙虚であるべきなのではないか、と。

だからこそ、おそらく無意識にだが、彼らは己の実存を賭けて、あえていうなら人類の免罪符を得ようとして、文明の利器に頼らず、極限まで鍛え上げた身体ひとつで、神の造形した途方もない山岳空間に挑んだのではなかったか。

そして人類の多くもまた、無邪気に文明の恩恵を追い求めるあまり、登山という自然との希少な接点から遠ざかることによって、冒険の沃野《よくや》に挑むものたちとの遠い連帯と支援を断ち切ってしまったのである。

＊

登山にかぎらず、ブームが去って困るのは愛好者の減少である。その愛好者たちも否応なしに歳をとる。結婚し、家庭を築き、子どもを育てる。手当てをせずに放っておけば山岳会など、あっという間に崩壊して消え果てる。

さして会員数の多くない職場の山岳会も事情は同じだった。クライミングに熱中し、颯爽と山に登っていた創立当時の会員たちも、三十歳代に突入して次第に足が遠のいてしまった。山岳会から足が遠のくと、建設的な言葉を発しなくなる。後ろめたいからである。後ろめたいと余計に会から遠ざかる。悪循環である。

まして三十代は仕事が楽しくなる年代である。家庭を持てば守るべきものが生まれる。すべては反転するのである。こうなってしまうと山どころではない。日常に倍する危険の待ち受ける山に登って、プラスになることなどなにもない。まして結婚相手の多くは山仲間で、山の怖さを知っている。どこの世界に、自分と子どもをほっぽり出して山に行こうとする相手に向かって、笑顔で「いってらっしゃい」なんていってくれる嫁がいるものか。

かくして彼らは山から離れ、山岳会から距離をおくようになる。趣味の世界の限界である。

それでいいのである。それが大人の良識というものだ。すべてを手に入れられるはずがない。ひとつを得ようとすれば、ひとつを失う覚悟が必要なのだ。優れた才能と運に恵まれ、不断の努力を重ねた者でさえ、人生を勝ち抜くことは難しい。大方の人生は、所詮プラスマイナスゼロだと思えばいい。平凡に生きて平凡な晩年を迎える者こそ、人生の勝者なのだ。

しかし、いまだ血気盛んな若手にしてみれば、それでは困るのである。まだまだ登りたいからだ。せっかく山の楽しさを知り、これからというときに、梯子を外されるわけにはいかないと思うのも当然であった。

会の方向性の模索がはじまった。頻《しき》りに会合がもたれたが、決定打は出なかった。会社から認定されている団体ではなかったし、社内報を自由に使えるわけでもなかったから、会員を募る手段にも限界があったのだ。

私はすでに会員になっていたが、積極的な発言はしなかった。外様《とざま》だったし、電電埼玉山岳会の緊密な和を乱したくなかったからである。それでも、なんどか意見を求められるうちに、胸に秘めていた策を述べた。それは職域の枠を外し、一般社会人山岳会として、広く野に人材を求めてはどうか、というものである。

この提案は混乱を招いた。古い会員ほど抵抗したのである。なにより電電埼玉山岳会という名前の消失に拒否反応を示したのだ。

だが、一般社会人山岳会に移行する以上、電電埼玉の名前を使うわけにはいかなかった。名前を失った組織は、すでに消滅したに等しい。しかし、名前を変えたとして、それが志を同じくする旧来の仲間なら、むしろ発展的解消と捉えてはどうか、と私は言葉を重ねた。

頑強に反対したのは創立会員たちだった。ほとんど顔を出さなくなっていたが、会を去ったわけではなかったし、会の浮沈を左右する事態なのだから、発言権は充分にあった。自分たちが手塩にかけた会を、どうにかして残したいという思いは見てとれた。といって妙案があるわけではない。

私の案に賛同したのは若い会員たちだった。うれしくはあったが、ジョーカーを引いてしまったかもしれない、という思いがあった。いずれどこかで新しい会を立ち上げるか、しかるべき山岳会に入りなおして、自分の山を極めたいと考えていたからだ。

まだ名前も決まらぬまま、山岳会は新生の船出をすることになる。いまでもこころが傷むのは、そのことによって創立会員たちが会を去ってしまったことである。しかし、路頭に迷うはずの多くの会員を救えたのも事実だった。なにより、当時の若い会員たちと、いまでも私は深い交流を重ねている。彼らの嫁さんたちよりも長い付き合いである。おそらく一生ものの付き合いになるはずだが、まさかここまでつづくものかと、不思議な思いに満たされている。いまでも私は、あの当時の彼らの澄み切った眼差しを忘れてはいない。

＊

ひとつだけ後悔がある。なぜ会名を「ろうまん山岳会」と、ひらがな表記にしなかったのだろう、という悔いだ。

山行や会合でにぎやかに話し合われるのだが、新しい会名は一向に決まらなかった。そんなとき、「ロマンというのはどうですか」といったのは、入会して間もない会員だった。

「ロマンって、ロマンチックのあれかよ」

「いえ、ほら、明治時代の文学のロマン主義。森鷗外や島崎藤村の、自然回帰主義、みたいなやつですけど」

「自然回帰かあ、いいかもしらんね。でもロマンって呼ぶのは嫌だよ。ローマンって伸ばすか」

もともとロマンと聞くと虫唾《むしず》が走るタイプである。だが自然回帰というのは悪くない。それが文学からきているのなら、硬派のイメージがなくもない。

調べてみたら、ちっとも硬派ではないのだが、不思議に「ろうまん」という言葉がしっくり馴染んだ。それなら浪漫を漢字にして、頭に浦和を付けよう。全国区になったら浦和を外せばいい。

一九八〇年春。新生、浦和浪漫山岳会はスタートした。しかし、やがて全国区になっても頭に冠した浦和は取れなかった。ろうまんと呼んでもらえるようにはなったが、山岳界の大御所あたりから、「しかし、君のところも、ロマンなんてすごい名前を付けたもんだねえ」と真顔で言われると、いや、それはそうではなくて、と言い訳をするのも憚《はばか》られ、すみません、と下を向くのがせいぜいであった。

いまさら悔いても仕方がないが、やはりあそこは「ろうまん」にすべきだったといまでも思う。だからこそ、会社を早期退職してフリーになったとき、私は迷わず自分の事務所を「ろうまん山房」にしたのである。

＊

浦和浪漫山岳会は順調に活動をはじめた。しかし、どのような山岳会にするのかは、いまだ未知数だった。しばらくは走りながら考えるしかなかったが、この会ならではの強烈な個性を備えたい、という思いがあった。

山岳会にはコールというものがある。山中で互いの場所を確認するときに呼び交わすためのものだ。トランシーバーも持つのだが、手早くそれぞれの位置を確認しあうにはコールが手っ取り早いのだ。コールは当然、「ろうまん」になった。初めての春合宿は谷川岳西面の仙ノ倉谷で、行動を終えた夕刻、仲間たちが一直線になってコールの練習をするのだが、これがなんとも気恥ずかしいやら、誇らしいやらで困ったものだった。

翌八一年は電電埼玉山岳会の十周年にあたる年だった。浦和浪漫山岳会の二年目である。一般から公募した会員たちも徐々に増えていたが、旧来の会員たちも健在で、ならば電電埼玉山岳会に敬意を表して、浦和浪漫山岳会と通算して十周年記念行事をしようではないか、ということになった。

いまだ山岳会の方向を模索していた時期である。胸に期するものはあった。それまでの、与えられた情報のなかでの登山ではなく、自分たちで作り上げる登山である。情報を排除して、身ひとつで山中に分け入ることによって、初めて自分たちの力量と登り方が見えてくるはずだった。混迷の果てに探しあてたのは、未知で静寂な山域への転進である。

華々しくなくていい。泥臭くていい。見えるものを見えるままに受け止め、そこに自分たちを解放

谷川岳南面春合宿。浦和浪漫山岳会を設立してまもないころ

していけば、きっと新しいスタイルが生まれるはずだった。

未知の山域を求めれば、アルプスなどの有名山域から離れることになる。ならば記念行事の一環として、しばらく遠ざかることになる、日本アルプスの全山リレー縦走をしてはどうか。

日本アルプスを見納め、あるいは未知の領域として捉えなおし、角度を変えて巨視的にこの国の骨格を形成してきた山々を見てくれればいい。

二十名足らずのメンバーだから完全リレーは難しい。ぐずぐずやっていては何年経っても終わらない。やるなら春から秋までの半年間。太平洋の水を小瓶に汲み、それをザックに忍ばせて山を越え、日本海に注ぐという、小さな夢を加えた。

これを、春夏冬の三合宿とは別枠で行うことにしたのは、あくまで合宿を未知の山域に傾注しながらの二本立てにしたかったからだが、記念行事としての日本アルプスと未知の山域への探求を混同したくないという、ささやかな意地でもあった。

四月二六日。日本アルプス全山縦走の第一弾は、坂内幸男、水野栄次の二名によって、南アルプスの光岳《てかり》からスタートした。光から赤石岳、荒川三山を越えて三伏峠《さんぷく》へ。そこから第二弾が塩見岳、間《あい》ノ岳を経て北岳まで。第三弾は北岳から仙丈ヶ岳を越え、甲斐駒ケ岳から鳳凰三山を経て夜叉神《やしゃじん》峠に降りた。延べ十五日、六月二二日のことである。

中央アルプスは七月の下旬から八月の中旬にかけて行われ、摺古木山《すりこぎやま》から駒ケ岳までだったが、雨また雨に見舞われる。

北アルプスは九月から一〇月である。白馬岳《しろうまだけ》から栂海《つがみ》新道を経て日本海の親知らずに下り、太平洋の腐った水を海に返したのは一〇月一二日のことだった。

四十四日間におよぶ、のべ三十七人の苦闘である。この間、中央アルプスと北アルプスでの単独行を強いられたのが二名、六日間あり、その大部分を担った平川泰正は名だたる雨男で、連日の雨とその激しさに、「このやろう、こんな山行を考えた人間を殺してやりたい」と、憤怒を湛えた記録を残している。

考えたのは私だが、しかしまあ、よくぞやり遂げたものだ。若いからこそのエネルギーだが、この山行が、新しい山岳会の礎と起爆剤になったのは間違いない。

こうしてアルプスに別れを告げた私たちは、いよいよ本腰を入れて未知、未踏の山域をめざしはじめたのである。

その手始めが関東の大河、利根川の上流に位置する、奥利根源流と呼ばれる一帯であった。

未知未踏を求めて奥利根に向かう

浦和浪漫山岳会の設立まで筆を進めて、さて、いつから奥利根に入ったのだろうと調べてみて、少し驚いている。なんと日本アルプス全山縦走の三年前の夏なのである。

記憶というのは、こちらの都合のいいようにしか脳裏に刻まれない。当時の記憶残像のまま書こうとするから、こんなことになる。電電埼玉山岳会の時代から、すでに私たちは有名山域に背を向けつつあったのである。

奥利根を探しあてたのは偶然だが、もはや渓谷にしか自分たちの山登りのできる領域はないだろうという予感はあった。自分たちの山登りとは、登山道という線から逃れた面としての領域のことである。あるいは登山道という、先人の拓いた道に束縛される登山からの脱却である。

夏は奥利根だが、冬は相変わらずアルプスに通っていた。それも厳冬期と呼ばれる二月が多かった。有名山域が嫌になったのは登山者が多いからである。冬とはいっても、正月や五月の連休の北アルプスはひとで溢れる。

雪山で自分たちの登山をしようと思うとき、もっとも困るのが先行者のトレースである。雪に覆われた山稜にトレースを刻む行為をラッセルと呼ぶ。雪山のラッセルは雪を掻き分けるのではない。雪を掻き寄せ、膝で押し固めて、ようやく一歩を印すのである。先頭のパーティーがいちばん大変で、後続はそのラインを鼻歌混じりに歩いていけばいい。

先行者に追いついたらラッセルの苦労をねぎらい、交替を申し出る。それが雪山登山のマナーである。だから、いつまで経っても追いつこうとせず、だらだらと後ろから付いてくる登山者のことをラッセル泥棒と呼ぶ。

しかし、私の言いたいことは少し違う。雪山は自然条件のもっとも厳しい場所である。先行者のラッセルを見つければ、少しでも早く追いついて交替しなければと思う。だが、そのラインが問題なのだ。自分の培った技術でラインを見出したいのである。

日本アルプス全山縦走に先立つ厳冬の二月、私は後立山《うしろたてやま》連峰の鹿島槍ヶ岳の東尾根を登った。入会二年目の、秋田工業高校の後輩である二十歳の舘岡 恵《さとし》とのふたりパーティーだった。

豪雪に見舞われる東尾根は遭難の多いルートである。そのほとんどが雪崩によるもので、多いときは一挙に十数名もの登山者が雪に呑みこまれて亡くなっている。すべてはラインなのである。

私がいまだに生き残っているのは臆病だからだが、臆病だからこそラインにこだわる。たとえば鹿島槍ヶ岳の東尾根で先行者のラインを見つけたとして、いや、現実に目の前に先行者がいたとして、果たしてそのラインを信じられるか、という問題である。

雪崩はいつも不意に訪れる。同じラインをたどっていても、雪の状態と天気の気まぐれで、運と不運は劇的に分かれる。先行者の踏み出す新雪への一歩が生と死を分けるからだ。

臆病だが決して強くはない私は、先行者のラッセルがあれば、まず間違いなく彼らのラインをたどってしまうだろう。それが怖いのだ。刻まれたラインは強度が増すから、それを数日後にたどるのであれば雪崩には遭わないで済む。しかしそれではラインを読む目が養えない。

雪崩の危険を避けて山稜のどこをどうたどればいいか。そのためには先行者のトレースなどないほうがいい。自分の技術が乏しいからこそ、そう思う。私は先行者の刻んだラインの横を、あえて自分の選んだラインで大汗をかきながらラッセルしていくほどの強者《つわもの》ではない。

その意味で、厳冬のアルプスは自分の技術を磨く最適な山域であった。だてに有名山域なのではない。誰もいない厳冬の北アルプスの山稜は、生きて還るために全霊を傾けて悔いなき山岳であった。

初日は一ノ沢の源頭で雪洞を掘った。場所が狭く、他のパーティーと協力して同じ雪洞に泊まった。その相手が私の以前在会していた「稜線の仲間」の柏原《かしはら》たちで、旧交を温める。

この日東尾根にいたのは四パーティーで、翌朝二パーティーが下山する。強風で視界もない。胸までのラッセルをしながら第二岩壁を強引に越え、荒沢の頭にテントを張る。唯一残っていたパーティーも下山して、東尾根にいるのは私たち二人だけになった。

三日目、風雪。ラッセル深くホワイトアウト（視界がまったくないこと）。二百メートルのラッセルに二時間をかけ、前進を諦めて少し戻った平坦地にテントを張る。これで翌日の下山は不可能になった。進退の判断には自信があったが、渓からは雪崩の音が絶えず響き、さすがに迷う。

四日目も風雪だが前進を決意。すでに撤退を考えてはいない。生還するために登るのだ。北峰直下は季節風が入り乱れ、左右に雪庇が張り出している。目の前には頭よりも高く降り積もった三角形の雪が立ちふさがっているが、足元はリッジ（狭い岩稜）で、左右に一歩踏み間違ったら奈落の底である。

慎重に雪を切り崩し、二時間のラッセルで北峰に立つ。それまでのラッセル地獄と強風に晒された稜線との落差に頭と身体が追いつかず、アイゼンとピッケルを駆使して冷池《つべたいけ》山荘の冬季小屋に逃げこむが、翌日の悪天の予報を知って愕然とし、疲労困憊のからだに鞭打って下山をつづけ、赤岩尾根の高千穂平の下まで下って設営をする。

五日目は下山予定の翌日である。なんとしても留守本部が動き出すまでに電話を入れなくてはならない。降りしきる雪のなか、股までのラッセルをして鹿島山荘にようやくたどりつき、報告を入れて事なきを得る。

雪が拓く北アのルートとして知られる東尾根だが、鹿島槍ヶ岳のバリエーションルートとしては中級にすぎない。しかし私にとっては、いまなお身体の震えるような記憶を呼び覚ます、比類なき冬の北アルプスのルートなのである。そのようなラインの構築こそが、未知未踏を支える山域への絶えざる模索であった。

＊

奥利根は関東の大河、利根川の源流に位置する関東の水がめである。矢木沢《やぎさわ》ダムの以奥は、いまなお広大な無人地帯である。矢木沢ダムがたやすく築かれたのは、それ以奥に生活の痕跡がなかったからだ。あったのは奈良沢の奥に存在した湯ノ花温泉の湯宿がただひとつ。

奥利根には渓谷に沿って峠に抜ける道がなかった。古来、利根の源流には妖怪や魑魅魍魎が住むと信じられていたからだ。奥利根は孤立無援の山域だったのである。それがために、群馬県は三次にわたる奥利根水源探検隊を組織して、利根川の源流を擁する県としての威信をかけて水源の解明を試みる。

明治二七（一八九四）年九月の第一次探検隊を嚆矢《こうし》として、幾多の困難に遭いながら水源を極めたのは昭和二九（一九五四）年のことである。明治の第一次探検隊の太刀一振り、ピストル四丁、猟銃二丁という武器の携行が、当時の奥利根への人々の畏怖をそのまま物語っている。

私たちが奥利根に目を向けた当時、すでに奥利根は未知でもなければ未踏でもなかった。さまざまな先人によって踏査されていたのである。この国に残されている未踏の領域はかぎられていた。それでもよかった。

「わらじの仲間」という、沢登りの分野を席巻した強力な山岳会が奥利根を歩いたのは、私たちが利根に分け入る数年前のことである。彼らは三年をかけて流域をつぶさに歩いたが、それを地元群馬の岳人は風のようだといった。圧倒的な会力を背景にして駆け抜けたのである。そのことで地元の岳人たちは傷ついた。奥利根は決して駆け抜けていい山域ではない。

ならば私たちは大企業に抗するのではなく、町の零細企業に徹しようと思った。歳月をかけて毎年足繁く通うことによって、奥利根は自分たちの血肉になる。地元の岳人たちとの交流も深まるに違いない。

幸いしたのは渓がもたらす悠久の変化である。歳月を重ねることで、渓は自然環境の激変によって千変万化する。あるパーティーによって遡られたとしても、数年経てば渓谷は未知の空間を取りもどすのである。それを私たちは重箱の隅の未知と呼んだ。重箱の隅にある未知を信じないかぎり、私たちの未知は産まれようがなかったのである。

＊

昭和五三（一九七八）年夏、奥利根に向かう。当時は奥利根湖の左岸に、矢木沢ダムの建設に用いた湖岸道が延びていて、これをたどれば湖尻の水長《みなが》沢まで一日で行けた。その道と繋いで水長沢右岸の尾根に新道を拓き、平ケ岳と結んだのが地元の奥利根山岳会だった。その道を水長沢新道という。水長沢から平ケ岳を三時間で結ぶ画期的な道だったが、いまでは深い藪に埋もれて跡形もない。

奥利根に照準を定めた私たちは、十年をかけて奥利根と付き合おうと思っていた。その手始めに、水長沢の出合をベースとして流域の概念を摑むことからはじめたのである。水長沢以奥の沢も、まして初年度から利根川の本流遡行をしようなどと考えてもいなかった。

奥利根は広大な流域であった。右も左もわからぬ源流域に、初心者を含む会員の総力をあげて向かったのである。そのために私たちが万全の体制で企てたのは物量作戦だった。

全パーティー分とベース用の重いトランシーバー。夏なお残る雪渓に対応しようと用意した数台のピッケルとアイゼン。そしてザックの半分を占めようかという草鞋《わらじ》の山。フェルト底の渓流靴や渓流足袋の登場していないころで、二日で一足としても、一週間の合宿ならば、予備を含めて四、五足の草鞋が必要だった。加えて全員の食糧がある。

まさに現代の水源探検隊のような荷物だな、と自嘲したのだが、これをどう運ぶかが問題だった。そこで考え出したのが船の利用だった。矢木沢ダムを管理する水資源公団の船を出してもらおうとしたのである。

思い出しても笑ってしまうのだが、遊びのために船を出せ、とは言えないから学術調査という名目にした。水長沢周辺の水位と気温の変動、源流部一帯の植生の調査、などである。

そもそも数次にわたる「奥利根源流部学術調査隊」が結成され、奥利根の解明はほぼ終わっていたのだから、私たちの底意など見抜かれていたに違いないが、水資源公団は快く船を出してくれたのである。

以後、十年を越えて通うことになる奥利根詣でがはじまった。当時を振り返って一文を、という山岳雑誌「山と溪谷」からの求めに応じて書いた文を紹介しておく（「山と溪谷」二〇〇二年一〇月号、特集〝道なき山へ〟所載）。奥利根への憧れと、尽きせぬ未知への賛歌である。

道なき山へ

奥利根に惹かれ、季節を問わず毎年のように通い詰めた、はるかな昔。奥利根は、まだまだ未開で異形の山域であった。十年を越えて通ううちに、奥利根の風は身体に馴染み、私たちはやがて自在に流域に分け入って行った。身のほども知らず、それでも未知を求めてバックウォーターにほど近い水長沢出合にベースを設け、恐る恐る奥利根を探りはじめた初期のころ、私たちの唯一の安らぎは平ケ

奥利根本流の最狭部、ヒトマタギで遊ぶ。中央が池田知沙子で左が私

岳の登頂であった。

遡行三昧に明け暮れる日々のなかで、日を変え、メンバーを替え、いまでは強靭な藪に埋もれ果ててしまった水長沢新道を登って、平ケ岳の山頂で一夜を過ごすのが恒例になっていたのである。登山者など、見ることも稀な夏ばかりだった。それもそのはずで、深田百名山もまだブームにならず、平ケ岳は登山者にとって遠い頂だった。鷹ノ巣からの登山道など誰ひとり知らず、私たちの誰もが奥利根を登って平ケ岳の洗礼を浴びたのだ。

広大な湿原に、一条のかすかな踏みあとが延びていた。それは国境稜線をたどって大水上山へ続く消えぎえの道であり、水長沢新道を下って奥利根湖岸道に通ずる道だった。誰ひとりいない山上湿原のすべてが私たちのものだった。その湿原を独り占めにし、壊れものを触るようにして片隅にタープを広げ、頭ひとつを外に出して天を仰いだ。満天の星が空の粒子のように天空にとどまっていた。谷間から望む空とは瞭かに異なる広大無辺の宇宙であった。

「ミルキーウェイって知ってるかい。天の川のことだぜ」

誰かがしたり顔で呟く。タープからはみ出した頭の間には、源頭の雪渓で汲んだ冷たい水と、ウイスキーのボトルがあった。

♪星空に両手を上げて
この指を
星で飾ろう

横たえた身体をそのままに、手振りを添えて島倉千代子の唄を歌った。思えば若かった。狂おしいほど渓に焦がれていながら、奥利根の天空を支配する平ケ岳の一夜は、私たちにとって無上のひとときなのであった。

奥利根の水が身体に染みわたるようになると、私たちはいつしか水長沢を離れ、平ケ岳からも遠のいて源流に分け入っていった。

数年後、久々に訪れた平ケ岳は色褪せて見えた。山頂にたむろする登山者の群れよりも、踏みあとの上に敷かれた木道が私たちの興を殺いだのである。

尾瀬といい、苗場といい、いかに大きな規模を誇ったとして、木道が敷かれた瞬間に、湿原は太古の昔から営まれた野性を失う。そこに吹く風のそよぎも、光の乱舞も、野性の輝きを失ってしまうのだ。それを、まるで家畜のようだ、といったら言い過ぎだろうか。

なにも湿原にとどまらない。この国のあらゆる高峰は、登山道の存在によってすでに家畜に等しい。私たちが日常を逃れ、山頂を求めて歩む道は、それ自体が文明の残滓であることを知らなくてはならない。

天をつく高峰が文明を逃れ、登山者の蹂躙《じゅうりん》を逃れて孤高に還るのは、雪に覆われるわずかな季節でしかない。峻烈な氷雪の牙を身にまとい、小ざかしい登山道を覆いつくして、ようやく峰々は、太古から続く野性の佇まいに還るのである。

そして原生の自然は、道なき低山にも宿っている。雪に替わる鎧は猛烈な藪である。その藪を逃れて、山域を縦横にたどるのが、わが国固有の渓谷遡行の楽しみである。むろん、藪と真正面から格闘するのもいいし、身体を没する雪とのラッセルもいい。なにも登山道をたどる行為を否定しているのではない。登山道から望む情景だけが、山のすべてではない、ということを知って欲しいのだ。

あれから幾つか、道なき湿原を奥利根で見つけた。沢をたどって探し当てるほかないのだが、それはおもうほど簡単ではなかった。深い藪のすぐ向こうに、湿原は声ひとつなく佇んでいた。湿原特有の屈曲する平坦な流れを、私たちは獣になり、湿原の発する、かすかな匂いを嗅ぐようにして彷徨った。それは野性の香りそのものであった。

忽然と藪を抜け、宝石のような広がりを貫いたかと思うと、流れはふたたびくぐもって消えていった。その狭間に珠玉の空間があった。天空に開け放たれた夢の空間である。それは深い藪や、迸《ほとばし》る渓や、凍てつく山稜に連なる野性の系譜である。

登山道を切り拓いた者たちへの、畏怖と敬意を越えなければ、山は真の姿を露わにはしない。道なき山へのいざないを記しながら、私は己の無力を知っている。けれどそこには、安易に登山道に導かれた者たちが見失った自然のあるべき姿がある。それを、登山の原点と呼んでみたいのである。

奥利根で沢登りの真髄に開眼する

水長沢の出合は広大な空間だった。流木もいたるところにあって、毎夜の焚き火に不自由しなかった。

湖の水位によって船の接岸場所は変わるのだが、満水ならばベースキャンプの目前に船が着けられ、水の少ない年でも一時間も歩けばベースに入れるという好位置にあった。

私たちは快適なこの場所で五年ほど夏を過ごし、周辺の渓を遡行した。いつまでも水資源公団の船を頼むわけにもいかず、自前のモーターボートを手に入れて湖に乗り入れたのは三年目のことである。大きな声ではいえないが、無免許だった。

会員は社会人ばかりだから日程が揃わない。一日歩けば着いたはずの湖岸道も年々荒れてゆき、その日にベースに入ることすら困難になっていた。ボートの調達は、遅れて入渓する会員のために必要な選択だったのだ。

そのころすでに、奥利根に腰を据えて活動しようという意欲が高まっていた。未知未踏を探るよろこびに加えて、渓を遡る楽しさに目覚めたのである。奥利根は本流ばかりではなく扇状に展開しており、それぞれの支流に乗り付けて、自由に動きまわれる船の存在は、なによりありがたかった。

登山界には地域研究という言葉がある、地域研究といっても、資料の乏しい特定の岩壁や山域をくまなく歩き、登った成果発表のようなもので、登山界だけに通用する不思議な用語である。残り少なくなった未知未踏の呪縛がもたらした、怨念のようなものだといっていいかもしれない。

未知未踏に魅かれて奥利根に分け入った私は、そのことがもたらす効能にやがて気づいた。ひとつは地域研究だった。二番煎じに甘んじているとはいえ、会の総力を挙げて取り組んでいる山域を丹念に記録し、山岳誌に発表すれば自分たちの励みにもなり、ひいては山岳会の名を広く敷衍《ふえん》させることにも繋がるはずだった。

いまひとつは、地域研究を共有する仲間たちとの連帯である。

奥利根での基本的戦略として定着合宿を用いたのは偶然に過ぎないが、これが仲間同士の絆を深めたのである。

それは体験の共有であった。地域研究の成果など、煎じ詰めれば誰が遡ってもいい。会員の誰かが、いちど遡って発表すれば事足りるラインを、それ以外のメンバーにも辿らせることによって共有の体験が生まれる。何年奥利根に腰を据えてもいいという、小さな山岳会ならではの、開き直りの戦法である。その体験は世代を超え、山岳会内部の共通の話題と目標になった。毎年恒例の合宿が近づくと、山岳会は沸騰したように奥利根一色に染められたのである。

急ぐ旅ではなかった。会員の技量のばらつきもある。少ない会員たちが日を換え、メンバーを換えてラインを共有するには、定着のベース方式が最適だった。

年を重ねるごとに奥利根に馴染んでいった私は、いくつかの方策を編み出した。それは渓に渾身をこめて情熱を傾けていく私たち独自の方式と呼んでもいい。参加日数が少なく、技量も乏しい会員のために、水長沢新道を登って山域すべてを見わたせる平ケ岳に立ち、一夜を過ごさせたのもそのひとつである。

一泊以上の行程を要するパーティーには、それ相応の食糧と装備を持たせたが、日帰りパーティーには過酷な環境であった。予定通り、その日にベースに帰着できればいいのだが、アクシデントがあってビバーク（緊急露営）になると悲惨であった。食いものが乏しいのである。

登山だからなにが起こるかわからない。そのための非常食は必携である。そのすべてを個人ではなく全体で用意するのが私たちのやり方だった。

ガスコンロなどという便利なものはなく、あったとしても旧来のガソリンコンロで、それは一泊以上のパーティーに渡された。日帰りパーティーが使えるのはスイスメタと呼ばれるスティック状の携帯燃料で、ひとり二十本を必携にした。ビバークになれば、これで煮炊きのすべてを賄わなくてはならない。

ビバークに際して用意される食糧をビバークセットと呼び、出発時に配られるのだが、これがすごかった。ひとりあたり夜と朝で一袋（二百グラム）のアルファー化米（お湯を入れるだけの携行食）とスープはまだいいとして、これに三人で一八〇ミリリットルのウイスキーの小瓶と、きつく塩の施された乾しタラが添えられるのである。ひもじければ水を飲んで飢えを凌げ。美味いものを食べたければ、がんばってベースに還ってこいという教えであり、戒めである。

それに全員がベースに還らないかぎり翌日のパーティー編成もできない。ビバークセットは切実な願いの産物なのである。ベースに先着した私たちもまた、全パーティーの動向が摑めるまで緊急体制を強いられることになる。

遅いパーティーがベースに還るのは、夜の八時をまわることもあった。彼らの動向が判明するまでは着替えも食事もしなかった。ことがあれば即座に動く。それが乏しい食事で夜を凌いでいる仲間たちへの連帯であった。

全員の無事を確認してから宴会をし、食事をし、翌日の打ち合わせを行い、眠るのはすでに深夜に近い。翌日の起床は、おおむね三、四時なのだから、これで事故が起きなかったのは奇跡に等しかった。

その悪名高いビバーク食を、いちどだけ体験したことがある。場所は至仏山の山頂で、宇宙遊泳のような源頭の石楠花《しゃくなげ》の藪漕ぎに苛まれた結果、ついにベースに戻れなかったのである。

翌朝、「ご飯です」というさわやかな女性会員の声で起こされた私の前に差し出されたのは、一切れのたくわんを添えた、悲しくなるほど粗末でわずかなアルファー化米であった。

私は憮然としてその飯を食べたが、ついに文句をいわなかった。いえるはずがないのである。そのビバーク食を考えだしたのは、他ならぬ私だったからだ。

テントを用いず、タープを標準にしたのは比較的早い時期だった。そのころはまだタープは市販されておらず、ツェルトに被せるフライシートを使ったのである。

これ一枚で三人は泊まれたが、連結すれば六、七人は楽に入ることができた。これを長屋方式と呼ぶ。テントの三分の一の重量で済むというのが採用の理由だが、なにより外界と遮断されず、風と一体となったような使用感が気に入った。

タープでは蚊に刺されませんか、とよく質問されたが、それは愚問というものである。蚊の生息空間にこちらから分け入っていくのだから刺されないはずがない。少しくらいの献血は覚悟の上だった。いまでは蚊取り線香の結界をめぐらしていないと夜も眠れないが、当時は若かったのである。

焚き火を夜通し絶やさず煮炊きと暖房に用い、雨が降らないかぎりシュラフカバー一枚で、焚き火のかたわらで眠るようにもなっていた。遡行という目的を携えていなければ、乞食に見えたとしても不思議ではなかった。

＊

定着方式の奥利根合宿は、次第に上流に移っていった。アプローチの不便な下流からの遡行を嫌い、新潟から山越えをしたのも再三だった。

越後沢をベースにして行なった中流部の探索。水源の大水上山《おおみなかみやま》から降りて展開した最源流部でのハト平合宿。それぞれに思いが深い。

越後沢には二本の大滝がある。落差三〇〇メートルを誇る右俣大滝と、中俣に架かる二〇〇メートルの八百間の大滝である。私は右俣大滝しか登攀していないが、その雄大なスケールもさることながら、越後沢に降り積もった膨大な雪渓に驚かされた。雪の少ない年だというのに、大滝の上部から雪崩れ落ちた雪が、長さ一キロにわたって滝の下部を埋めつくしていたのである。

大げさにいえば、越後沢には雪渓と大滝しかなかった。大滝の上も、見わたすかぎりの雪渓だったからである。

下段岩壁の大半は雪渓に埋もれ、上部の一〇メートルだけが顔を出していた。雪渓の厚さは推定でも五〇メートル以上はあり、その上端から岩壁に飛び移ってからザイルを結び、登攀を開始したのだった。

その興奮と手ごたえを、いまでも思い出すことができる。足下には白一色の雪渓が長々と延び、頭上には青空を割って傲然と降り注ぐ瀑水があった。そのかたわらの乾いた岩を登攀し、高みを勝ちとるよろこびに素直に浸った。

私はクライマーではない。谷川岳や穂高の岩場も登ったが、恐怖ばかりが先行して楽しめないのである。しかし、滝の登攀はべつだった。高揚と充足があったのだ。なぜだろうと思いをめぐらせた私は、すぐに答えを見つけた。滝と岩壁の違いは水の有無なのである。

重力に従って流下する水が、地形によって千変万化して岩壁を彩るのが滝だった。その静と動の対比が渓の躍動を生むのである。滝が渓の華と呼ばれるのは躍動美のゆえなのだ。

大滝中段の一〇〇メートルを登り終えると短い川原になり、その奥に一五〇メートルの上段の滝が待ち構えていた。そこに立ったものにしか見えない滝だった。先ほどの豪快な滝と違い、まるで内院のように静かに水を落としていた。すでにザイルも必要ではなく、完登を惜しむようにして滝を登っ

越後沢右俣大滝。上段の150メートル部分

た。

滝上につづく小さな滝をいくつか越え、左手のルンゼをたどって中俣との中間尾根に抜け出した私たちは、左右に落ちるふたつの豪瀑の圧倒的な眺めを楽しみ、登攀した右俣大滝のラインを目で追いながら、中間尾根に細々とつづくケモノ道をたどってベースをめざした。

＊

奥利根の初年度、未知への不安のあまり携えたピッケルやアイゼンは、結局いちども使われず、翌年には考慮さえしなかった。渓を遡るということの本質が見えたからである。不穏な霧を吐き出して渓を覆う雪渓を通過するには三つの方法しかなかった。すなわち、雪渓の下を潜り抜けるか、上を通るか、高巻くか、である。そのいずれにもリスクがあり、判断は雪渓を読む目を養うしかない。場数を踏むしか方法がないのである。

もっともリスクが高いのは雪渓の下を走って潜り抜ける行為だが、これはいまだに馴染めない。雪渓はコンクリートと同じで一立方メートルの重さが一トン近くはあり、いかに堅牢に見えても、いつ崩れ落ちるかわからない恐怖がある。もし崩れたら、雪渓の下にいた者はまず助からないだろう。

渓谷遡行でもっとも難しいのが雪渓処理だと私は思う。崩壊の前兆がないからだ。だから運を天に任せて祈るほかに手段はない。あるとすれば、極力刺激を与えないことに尽きる。だから私は、雪渓の下の通過に際して、いくつかの制限を課した。

出口の見えない雪渓は潜らない。間隔をあけてひとりずつ通過する。合図はすべて手で行い、笛を吹かない、などである。夏なお冷気が漂い、融けた水滴が雨のように頭上に落ちる雪渓を潜るだけでも怖いのに、出口が見えなければ、そこは暗黒の世界になる。水深も見えず、雪渓の長さもわからない暗がりを、ヘッドランプで通過するなど考えただけでも怖ろしい。そんなときには潔く雪渓に這い登って上を歩くのである。

しかし、雪渓の上には下を潜るのとは違う怖さがあった。雪渓の厚さが見えないため、踏み抜いてしまう危険である。だが、雪渓の構造を理解していればなんとかなる。アーチ状に融けていく雪渓は、真ん中がいちばん薄く、左右三分の一を通過すれば危険は少ない。

雪渓の形状は千差万別で、しかも季節と時間によって刻々と変化する。ときには下も潜れず、上にも乗れないケースが出てくる。そんなときは大高巻きをするしかなくなる。

雪渓の通過はパズルを解くようなものだ。奥利根でもっとも苦労したのが雪渓の処理だといってもいいのである。

同じ八月とはいえ、雪渓の状態は大きく異なる。まるで春のように渓が残雪で埋まる年もあれば、いつもは万年雪に埋もれて谷底を見せない沢が、仮面を脱ぐように全貌をあらわにする夏もある。ベースキャンプにした水長《みなが》沢出合から、本流に架かる巨大な雪渓が見えた。その幅は一〇〇メートルにもおよぶものだった。

私たちは毎朝、この雪渓を潜って上流の渓に向かうのだが、ある日の午後、雪の橋桁の欠片だけを残して見事に崩れ去っていたことがある。時間も問わず天気も問わず、不意をついて一瞬に崩壊する雪渓は、渓を遡行するものにとって、もっとも手に余る対象だった。

奥利根本流の難所はオイックイと呼ばれる二キロほどのゴルジュ（岩壁に挟まれた廊下）だが、状態の悪い雪渓になっていれば一歩も踏みこめず、藪との格闘に明け暮れて高巻かなくてはならない。雪渓の存在によって遡行の難しさは数倍になり、当然、時間も比例して費やされることになる。

残雪の多い夏は、オイックイは雪渓に覆い尽くされて目を瞑っても歩けるほどたやすくなるが、それではあまりに簡単すぎてつまらない、と思うのが遡行者心理である。簡単すぎても難しすぎても駄目なのだ。

あるときは下を潜り抜け、あるときは上に這い上がり、あるときは雪渓に支点を埋めて、懸垂下降で暗闇のただ中に降りるという、全知全能を傾けた雪渓との格闘が、渓を遡る充足をもたらすのである。

しかし、はっきりしているのは雪渓にかぎらず、滝にもゴルジュにも、渓には必ずといっていいほど弱点があるということだ。

奥利根で渓谷の遡行を学んだ私たちの最大の収穫がそれである。

渓の下降で懸垂下降を多用するべきではない、というのもそのひとつだった。懸垂下降は、行き詰まったときの最後の手段でいいのである。ザイルを一回出せば小一時間は費やす。それよりは高巻くほうが早い。豪雪に苛まれた越後の渓の灌木は、小指一本の太さでも易々と身体を支えてくれるのである。

安易に懸垂下降に頼るのではなく、高巻きを優先すれば渓が見えてくる。それは奥利根にかぎらず、どの渓に行っても通用するはずだ、というのが私の考えだった。

それを会員に強要したつもりはない。たとえ会員といえど、遡行スタイルはみずから学んで構築していくべきものだからだ。私は高巻き優先のスタイルを変えなかった。そしていつのころからか、渓が視えはじめたのである。上流からでは滝の下部は視野に入らないが、沢床までつづく見えざる灌木のラインを、かなりの精度でたどることができたのだ。その読みは山域を変えても通用した。それが勘なのか経験なのかは私にもわからない。

わかるのは、懸垂下降に頼らなかった効能がもたらしたものに違いない、ということだけである。

＊

奥利根に専念しはじめて以降、いつからともなく無雪季は渓谷遡行一辺倒の山岳会になっていた。すでに私たちは、骨の髄まで渓谷遡行の魅力に侵されていたのである。

肌に沁みこむほど馴染んだ夏の奥利根に通いながら、ようやくそろりと頭《こうべ》を持ち上げ、次なる領域の模索をはじめた私がいる。渓がいかに素晴らしかろうが、奥利根にあるのは夏だけではないからである。それは積雪期にも利根を目指すという野望であった。

雪の奥利根へ

残雪の奥利根横断の嚆矢《こうし》は紫山岳会である。それがゼフィルス山の会の小泉共司《ともつぐ》氏らによって後続され、のちに私たちが参入したのである。

他のグループの目的はいざ知らず、後続を承知で残雪の奥利根横断をめざしたのには三つの理由があった。

ひとつは季節をめぐる山旅であり、ひとつは標高差を伴う横断行への憧れであり、ひとつは横断点に達してみなくては対岸につづく雪稜に取り付けるかどうかがわからないという、未知への希求であった。

山里に春が訪れ、雪消えを待ちわびたように一斉に花開いても、背後の山々は、いまだ冬の装いを解いてはいなかった。鋼《はがね》のような春の陽光が山稜に降り注ごうとも、ひとたび荒れれば、山はたやすく苛烈な冬の様相に立ち還る。

気温というのは風速をさておけば、百メートル高度を上げるごとに〇・六度低くなる。奥利根横断行の起点である越後の山里の標高が五百メートルで、そこから高度を上げて到達する稜線がおおむね二千メートルだから、その差は九度。つまり、春を迎えて華やぐ山里の気温が二〇度ならば、国境稜線は十一度という計算になる。

これに風速一メートルで一度ずつ気温が下がるから、仮に二十メートルの風が吹けば、山上の気温は一気にマイナス九度になってしまうのである。加えて山稜を覆う残雪の冷却作用がある。それが春の山里の背後に雪山が横たわるという、異なる季節の混在する理由であり、ときとして遭難に繋がりかねない春山の怖さなのだ。

しかし、膨大な雪の降り積もる脊梁《せきりょう》山脈にも春は確実にやってくる。

奥利根を取り巻く山稜を上越国境稜線という。新潟県の領域に楔のように食い入る群馬県の三角形の山域が奥利根で、左手に越後平野、右手には尾瀬ヶ原が隣接する。

奥利根は新潟と境を接する馬蹄形に囲まれた無人空間である。その広大な空間が、脊梁山脈を超えた季節風のもたらす計り知れない雪で埋まり、夏からは想像もできないほどの雪の伽藍《がらん》に生まれ変わる。

春の奥利根に登るだけではなく横断行という季節の往還を思いついたのは、桜前線を追って南から北へと移動する養蜂家《ようほうか》の存在からだった。車にミツバチの巣箱を積み、花を追って北上する彼らを、ひとは漂泊の民であるジプシーにたとえた。

列島を北上することによって季節が追えるのなら、同じ場所でも標高を変えることによって季節を遡れるはずである。すでに多くの山岳で春山を体験していたのに、その発見は、とても新鮮に思えたのである。

私は知らなかったが、当然のように養蜂家にも同じことを考えるひとたちがいて、彼らは花を追って北上する代わりに巣箱を積んだ車を林道に乗り入れて標高を上げ、麓から順に花開いていく栗や橡《とち》などの蜜を採取したのだった。

遅い桜が山里を彩るころ、背後の山肌に淡い緑が舞い降りて、日を追って少しずつ高度を上げていく。ブナの梢に灯った新芽の緑である。

それは季節の再生であり、生命の息吹だった。冬によって死に絶えた森羅万象が、春という季節の到来で蘇るのである。

残雪の多寡によって芽吹きの時期は前後するが、それでも四月の末には淡い緑が慎ましく山稜を覆いはじめる。新緑のなかに点在して彩りを添えるのは、山桜のピンクとタムシバ（匂い辛夷）の白い花である。

私は毎年、季節を違えず訪れる春の使者にこころ安らぎ、胸を躍らせながら山里を背にして山稜に向かった。

しかし、春はなにも山里からばかりやってくるのではない。山稜の内院ともいうべき奥利根の渓にも春は訪れる。上越国境稜線に立って見下ろせば、白一色の残雪の谷間にも淡い緑が広がりはじめているのだった。

その広大な無人空間を縦横無尽に上下し、季節を行き来するのが、私たちの追い求める春の山旅なのである。

この横断行の見えざる側面は標高差である。国境稜線に立って降りるだけなら標高差は三千メートルに過ぎないが、馬蹄形の稜線から奥利根の渓に向かって数多くの雪稜が落ちている。その雪稜を繋いで横断を重ねるたびに、二千から三千メートルの標高差が加わることになる。つまり、稜線から渓を結んで四本の雪稜を上下すれば一万メートル近い標高差を獲得することができる。大河、利根川の最源流に位置する山域の春の魅力はそこにある。

藪に埋もれていく水長沢新道の残骸をさておけば、奥利根に落ちる雪稜のいずれにも登山道の欠片さえなく、夏は猛烈な藪に終始する尾根を爽快にたどれるのは春しかないからだ。

その背骨のような隆起をたどる快感は、もしかしたら暗くて狭いV字形の渓谷を歩む夏の遡行の対極に位置する悦びなのかもしれない。燦々と降り注ぐ春の陽光のもと、円形劇場のような山域のただなかに、周囲の山なみを俯瞰しながら舞い降りていく快感である。

しかもこの小さな山域でさえ、ラインの採り方で一万メートルにもおよぶ標高差の山旅を体感できるのであり、すべてを自分たちの能力と責任によってなし遂げる充足に、私たちは夢中になったのだった。

だが目的の雪稜を下れたとして、果たして対岸に横断できるかどうかの物理的、心理的な不安が常に付きまとう。

春の渓を横断する要諦は雪渓の有無である。雪渓は文字どおり雪の橋だ。険しい地形に降り積もった雪が幾重にも雪崩れて渓を埋め、堅牢な橋となって横断を可能にするのである。

雪渓の有無は、これから渓に下ろうとする稜線からでは、まず見えない。雪渓があったとしても堅牢かどうかまではわからない。雪渓の状態は、その冬に降った雪の量で決まるからだ。

豪雪の年の春などは、渓のほとんどが雪渓に覆われて苦もなく横断できるが、寡雪の年は雪渓の欠片も見えず、雪解け水で溢れんばかりの渓を見つめて呆然とすることもある。横断が不可能なら、せっかく下った雪の尾根を登り返すしかないからだ。

雪渓のない場合に備えて、ザイルや渓流足袋などの徒渉のための用具も欠かせなかった。雪渓が使えないときは横断点のほとりで時間をやり過ごし、雪代《ゆきしろ》の治まる朝夕に、ザイルを頼りに押しわたるのである。

未知の山旅の楽しさは、なにも未知との遭遇にばかりあるのではない。なにが起こるかわからない未知をどう楽しみ、どうクリアするかがこの手の山行の醍醐味だが、それとて計画段階で成否の八割が決まるのである。

すべての事態に対応するのは事実上不可能だとすれば、あとは遭遇するであろう未知を事前に推測して備えを万全にし、その上で、いかに現場で柔軟に対応できるかにかかってくる。予期せぬ事態に遭遇したからといって、尻尾を巻いて逃げ帰るのではなく、二の手三の手の対策を用意しておかないかぎり、成功は覚束ない。

難関をいかに正確に予測できるかが未知の山旅の核心である。だから私たちは地形図を穴の開くほど眺めて雪渓の存在地点を推測し、その年の降雪状況から渓の状態を推し量った。その予測と現実が合致したとき、私たちは初めて快哉の声を上げることができたのである。

それはなにも山旅だけにとどまらない。人類史上初めて南極点に立ったアムンセンの例を挙げるまでもなく、およそ冒険と呼ぶもののすべては予測と現実の照合と、その対処に尽きるはずなのである。

さまざまな奥利根の春がよみがえる。

下山日に予定した泊まり場のはるか下方にブナの新緑を確認し、あそこまで行けば山菜のコシアブラが採れるぞと、仲間を叱咤して行動を延長させた日。

テントキーパーをしていた山稜のベースキャンプから竿を片手に渓に降り、錆の残った岩魚を数尾釣り上げて、疲れ果てて帰るであろう仲間たちへの土産にした黄昏の登高。

昼を過ぎて間もないというのに渓に下り着き、横断可能を確認してからザイルをわたして安全を確保し、ゆるゆると焚き火を囲んで酔いしれた昼下がりの途方もない愉悦。

それらの楽しみは、道なき山を知らないひとにはわかるまい。なにを好き好んで、というだろう。しかし、山には山の時間が流れている。喧騒の下界とは異なる山の時間を、私はこよなく愛している。それを逃避といわれてもいいが、私にとっては自然と融合するためのかけがえのない時間であり、知らず知らずのうちに取りこまれ、みずからの身体と精神を侵していく文明への忌避であり、抵抗だと思っている。

東北弁と標準語を話す私はバイリンガルだと述べたが、ひとつよりはふたつの領域を知っていれば、世界は二倍に広がるはずである。それはバランス感覚でもある。都市文明のただなかで暮らしながら、対極にある山の時間を、私はなにより大切にしたいと思っているのである。

＊

春の奥利根を楽しんでいた私たちの次なる一手は厳冬期への展開であった。冬の奥利根をも視野に入れれば、四季を通じて奥利根という山域への地域研究が可能になる。先人がどれほどの結果を残そうが、現在ただいまの奥利根の先駆者は私たちであった。たかが二千メートルの中級山岳ではないか、と言われようが、私にとって奥利根は、すでに全身全霊を傾けて悔いなき山域であった。

夏と春の奥利根の様相は決定的に異なるが、春の山には季節の再生という希望があるのに比して、冬は絶望の季節であった。

二日吹雪けば四日は晴れる。それが春山の季節変化だとすれば、冬は一週間荒れたあとでも二日晴れれば幸運である。それが脊梁山脈に位置する冬山の宿命である。

しかし、風雪で万物のすべてを凍らせる山稜が光によって蘇る一瞬を目にした登山者は、その光景に神を見る。それほど冬山のもたらす情景は孤高であり、崇高であり、独善に満ちている。果たして人間が立ち入っていいのかと思ってしまうほどの、侵すべからざる領域がそこにある。

残雪の横断行で奥利根のすべての雪稜を踏破するつもりだった私たちは、当然のように冬の可能性を模索しはじめた。そして奥利根だけではなく、上越国境に連なる越後の雪稜をも視野に入れたのだ。

奥利根を代表する有力な雪稜は二本。この山域にしてはめずらしく岩壁を連ね、怪峰と呼ばれた刃《は》物《もん》ケ《が》崎山《さきやま》を越えて国境稜線にいたる尾根。そして奥利根の中枢部に傲然と聳える越後沢尾根がそれである。

対して越後側にも数本の魅力的な雪稜があった。巻機山《まきはたやま》北方稜線と、三ッ石山に突き上げる三ッ石尾根である。

これら四本の雪稜は残雪を利して越えている。それぞれ独自の個性を持った秀逸な雪稜であった。刃物ケ崎山と巻機山北方稜線は里に近いという利点から、すでに冬でも登られていた。私たちも、このふたつの雪稜を繋ぐことによって生まれる残雪の長大なラインを楽しんだが、冬はさすがに単独でめざすほかなかった。

矢木沢ダムから取り付く刃物ケ崎山は、その絶望的な胸壁の突破が鍵だったが、両方の季節を登った比較で言えば冬のほうが安定して登れたのである。

むしろ、刃物ケ崎山を越えて到達した国境稜線の柄沢山《からさわやま》で風雪に苛まれ、苦労した記憶が鮮明である。その西尾根をたどれば午後には山麓の清水集落に着けるというのに、腰まで埋まる新雪のラッセルに終始した。いつ雪崩れても不思議ではない雪の斜面を、生きるために必死で雪を漕いだのだった。巻機山の北方稜線は楽しい記憶しかない。末端の金城山《きんじょうさん》を越え、イワキの頭からつづく雄大な山稜を踏み分けて、巻機山の直下にある避難小屋に逃げこむだけで事足りたのである。

いつしか、冬の奥利根の雪稜に胸を弾ませて向かうのが年の瀬の恒例になっていた。

残されたのは越後沢尾根と三ッ石尾根の二本の雪稜だった。この二本の雪稜が私を魅了したのは、長大で険悪な佇まいもさることながら、ともに厳冬期の登攀を許していない未踏の尾根だったからだ。

冬の孤高の雪稜に、私たちの足跡を初めて刻みたい。それが悲願になった。わずか二千メートルに満たない上越国境の厳冬の雪稜を私たちの手で陥《お》とす。そのささやかな登攀に対する登山界の反応や評価などはどうでもよかった。自身の納得と満足のために挑む。それは仲間たちだけに通じる野望であった。

三ッ石尾根に先立って越後沢尾根を目標に据えたのは、奥利根の中央に位置し、越後の山麓から国境稜線を越えて、三日をかけなくては取り付きに立てないアプローチの難しさからだった。

難関から先にケリをつける。それが当時の気概が生んだ選択の理由だが、なににも増して越後沢尾根は、冬の奥利根に向かった当初から密かに温めていた私の悲願だったのである。

一九九二（平成四）年一二月三〇日、一二時五三分。越後沢尾根の登攀の末に国境稜線に立った。見わたす山々が風雪に霞みはじめていた。

冬の奥利根に登った初めての年、この山頂に立って偵察をしてから十二年の歳月が過ぎていた。いまだ登山者の侵入を許していない厳冬の奥利根の越後沢出合に立たないかぎり、なにもはじまらなかった。なんど攻撃を仕掛けても、私たちは国境稜線を越えることがかなわなかった。それほどアプローチに苦しめられたのである。

一二月二六日。九日間の日程で野中の集落を後にしたメンバー五人は好天の国境稜線を越え、三日目の午後に利根の本流に降り立った。初めて目にする冬の源流のやさしい流れの色を、いまも鮮やかに覚えている。

翌二九日を下半部の登高に費やし、三〇日は岩稜帯にザイルを延ばしてから、左右一歩の逸脱を許さない急峻な雪稜を登攀して越後沢尾根を足下にした。

標高差九二〇メートル、水平距離四・一キロの、歯切れのいい雪稜と岩稜がミックスした好ルートであった。左手には雪に埋もれた越後沢大滝が、私たちの苦闘をあざ笑うかのごとく泰然と水を落としていた。

この登攀の勝因は、メンバーの意欲と綿密な計画に加え、判断の要所でもたらされた好天の結果である。そしてなにより、追い返されてもなお諦めなかった情熱の所産であった。

登攀を終えた私たちは風雪に捉えられ、目前にあるはずのデポ品を上げた丹後山《たんごやま》の避難小屋にたどり着けず、酒もご馳走もないテントのなかで佗しい正月を迎えた。私にとっては後にも先にも過ごしたことのない、酒抜きの大晦日であった。

残された課題だった三ッ石尾根の初登攀を果たしたのは、越後沢尾根に遅れること五年。一九九七(平成九)年の大晦日である。

山に生きる人々

湯俣川《ゆまた》を遡行した。二〇一一年の秋のことだ。

北アルプスの双六《すごろく》岳から三俣蓮華《みつまたれんげ》岳、鷲羽《わしば》岳という、三千メートル級の山岳の水を集める渓流である。

遡行はしたが、目的は他にあった。この渓の上流にひそむ岩魚の棲息と、いまでは使われなくなった登山道の確認である。

明治の初期、黒部源流で活躍した名猟師に遠山品右衛門がいる。冬は熊やカモシカを獲り、夏は岩魚を釣って生計を立てた猟師だが、彼には有名な逸話がある。魚の棲まないとされる湯俣川に、黒部源流の岩魚を放流したというのだ。

湯俣川には上流に硫黄沢があり、そこから流出する硫黄分のために、下流にはいかなる魚類も棲息していない。日本の岩魚は、氷河期を経た気候の温暖化で海との交流を断たれ、河川の上流に陸封されたサケ科の魚である。

単純に考えれば、硫黄分に満ちた渓流を岩魚が遡れるはずもなく、湯俣川の上流に岩魚が棲まなかったのは明らかである。

硫黄沢を過ぎると、湯俣川は清冽な流れを取りもどす。渓の傾斜もおだやかで、岩魚が棲むには理想の環境だと遠山品右衛門が看破したのは頷けるとしても、現実的にはかなり無理がある。

いまなら酸素を与えて魚を死なさずに運ぶ「生かし魚籠《びく》」があるが、そんなものが当時あったはずもない。もしかしたら、受精した発眼卵を弁当箱に入れて運んだ可能性も捨てきれないが、いずれにしても、黒部源流から稜線を越えて湯俣川に放流するまでには、いかに遠山品右衛門の足が達者だとしても三、四時間は見なくてはならない。それまで岩魚を生かして運べる可能性は少ない。

だが、岩魚は謎の多い魚で、よく獣に例えられる。蛇や蛙を丸呑みするのは肉食だから当然だとしても、雨で冠水した登山道で岩魚を目撃している例もある。彼らは水さえあれば、どこへでも移動するのである。

だとすれば岩魚自身が、降りつづく豪雨を伝って稜線を越えたのではないか、という説が出てきてもおかしくはない。

そんな夢のような話を、湯俣川で釣り上げた岩魚の写真を織り交ぜて、雑誌の記事に仕立てようと考えたのである。

同行してくれたのは、一緒に浦和浪漫山岳会を立ち上げた坂内幸男と水野栄次で、互いに自分の嫁さんよりも古い付き合いである。気心の知れた仲間同士の楽しい遡行だった。

もうひとつのテーマは、湯俣川に沿って拓かれた登山道で、その名を伊藤新道という。稜線の一角に建っている三俣山荘の主、伊藤正一《しょういち》さんが私財を投じて拓いた道だ。

戦時中に飛行機のエンジンを設計していた伊藤さんが三俣山荘の権利を手に入れたのは戦後のことで、いまでもそうだが山荘のある三俣までは、どこから登っても二日はかかる。

山荘を建て替えようとした伊藤さんにとって、そのことが大きな障害になった。ヘリコプターなどは使えない時代で、資材の荷揚げはボッカ（荷物を担ぎ上げるひと）に頼るしかなかった。

ボッカは、その過酷な労働から日に四回は大飯を食う。天候の安定しない北アルプスの奥地へのボッカは、ともすると何日もの停滞を強いられるが、停滞しても人間は飯を食う。結果、ボッカを食べさせるためのさらなるボッカが必要になるという悪循環が生まれる。

その悪循環を断ち切る唯一の方法が、一日で建設現場に到達できる道の開拓だった。湯俣川に沿う伊藤新道は、そのために拓かれた。一九五六年の秋に開通した道は、登山者にとっても朗報であった。なんといっても一日で北アルプス最奥の地に立てるのである。

三俣、雲ノ平のふたつの山小屋は、この道を使って一九六三年に完成した。しかし、伊藤新道の命運は長くはつづかなかった。

一九六九年に建設がはじまり、一九七九年に完成した高瀬ダムによって登山者が激減するのである。ダムまでは特定のタクシーしか通行が許されず、さらにダムの完成によって地下水圧が上がり、地形の崩壊が進むようになった。それを伊藤さんは、山がダムによってもたらされた傷を埋めるために、みずから動いたのだ、といって憚《はばか》らない。

山腹を掘削し、五つの吊り橋を架けて拓かれた伊藤新道の痕跡は、いまでも明瞭に見てとれる。二十年前まては不自由なく通行できる道だったのだ。その道が、遡行する私たちを呼び止めて問いかける。道とはいったいなんなのか、と。

一ヵ月前、べつの雑誌の取材で三俣山荘に立ち寄った私に、伊藤さんは矍鑠《かくしゃく》とした笑顔を見せた。八十八歳という高齢になりながら（二〇一一年現在）、いまでも彼は三俣山荘に腰を据えて山小屋を仕切り、黒部源流の夏を楽しんでいる（二〇一一年かぎりで伊藤さんは山に登っていない）。

二階の展望レストランで美味しいコーヒーを戴いた私はさりげなく、伊藤新道の復活の可能性を尋ねた。そのとき、彼は瞳を輝かせてこういったのだ、

「あの道の復活は、私の悲願です」

その言葉が、私をこのたびの取材に向かわせたのだといってもいい。

硫黄沢を左方に分けたら渓は復活した。もうどこに泊まってもよかった。硫黄分のために草木も生えない、荒涼とした渓の遡行に疲れ果てていたからだ。

流れをよぎる岩魚の姿が新鮮だった。水野に竿を出させ、数尾の岩魚を釣り上げた時点で取材は成立した。あとは渓の夜を楽しむだけだった。

翌日の昼、たどり着いた三俣山荘で伊藤さんを訪ねたが、九月初旬に下山した後だった。迫りくる台風十五号の直撃のなかを、私たちは黙々と歩みを重ね、水晶小屋での停滞を経て竹村新道から湯俣にもどったのは五日目の午後だった。

＊

山にかかわる文章を書きはじめたのは三十歳のころである。若い時分から物書きで食べていきたいと思っていたが、なにひとつ努力をしないのだから結果が生まれるはずがない。才能以前に、結果というのは努力が生み出すものである。努力があって初めて才能は花開く。それに結婚をして子どもがいたのだから、会社を辞めて売れない原稿書きに専念する勇気もなく、すでに私は諦めていた。

そんな私が、山と出会うことによって文章を書きはじめたのは皮肉といっていい。

最初は未知の渓を遡行するたびに書いた記録を山岳雑誌に投稿していたが、それらが地域研究の成果として取り上げられ、やがてエッセイや紀行などの依頼が舞いこむようになった。

仕事を戴くというのは書く能力もさることながら、編集者との繋がりの結果だと知ったのはそのころのことである。

毎日ひたすら交換機と向き合う仕事をしていた私にとって、編集者は初めて外の世界を教えてくれた存在であり、仕事相手であった。

金額の多少にかかわらず、私は原稿料を戴きながら文章修行をさせてもらったのだと、いまでも出版社と編集者に感謝している。

しかし、当時の私の山は、若さと体力がもたらした産物に過ぎなかった。山小屋に泊まったこともなく、その必要も感じていなかった。山小屋は登山者を泊める宿に過ぎず、山で働く人々の存在も眼中に入らなかった。

私は山の表層しか見ていなかった。未知の渓を追い求めるという、みずからの欲望のままに山を眺め、結果をだすことに腐心していたのである。

そんな私を覚醒し、傲慢に満ちたまなこをこじ開け、森羅万象に満ちた山への深化をもたらしたのは、ある山域との出会いであった。それが新潟と福島の県境に横たわる、只見川中流左岸流域である。それは宿命と呼ぶにふさわしい邂逅であった。

マインハイマートという言葉はドイツ語だが「われらの山域」というほどの意味である。それは私にとって奥利根と同義だったが、しかし奥利根は近くて遠い山域だった。週末の乏しい休みでどうにかできる場所ではない。だから私は合宿で向かう奥利根以外に、日常的に通える地域研究の山域が欲しかった。

アンテナを張りめぐらせて各地の渓流を訪ね歩きながら、不意に思い出した山がある。浅草岳である。大宮の山岳会に籍を置き、沢登りなどさして関心のなかった当時、山に登るつもりで向かった会津の奥山で、あいにくの雨で停滞を余儀なくされ、ＪＲ只見線の田子倉駅近くにある広場にベースを置いて近くの渓流を釣り歩いたのである。

むろん、心得などないも同然だったから釣れるはずもないが、どこか懐かしい山里の佇まいと、鋭い山肌を割って流れるやさしい渓流が記憶に残っていた。

浅草岳に峰つづく鬼《おに》ガ面《つら》山には爆裂火口の岩壁があり、未踏の岩壁を捜し求めるクライマーの執念は僻遠《へきえん》のこの地にも訪れて、すでに鬼ガ面山はルート開拓のただなかにあった。

しかし、浅草岳以北の只見川支流には記録の片鱗さえなく、私たちはここを只見川中流左岸流域と名づけて、まるで宝物を見つけたように足繁く通いはじめたのである。

難しくもなく、決してたやすくもない地域研究のお手本のような流域に、私は手もなく魅了されていくのだが、通ってみて初めてわかったのは、この流域は里びとが日常的に分け入っていく里山そのものだということだった。

人跡のおよばない奥利根のブナの魅力は、凜とした孤高の佇まいにあるが、只見のブナは、ただひたすらにやさしかった。その違いはなんなのだろうと考えた私は、只見のブナが山里と同化しているからだと、やがて気づいた。一年の半分を雪に埋もれて暮らす豪雪の山里にとって、ブナの新緑はようやく訪れた春の使者であり、ブナもまた、その役割を承知し、山里のよろこびを感得しているように思えたのだ。それほど、只見のブナと山里は渾然と溶け合っていた。

只見の春の渓流に分け入った私は、さらに驚くべき光景を目にすることになる。それは山中に小屋を掛けてゼンマイを採る人々の姿である。

その期間は一ヵ月から、長い小屋で二ヵ月におよぶ。早い田植えを終えた五月の半ば、村びとたちはいそいそと身支度を整え、重荷を担いで山中に分け入っていく。

小屋の骨組みもゼンマイを茹でる燃料も、すべて営林署から払い下げられたブナで、ほとんど原始に近い生活をしながら、彼らは夫婦単位で小屋に泊まりこんでゼンマイを採る。

険しい渓筋を歩いてゼンマイを採ってくるのは父ちゃんで、小屋にとどまって家事を行ない、茹でたゼンマイを揉んで乾すのは母ちゃんの仕事である。

天日で乾されたゼンマイは、水分が抜けて収穫時の十分の一ほどの重さに縮まり、晴れていれば三日で製品になる。朝と午後の二回のゼンマイ採りで、一日六〇キロのゼンマイを収穫するとすれば、休みなく働いて一ヵ月で一八〇キロの乾しゼンマイが仕上がる計算である。

これを背負い下ろすのも父ちゃんの仕事だ。

ゼンマイ小屋の人びとは、磊落《らいらく》で屈託がなかった。私たちが通りかかれば仕事の手を休め、お茶を振舞ってくれる。それはとてもうれしかったが、一様に口にする言葉があった。ゼンマイを貧乏草と呼ぶのである。

山暮らしをうらやむ私たちに、「こんな貧乏草を採って暮らしている俺たちの、どこがいいもんだが」というのだ。

やがて気づくのだが、彼らは自分たちの暮らしを卑下しているのでもなく、恥じているのでもない。照れているのである。

当時もいまも、製品としてのゼンマイの値段はキロ当たり一万五千円前後と変わらない。天候も考慮して、一ヵ月の小屋暮らしで一五〇キロのゼンマイを背負い下ろせば二百万円以上の売り上げになる。

そこから経費を引いたとしても、現金収入の少ない山里では、どうにか一年暮らしていける金額だが、それでも、わずか一、二ヵ月の労働の対価としては破格である。

彼らがゼンマイを貧乏草と呼ぶのは、ゼンマイの収入に頼らざるを得ない仕事への思いが言わせた言葉なのかもしれない。

収入が多い仕事は危険も多い。近年、冬場の仕事がなかった山里でも通年の仕事が増え、子どもたちは危険な山仕事を嫌って後を継ごうとはしない。

戦前戦後を通じて、日本の山村農家の副業として栄えたゼンマイ採りの仕事が絶えようとしていた。流域の中心は叶津川《かのうづ》である。中流に険しい岩場があり、上流のゼンマイ小屋へは北方の蒲生《がもう》川から山越えの径がつづいていた。

私たちが流域に通いはじめた八十年代の後半、そのふたつの渓に沿って十二軒のゼンマイ小屋が拓かれていた。戦後の貧しい時代には、ほとんどの農家が春の渓流にゼンマイ小屋を掛けていたのだが、東北の各地からゼンマイ小屋の懐かしい光景が消え、只見に残された十二軒のゼンマイ小屋は、滅び行く間際の最後の光芒に等しかった。

叶津川に沿う径を下流からたどると、一本のブナの巨木があった。太い幹には夥しい切り付け（鉈目）があり、左・八十里、右・叶津川と刻まれていた。

八十里とは明治の初めから、会津と越後を結ぶ交易の道として栄えた八十里越えのことで、すでにその役目を終えて廃道になっていた。ブナの巨木の切り付けは、八十里越えの古道と叶津川のゼンマイ小屋への分岐として標《しる》されていたのである。

八十里越えを表街道とすれば、裏街道と呼ぶべき道があったと文献（『越後の山旅』上巻、藤島玄著。中ノ又山の項に所載。学生書房刊）に示されている。それがゼンマイ小屋を結んでつづく径だった。流域にはかつて多くの鉱山が拓かれ、精錬した鉱物を、八十里越えとは異なるルートで越後に運んだ。鉱山が絶えたあと、その径をゼンマイ採りが引き継いで用いたのである。裏街道は、かたちを変えて生き延びたのだ。

私は地域研究をそっちのけにして裏街道の痕跡を求めて只見の流域をさまよい、かたわら、現存するゼンマイ小屋の生活を聞き取って記録に残し、その終焉《しゅうえん》を見届けようとした。

私は、自分の求める真の地域研究ともいうべき対象に、ようやく出会ったのである。

それほどゼンマイ採りたちの存在は衝撃だった。私のように遊びで山に入るのではなく、生活をかけて山で暮らす彼らの生きざまが新鮮に思えた。人間の手技の能力に応じた山との共存のかたちがそこにあったからだ。

ゼンマイ小屋や八十里越えの裏街道に加え、それまでにこころを揺さぶられた事象を結び合わせると、どうやら私は滅び行くものに魅せられる性分らしかった。

只見の渓流に通うかたわら、歳月を掛けて各地の山暮らしを営む人々を訪ね歩いた。それは炭焼きだったり蜂飼いだったり漆掻きだったりしたが、彼らに宿っていたのは滅びの光であった。

そして八十里越えをはじめとする消え行く古道にも足を向けた。その果てしない山旅が、やがて『山の仕事、山の暮らし』（つり人社）、『古道巡礼』（東京新聞出版局）の著作として結実したのは、ひとえに只見川中流左岸流域との出会いがもたらしてくれたものだった。

私は山に遺された生活の営みを描くことによって、自身をも表現する手段を得たのである。

岩魚を釣るということ

男という動物が銃とナイフに魅せられるのは、なにも争いが好きだからではない。遠い昔に滅んだはずの、微細な狩猟本能を刺激されるからではないか、というのが私の考えである。

むろん、近年まで狩猟に携わる人々がいたことは確かだ。マタギと呼ばれる一群の猟師がそれで、いまでもマタギの末裔を自認する人々がいて、マタギサミットと称する集まりまであるのだが、厳密にいえば狩猟で生計を立てる職業が存在しなくなって久しい。マタギは滅んでしまったのである。

しかしハンターがいるではないか、と言われそうだが、ハンティングはあくまでスポーツであり趣味の領域である。つまりは遊びなのだ。どのように理論構築しようとも、それが遊びであるかぎり、銃によるハンティングは私の興味の埒外にある。私が信じているのは、生きていくために撃つという、その行為である。

マタギの滅亡は、すなわち職業猟師というものを世のなかが必要としなくなったからなのだが、それがいいかどうかは私にもわからない。いちど滅んだものを復活させることは難しい。マタギサミットの存在意義は、滅び行く狩猟文化への郷愁と警鐘ともいえる。狩猟文化をかろうじて継承しているのは、遊びで銃を持つハンターたちに与えられた猟期内の猟と、害獣駆除という名目の春先の熊撃ち猟だというのは皮肉な現実である。

大型獣を撃ちたくて猟銃の免許を取った山岳会の会員がいる。ようやく手にした銃を携えて山に入った彼は、初めての猟で大鹿を仕留めるという幸運に出くわす。単独でのことである。しかし彼は、以後二度と銃を持つことはなかった。いのちを奪う行為への必然性を見出せなかったからだ。

引き金を引いて初めて彼は、その行為の結末に戦慄したのだ。それを彼のやさしさだ、というのはたやすい。ボクサーの経歴を持ち、喧嘩には絶対の自信を持つ彼が、圧倒的な火力を手にした結果がこれである。時代が時代なら名猟師のデビューとして語られ、誇りにしていいはずの殺生を、彼はついに受容することができなかった。

遊びのために殺すというハンティングの原則に思い至らず、生きるためでもない戯れの射撃の結果が、彼を混迷に導いたのだ。

それでも彼は幸運だった。スーパーの店頭に並ぶ肉の切り身のはるか彼方の、生あるものは食うために殺すのだという逃れられない真実を、あらためて知ることができたからだ。

この話を、私は渓で岩魚を釣り、ナイフで捌くたびに思い出し、疑念をいだく。私の釣りは漁なのか、それとも殺生を楽しんでいるだけなのか。食べるための漁だと信じていながら、釣りという行為には狩猟に等しいよろこびがあることもまた、疑えない事実だった。

＊

渓流釣りを覚えたのは奥利根である。ベースを設けた水長沢出合は、婚姻色をまとった鮠《ハヤ》の群れで水面が黒く染まるほどで、初めて利根に入った私たちは、夢中で鮠を手づかみして食卓に載せたが、決して美味い魚ではなかった。

そもそも矢木沢ダム以奥に鮠はいなかった。それが電力消費の少ない夜間、翌日の発電に使うためにに汲み上げた下流の水に鮠が混じってしまったのだ。

繁殖力に勝る鮠は、あっという間に岩魚を駆逐して勢力を伸ばした。ベースを通過する釣りびとが竿を仕舞ったまま足早に上流に消えるのも、それが理由である。

それでも鮠と岩魚は棲みかが違うから、少しは岩魚が残っていた。その岩魚を狙うのが、テントキーパーでベースに残った私の楽しみだった。

深い淀みの岩陰を丹念に探ると、オレンジ色の美しい斑点をまとった数尾の岩魚が釣れた。その岩魚を仲間たちに見せようと、生簀《いけす》を作って泳がせておくのだが、いつの間にか一尾残らず消えてしまうのである。

鳥や獣の仕業かとも思うのだが、再三にわたって繰り返されると疑念をいだく。明らかに岩魚はこちらの動きを読んで逃げ出しているのだ。岩魚の獣《けもの》説を知る以前のことである。

釣りびとも遡行者も、竿を出さないかぎり見かけ上の区別はつかない。渓流を遡るためのアイテムはまったく同じだからだ。しかし、目的は明瞭に違う。向こうは岩魚だが、こちらは遡行である。それでも獲物を求める男の遺伝子はこちらにもあって、釣れるものなら岩魚を釣って、乏しい食糧の補助にできないかと考える。

だが、悲しいかな腕がない。そもそも釣りびとに苛まれている下流の岩魚が私たちに釣れるはずがないのだ。まして釣りびとたちの精妙な仕掛けで流れを丹念に探っていたのでは、時間ばかりが経って遡行にならない。

考えたあげく思いついたのは、釣りをする場所を限定することだった。渓流には魚止めがある。それが滝なら魚止め滝と呼ばれ、なんの変哲もない小さな淵だったりもする。

一泊を要する渓なら魚止め近くに泊まり場を定め、そこで初めて竿を出して魚止めまでを釣りきればいい。こちらの姿さえ見せなければ岩魚は釣れる。釣りびとの入らない上流まで遡行しているのだから、岩魚も大胆になっている。そうして釣り上げた岩魚をその場で捌き、焚き火にかざして焼いて食べるのが、渓の夜の楽しみだった。

阿部武《たけし》の本に出会ったのは、そんなときだった。『東北の温泉と渓流』（つり人社、絶版）である。岩魚の養殖技術が確立する以前、岩魚を専門に釣る、職漁師と呼ばれる人々がいた。釣った岩魚を乾しあげて燻製にし、温泉宿に卸すのである。名のとおった山あいの温泉地に近い渓流には、職漁師の小屋場があった。彼らは釣った岩魚を夜通し囲炉裏で焼き上げ、それをさらに燻製にして日持ちをよくし、数が揃うと峠を越えて温泉宿まで背負って運んだのである。

彼らに求められたのは、型の揃った岩魚の数で、のん気に釣っていたのでは仕事にならず、卓越した釣りの技術が必要だった。その多くはテンカラと呼ばれる毛ばり釣りだが、なかには独特の餌釣りの技を編み出したものもいた。それが名人と称された阿部武である。

彼の仕掛けは長い竿の先につけた、ひと尋《ひろ》（一・三メートルほど）の二号の糸と十号の鉤《はり》である。錘《おもり》もなければ目印もない。二号の糸は釣りびとたちが好んで用いる細い糸と比べて数倍の強度があり、鉤だって、ほんとうに岩魚が銜《くわ》えられるのかと疑ってしまうほど大きい。この鉤先に、トンボや川虫と呼ばれる水棲昆虫を付けて水面に「の」の字を書く。水中深く潜む岩魚を狙うのではなく、初めから水面に浮いている岩魚だけを釣るのである。

この釣法を知ったとき、私の脳裏に閃いたものがあった。この方法なら釣りと遡行が両立する。仕掛けも短く強靭で糸も絡まず、ポイントに字を書いて浮いている岩魚を拾っていけばいいのだから、遡行の妨げにはならない。

スマートとはとても呼べない貧相なこの仕掛けを私は「鬼の仕掛け」と呼んだが、まるで沢登りのために生まれたようなこの釣法が、私たちの遡行に革命をもたらした。べつに強要したわけでもないのに、いつの間にか仲間の多くがこの仕掛けの信者になったのである。

楢俣川《ならまた》で合宿を展開したのは奥利根五年目の夏だった。奈良俣ダムの工事が佳境で、一般者の通行はできなかったので、いつもの奥の手を使った。学術調査である。船を出してもらう必要がなかったためか、無審査に近いかたちで許可がおりた。ダムに沈む寸前の楢俣流域を解明できたのは大きな収穫であった。

いつものようにテントキーパーを利用して釣りに出た。ベースの上流には鱒止めの滝がある。鱒はむろん岩魚ではない。桜鱒《さくらます》である。下流にダムや堰堤のなかった昔、海から遡上した鱒が、ここまで産卵のために遡ったのだ。

その上流の淵で竿を出した。そこにふたりの釣りびとがいた。淵を挟んで向かい合ったのだ。私はいつもの仕掛けだったが、相手は釣り用のベストを着たバリバリの釣りびとスタイルである。ダムの工事現場を抜けてきたとは考えられないから、山越えをしてきたのに違いなかった。

私の餌はブナ虫である。ブナアオシャチホコと呼ぶ蛾の幼虫で、数年にいちど大発生してブナの葉を食い荒らすためにこの名がある。

この夏はブナ虫の当たり年だった。そのため、流れの溜りのあちこちに緑色の芋虫状のブナ虫が落ちていた。べつに競争しているつもりはないのだが、私と彼らは淵を挟んで釣り合戦の様相を呈していた。こちらは例のみすぼらしい仕掛けで水面に文字を書き、型のいい岩魚を釣り上げたかと思うと竿を放り投げ、餌のブナ虫を求めて下流に走るのである。

あちらはミミズを用いた正統派の釣りだが、なかなか釣れなかった。餌の違いが釣果に反映しているのは明らかだが、向こうにも意地があって、決してブナ虫に変えようとはしない。なにを餌に用いてもかまわないが、最良の餌はトンボの時期ならトンボであり、ブナ虫の当たり年であるいまは、ブナ虫に勝るものはなかった。

ようやく彼らにもアタリがあったのだが、引き寄せる途中で流木にぶつかり、あえなくばらしてしまった。そのときの彼らの無念の表情を忘れない。それ以前もそれ以後も、あれほど痛快な釣りをしたことがない。私にとって、鬼籍に入《い》った阿部武に報告したくなるほどの大釣りであった。

＊

奥利根の地域研究をひと通り終えた私たちは、次なる山域を求めた。それが下田《しただ》・川内《かわち》と呼ばれる山群だった。只見川中流左岸流域のある会越国境山群の新潟側に位置するのが下田・川内なのだが、それはまったくの偶然にすぎず、私たちは新潟県亀田町にある亀田山岳会の会報「風雪四号」によって川内の山々を知ったのである。

初めて川内山塊に分け入ったのは一九八三（昭和五八）年のこと。当時はまだ関越自動車道が六日町までしか延びておらず、私と坂内幸男は、この山域が地域研究に値するかの偵察として、電車に揺られて川内山塊に向かった。

この偵察行は、さまざまなアクシデントによって散々な結果に終わるのだが、私たちが全力を傾けるに足る山域であるという手ごたえを得た。

刃物に例えれば、奥利根は斧で断ち割ったような野太い山域で、川内は全山が花崗岩で構成された、日本刀のような切れ味の精緻な山域だった。最高峰の矢筈岳《やはず》（一二五八メートル）を水源として流れているのは、その名のごとく出水の早い早出川《はいで》である。山域の源頭に展開する岩壁の存在を思えば当然のことで、山域に降った雨は、即座に濁流となって海に向かって殺到するのである。

下田と川内は、主稜線によって山域の呼称を分け隔てる特異な山域だった。私たちは当面の目標として川内山塊に照準を当てたのだが、入渓者を阻む厄介な存在があった。山ビルとメジロ虻である。その存在が下田・川内の渓谷を、これまで傭兵のように守ってきたのだった。

川内山塊、早出川広倉沢のオヒロ淵の突破を試みる

山ビルはミミズと同じ環形動物で、メジロ虻は蝿のかたちをした昆虫（学名・イヨシロオビアブ）だが、ともに吸血する厄介な存在である。山ビルが棲息するのは標高八〇〇メートル付近までの山腹で、雨季を中心に活発に活動し、メジロ虻は盛夏の一ヵ月、衣服の下地が見えないほど殺到して吸血する。そのおぞましさを有するのが川内・下田山塊である。

音もなく足元から這い登って吸血する山ビルの棲息する頭上には、ぶんぶんと飛びまわって血を吸うメジロ虻がいる。サイレンサーのような山ビルがいいか、空母を飛び立ったゼロ戦の絨毯爆撃のごときメジロ虻がいいかの選択である。まして合宿を行なう八月は、まさに両者の結託した攻撃が待ち受けていた。しかし、それらの災厄に躊躇していたのでは、とても地域研究は叶わない。

下田・川内にも十年を越える歳月を傾けた。なにより魅力だったのは、前衛峰の粟《あわ》ケ岳から最高峰の矢筈岳まで、登山道が皆無に等しかったからである。山域のピークに立つためには、必然的に渓谷を遡るよりほか術《すべ》がなかったし、低山といえどもこの山域は豪雪の地で、残雪を利して踏破する醍醐味は格別のものがあった。私たちは奥利根で培った経験と技を生かし、下田・川内を存分に味わいつくしたのである。

山ビルとメジロ虻を除けば、下田・川内は精妙な渓で、苛烈であるがゆえの美しさというものを川内で知った。白い岩肌の花崗岩を割って流れる水はかぎりなく青く、両岸切り立つ深いゴルジュの渓を、泳ぎを駆使して遡った。ひとたび雨が降れば増水に持ち去られてしまう険しい渓のなかで、微細に変化する雲の流れを視野から逃さず、細心に、大胆に遡行して稜線をめざした。

それでも渓の弱点は乏しいけれどあって、ブナの森が川辺まで伸び、そこには必ずといっていいほどゼンマイ小屋の痕跡があった。

疲れ果てた遡行の慰めは岩魚であった。川内の豊穣は奥利根の比ではなく、本流と支流を問わず、どんな小さな沢にも岩魚が潜んでいた。阿部武の教えによれば、岩魚は本流だけではなく、本流に注ぐ奥行きの浅い小さな支流の魚止めにも大物がいる。岩魚の大きさは渓の大小ではなく、いかに上流から流れてくる餌を独占できるかに尽きる、というのである。

その教えを忠実に守ったおかげで、私は釣りびとが見向きもしない小さな支流に分け入り、四〇センチを超える岩魚を数多く手にすることができた。

しかし、失敗も多かった。渓流竿というのは、鈎にかかった岩魚の負荷を、細くて長い仕掛けと竿先の撓《しな》りによって吸収するようにできている。私の仕掛けは竿よりもはるかに強い二号の糸で、しかも短い。大物が釣れたら竿を畳んで手元に引き寄せればいいものを、委細かまわず抜きあげにかかるのだから、竿が加重に耐え切れず、ばらばらに四散してしまうのである。

カーボン竿は軽くて強いが、理不尽な負荷に耐えるようにはできていない。これまで川内の渓で何本の竿を失ってしまったことか。

私たちは釣った岩魚を下界に持ち帰るということをせず、渓で食べきれる分だけを捌いて夕暮れの食膳に載せた。そして釣った岩魚の大きさを測るためのメジャーを持たなかった。それが私たちの岩魚釣りに対する自制であり、漁であることへの大義名分だった。

初めのうちは塩焼きしか知らなかったのに、やがて素揚げやムニエルを覚え、天丼や蒲焼き、果ては岩魚のズケ丼や握り寿司までこなすようになった。

そうやって、不足しがちな動物性タンパク質を、岩魚料理の楽しみとともに味わい、補ってきたのである。

近年になって私は、習い覚えた阿部武流の水面釣りを捨て、毛ばりを駆使するテンカラ釣り一辺倒になった。未知未踏の渓谷はすでになく、重荷を背負って渓から渓へとわたり歩く機会が少なくなったせいもあるが、釣りの楽しさに目覚めたのだといっていい。本物に似せた毛ばりという疑似餌で、いかに岩魚を騙して釣り上げるかのおもしろさである。

食べる分しか釣らないつもりでいるが、手当たり次第に釣れるわけではない。餌釣りよりもテンカラ釣りのほうが、はるかに奥深く難しいからだ。必要に応じて自在に釣る手法を手放した時点で、すでに私の釣りは漁ではなくなってしまった。

山の幸、渓での暮らし

田舎の生まれで、山菜は当然のように周辺の山野にあった。といっても海沿いの村のことで、種類などたかが知れている。ワラビ、ウド、たらの芽、蕗、セリ、根曲がり竹。日常的に採取したのはその程度のもので、山菜を食べているという認識すらなかった。

山菜の利用価値に気づいて本気で学び、食べはじめたのは沢登りを知ってからである。

渓谷を旅する遡行者にとって山菜の存在意義は大きい。山野跋渉に勤《いそ》しむためには、衣食住のすべてを背負わなければならないからで、食糧の重さはザックの重要な配分比率を占める。

日中のほとんどを行動しているのだから消費カロリーもばかにならず、主食の米は当然として、栄養価の高い副食を思う存分背負うのは無理がある。軽やかな行動はザックの重さに反比例するのである。

動物性タンパク質の補充として岩魚を釣るのもそのためで、山菜は野菜の充当である。しかし、もっとも大きな効果は、現地調達して山の恵みをいただく充足感で、山の獣と同じように山と同化して過ごすよろこびが得られることだった。

奥利根の水長沢は矢木沢ダムを船でわたった最初の支流で、出合の対岸は流域を探るための快適なベース地である。

私たちは十年を超えてこの地に通ったが、疲れ果ててベースに帰ったある日の夕刻、流れのかたわらに置かれたまな板の上に、きれいに洗って切り揃えた山菜らしきものがあった。すでに夕食の準備がはじまっていた。

そのモノを目にしたとたん、すぐに事態を悟った。まな板の上にあったのは毒草のコバイケイソウだった。山菜のウルイ（オオバギボウシ）と間違ったのである。コバイケイソウは白い穂の花を咲かせる山野草で、葉は互生するが、ウルイは根から直接葉が出る。成長すれば両者の違いは一目瞭然だが、葉を開かない若いうちは見分けがつきにくい。

犯人は入会したての女性会員で、にわか仕込みの知識で山菜を採取したらしい。もとより本人に悪気はない。しかし、それが困るのだ。あと少し帰着が遅れれば、切り刻まれて原型を失ったコバイケイソウが鍋の具やおひたしになって提供され、私たちは深夜の水長沢で七転八倒していたに違いないのである。

山菜やキノコに関しては自分勝手な思いこみをしてはならず、詳しい者に判断を仰がなくてはならない。判断を任された者もまた、自信のない山菜には手を出さないように伝えるべきなのだ。

山菜もキノコも長年の経験による知識である。私にかぎっていえば、食べられる山菜はほとんど知っているつもりで、だからあまり悩まないが、ことキノコとなると自信がない。キノコのほうが食べられる種類が多い上に、毒キノコとの見分け方が難しいからだ。

それでも知っている食用のキノコは二十種類ほどにはなる。それだけあれば楽しむ分には事足りるのである。

山菜にせよキノコにせよ、要は知らないものには手を出さないことだ。山菜やキノコの図鑑をザックに忍ばせている者がいるが、あれは重いばかりで役には立たない。図鑑相手では、最終的な同定にいたる決め手に自信が持てないからだ。

山菜やキノコを学ぶには、知っている者に教わるのが最良の手段だ。知識は頭のなかに蓄えておくべきもので、なにより重さを伴わない。そして覚えたなら、あとは山菜目、キノコ目になって渓を歩けばいい。そうすればやがて、山菜やキノコのほうからこちらを呼ぶようになる。その快感が、山菜やキノコ好きを捉えて離さない。

コシアブラは、近年もてはやされている山菜のナンバーワンである。たらの芽と同じウコギ科の喬木の新芽で、山菜の王様と言われるたらの芽を凌いで、いまや山菜の女王と呼ばれている。

私がこの山菜を知ったのは奥鬼怒の温泉めぐりの帰途で、通りがかりの山菜採りに教わった。いまでこそ春先の道の駅で売られているが、当時はまだ、山菜王国と言われる地方でも、見向きもされなかった。

たらの芽もたしかに美味しいが、天ぷら以外の活用法が少ない。それに比べてコシアブラは、天ぷらはもとより、和え物、おひたし、煮物と、なんにでも使える優れた山菜である。

当然のように、コシアブラはわが山岳会においても人気を博した。だが、まだ知られていないこの山菜は、見分け方が難しかった。なかなか覚えられないのである。

奥利根の春合宿の帰り、一緒に歩いていた女性会員にコシアブラを教えた。多分に天然の入った三十代後半の愛らしい女性である。

教えているうちに見分け方は覚えた。しかし、少し経つうちに名前を忘れてしまうのである。どうしたものかと考えたあげく、ふと思いついて彼女に言った。

「あんたの尻と同じだよ」

山菜の名前を女性の尻の大きさに例えたこの言葉は、いまならセクハラだと叱られるに違いないが、いわれた瞬間、笑いが止まらなくなったこの女性は、一発でコシアブラを覚えた。山菜もキノコも、名前とかたちを同時に覚えなくては習得できないという好例である。

＊

料理の才能に恵まれない私にも、得意料理のひとつやふたつはある。山に向かう以上、料理をしないわけにはいかないからだ。

岩魚の天丼は、その際たるもので、現地調達の最高峰である。岩魚はひとり半身でよく、それにウドの穂先の天ぷらを添える。岩魚は刺身にするほど新鮮でなくてもいい。料理の寸前に都合よく釣れるとはかぎらないので、釣れた時間に応じて軽く塩をふっておく。

油は風味豊かなごま油で、近年はこれ一辺倒である。

そばつゆは、富士印のそばつゆ（富士食品）を長く愛用している。その是非をさておけば、専門の蕎麦屋でも常用している代物で、てんつゆ、おでん、煮物、すき焼きと、なんにでも使えて万能である。

このつゆを愛用するのは、美味しさに加えて粉末だからだ。山であるかぎり、軽さはすべてに優先する。

このつゆをお湯で溶き、少量の酒と砂糖を加え、天ぷらを載せた丼にかける。ウドはたらの芽でいいし、ほかの山菜でもいい。岩魚が釣れなかったら山菜のかき揚げ丼になるだけのことだ。

あとひとつはコシアブラご飯で、これを覚えたのは十年ほど前だが、山菜料理の傑作だといってしまいたい。

採取したコシアブラを細かく刻み、ごま油でよく炒める。味付けは酒と醬油と砂糖で、美味しくする秘訣は少し甘めにすることである。それを炊き上げたご飯と混ぜるだけというシンプルなものだ。この味には誰もが嵌まる。魔味と呼んでいいかもしれない。コシアブラの野の風味がこれほど生きる料理もあるまい。

山菜やキノコや岩魚を用いた得意料理をいくつか知っていれば、渓の献立には困らない。山の幸を積極的に利用する食糧計画を基本にするかぎり、大げさにいえば米と味噌を背負うだけでいい。

それを私たちは「米味噌山行」と呼んだ。米味噌以外に持たないというのではない。主食以外の食材は、可能なかぎり現地調達して遊ぼうという、象徴的な物言いである。したがって、なにも採れない場合を想定したときの副食物も少量は背負う。

調味料は最大の武器である。ごま油、醬油、塩、砂糖、胡椒、唐辛子、小麦粉、そして一欠けらのニンニク。

米は生米を使う。お湯を注げば簡単にできるレトルト食品があるのに、重い生米を持つのは軽量化に逆行するではないか、と言われそうだが、何事にも譲れない一線がある。

渓の食事は最大の楽しみだ。腹が膨れればいいとは思っていない。食べるという行為が私たちにとって逃れられない営みなら、ただ食欲を満たすのではなく、調理にひと手間、ふた手間をかけ、感謝して味わいたいのだ。

それに、いくらレトルトのご飯が美味しくなったとはいえ、焚き火で炊いたご飯の美味しさにはかなわない。

＊

焚き火を調理の基本に据えたのは、いつごろからだったろうと記憶を探るが、いつの間にかそうなっていったのだとしか答えようがない。

朝は四時に起きて食事をし、六時に行動を開始して午後の二時過ぎには行動を終える。渓の難易度と与えられた日程に応じて変化するが、おおむね八時間労働だ。

何時に行動をはじめるにせよ、午後二時以前に行動を終えると後ろめたい思いにかられるのは、いまに変わらぬ不可解なこころの動きである。朝早く畑に出て日没まで仕事をする農民の記憶が、私たちに残っているのかもしれない。しかし、渓で夜をすごすためにしなければならないことは山積している。

安全で水が取れ、薪の豊富な場所がテント場になる。ザックを下ろすと、誰に指示することもなく、各自が仕事を求めて動き出す。それはタープの設営であり、薪集めであり、荷物の整理であり、食事の支度であったりするが、メンバーのそれぞれがなすべきことを知ってみずから動くというのが、私のめざした山岳会の理想形であった。

それによってリーダーは、やがて闇に覆われ、睡眠という無防備に晒される渓の夜を、どう安全に過ごせばいいかの補完と対策に専念できるからである。

薪は贅沢に、夜通し燃やせるだけの量を集める。これは私たちが渓を遡行するときの、タープを用いるスタイルと連動している。

テントは安全な空間を保証するが、いくつかのリスクをともなう。その最大のものは、テントを設営するだけの平坦な面積を必要とすることだ。

二〇一〇年夏、北海道の日高の沢で、設営していた大学山岳部のパーティーが豪雨に襲われ、三人が死亡したのは、設営地を求めて川原に下りてしまったからだと私は思う。闇に追われて下降してきた山の斜面は密藪でテントが張れず、やむなく川原に向かったと推定するが、これがテントではなくタープを一枚持ってさえいれば、いかに雨のなかの密藪であろうが、夜をやり過ごすことはできたはずだ。タープは設営場所を問わず、自在に形を変えることができるからである。

もうひとつのテントのリスクは快適すぎることだ。いわば暖かい密室になってしまうのが外敵への油断を招く。外敵の代表は鉄砲水などの急激な増水である。

雨の川原にテントを張るなら上流に入り口を向けておき、増水などの危険への対応を怠らないことだ。快適さは安全と相反する危険信号だと思わなくてはならない。

タープを常用しているのは、渓との一体感を得ることのできる優れものだと信じているからだが、風が吹きぬけるため、夏の一時期を除けばやはり寒いし、蚊や蚋《ぶゆ》などの害虫も避けられない。よく蚊に刺されませんか、と聞かれるが、蚊の生息地で遊ばせてもらっているのだから、それは仕方がないでしょうと答える。けれどそれは強がりというもので、蒸し暑い夜などは蚊に刺されてぼこぼこに腫れ上がり、朝を迎えるのが常である。

その結果、雨が降ればタープに逃げるが、そうでないかぎり、蚊取り線香を結界のように張りめぐらして、焚き火のまわりでごろ寝をするのが習慣になった。

焚き火は流木が主で、適当な大きさに鋸で切り揃え、流れと平行に積んでいく。寝転んで手の届く範囲に補充の薪を置いておくのが理想である。

流れと平行に積むのは、渓に沿って吹く風によってじわじわと長く燃えつづけるからで、決してキャンプファイヤーのように井桁に積んではならない。あれは花火と同じで、宴会のための瞬間芸である。

火が消えて寒さで目覚めた夜半、マグロのように横たわる仲間を見ながらそっと起きだして薪を補充し、翌朝、いかにも自分ひとりで火を守ったかのよう吹聴するが、そんなことはない。誰もがいちどは寒さで目覚め、薪に手を伸ばしているのである。

ときに同時に目覚めて眼が合うと、ちょっと飲るかと起き上がり、深夜の宴会をはじめてしまうこともある。そんな楽しさも、気のおけない仲間あってのことだ。

朝まで焚き火を燃やす利点は、そのまま朝食の調理に使えることで、渓の調理に活躍するのはビリーカンという火に掛けられる取っ手のついた鍋である。

ビリーカンはアメリカのホットン社が作った製品名で、すでに品切れになっているが、日本製のコピーが出まわっていて不自由はしない。大中小の入れ子式でザックの収まりもよく、いまにつづく渓のベストセラーの調理用具と呼んでいいだろう。

鍋の掛け方にもいろいろな方法があり、木の枝を三叉にして鎖で結わえて火の上に垂らしたり、手ごろな枝を石で押さえて焚き火に差しわたしたりするが、私たちは焚き火の上に餅焼き用の網を載せ、その上に直接ビリーカンを置く。これがいちばん安定する。

焚き火に火をつけるのには年季が要る。渓の経験の少ないメンバーは火に触らせてもらえない。火が付かなければ調理はできないのだから当然のこととも言えるが、だからこそ、雨が降ろうが風が吹こうが、せっせと焚き火の構築に精を出す。

もし止みそうもない雨天の設営なら、初めから屋根型に組んだタープの下で焚き火を熾す。タープの屋根を少し広げておけば、そこから煙が逃げていく。そうして私たちの焚き火は全天候型になった。

＊

焚き火の燃え上がるのを待ちかねたように、カップを持った仲間たちが焚き火のまわりに腰を下ろし、ささやかな宴がはじまる。

山菜や岩魚やキノコを調理してその夜の献立を作り、酒を傾けながら、米を研いで水を含ませておいたビリーカンを焚き火に掛けて飯を炊く。いつもの夜がいつものように更けていく。

軽量化を心がけながら、軽くなった分だけザックに酒を忍ばせるのは矛盾である。日帰りで遡行できる渓に一泊の荷を背負って入るようになったのも、渓の夜を味わいたいがためだ。それを本末転倒といわれようが、鮮やかで深い、渓の夜のよろこびは動かせない。

火の粉が爆ぜ、見上げる蒼い空を月と星が悠久の軌跡を描き、流れのせせらぎが絶え間なく響いて、焚き火の背後の闇がいっそう深くなる。そんな渓の夜をこよなく愛して、もう何年になるだろう。

険しい渓を泳ぎ、岩壁を登攀し、こころ安らぐ渓に身をおいて日々を費やしてきた。あるいはまた、深いラッセルに喘ぎ、雪崩の恐怖に怯え、一条のラインを求めて雪山を越えてきた。それは山や渓をわたる時の流れに身を委ねてきた歳月である。

街で暮らしていながら時代の変化に頓着せず、いまも私の時間軸は山と渓にある。山と渓は動かざるものの象徴だからで、それは私にとって、決して逃避ではない。

「フォールナンバー」から「渓流」の時代

地方の工業高校を出て就職した私は、六十年代後半から各地で勃発した大学紛争の内実を知らない。私にとっては対岸の火事であった。日米安保条約自動延長阻止、というのが理解できる範囲のせいぜいで、帝国主義打倒とか階級闘争とか社会主義革命といわれても、なんらの共感も痛痒《つうよう》も覚えなかった。同世代とはいえ、あれはまさしく親の脛をかじって暇をもてあましている学生たちの狂乱であった。

しかしなぜあれほど熱狂できたのか、と思うことはある。その疑問に答えてくれる言葉に最近出会った。大学紛争は、急激な高度経済成長で行き場を失った学生たちの焦りと不満と熱気がもたらした祭りだったというのである。もちろん、それほど単純な図式ではなく、そこに戦後の復興への道すじに対する疑念が含まれているのだとしても、つまりは若者たちのガス抜きであり一場の夢にすぎないというのだ。けれど祭りのひと言で済ませてしまうと、多大な犠牲を強いられた学生たちに酷なようでもある。だが見方を変えれば、機を同じくして沸き起こった登山ブームもまた、かたちを変えたお祭りであり、ガス抜きなのではなかったか、という思いに行き着く。体制への反逆か、山に向かうかの差異がそこにあったとしても。

いずれにせよ学生運動が終焉し、過去の遺物に成り果てたいま、牙を抜かれた若者たちに、いや、この国に住む人々すべてに権力への抵抗や反逆の機運が芽生え、体制を脅かす事態にいたることは久しくあり得ないであろうと思われる。原発事故を含む東日本大震災という、驚天動地の国難に遭ってしまった現在でさえそうなのだから。

編集者の吉川栄一と出会ったのは三十歳のときである。私と同年の吉川は、当時沢登りと渓流釣りを標榜する「渓流」(草文社)という小冊子の編集を手がけていた。一九七八(昭和五三)年に創刊された季刊「渓流」は、わずか八ページという冊子だったが、渓流を愛する読者によって熱く支持されていた。接触してきたのは吉川だが、渓流という存在がもたらした機縁であった。「渓流」を発展永続させるべく、編集長の簑浦《みのうら》登美雄氏と吉川が、草文社から独立して白山書房という小さな出版社を立ち上げたのは「渓流」六号からである。「渓流」が八号から、滝の番号を意味する「フォールナンバー」と名前を替えたのは、「渓流」がすでに他社によって登録商標されていたからだ。

私が寄稿するようになったのはフォールナンバー以後だが、たとえ季刊であるにせよ、この雑誌の存在意義は大きかった。いまにつづく総合山岳雑誌の代表的なものは「山と溪谷」と「岳人」の二誌で、どちらもすべての登山形態を扱う以上、沢登りに与えられる誌面など微々たるものであった。

そこに登場したのが渓流釣りと沢登りの専門誌だったのだから、発表の場を与えられた私たちが奮い立ったのは当然で、以前にも増して地域研究にちからを注いだのである。

吉川栄一とは渓にも行き、街でも呑んだ。彼は独特の美意識に支えられていて、服装にも酒の飲み方にも一家言を持っていた。いわばダンディーな都会人で、こちらは田舎育ちの山猿なのだから、傍目には奇妙な組み合わせに見えただろう。

その吉川が、大学紛争の闘士という経歴を持つことを、付き合いはじめて数年後に知った。周辺から滲み出てくるような噂であった。しかし、それ以上の知らされた事実を私が語ることは許されないだろう。吉川自身が学生時代の活動を、ひと言も口にしなかったからである。その経歴が彼の屈折になっているかは知らず、渓を媒介にして知り合ったのであれば、渓の話をするだけでいい。職業や地位や氏素性に蚕食《さんしょく》されないのが、登山という遊びの美徳である。

だが、そのことを知ってから、私の吉川を見る目が変わったのは確かである。ある種の敬意に近いまなざしだが、激動の時代にかかわり、死線を切り抜けてきた泰然とした風姿のようなものを、吉川の立ち居振る舞いに見出していたからだ。

「フォールナンバー」は次第にページを増し、部数を増やして、わが国の渓流界に確固とした礎を築いていったが、一九八六（昭和六一）年、三十六号をもって終焉を迎えた。四十八ページというボリュームで、定価は三八〇円だった。

終刊号の冒頭で「沢登りに未来はあるか」という対談を行ったのが、柏瀬祐之《かしわせゆうじ》（一九四三年生まれ。先鋭的な登山を展開し、一ノ倉沢全壁トラバースで知られる。著書に『山を遊びつくせ』他）氏と私である。最後の放談という副題がつけられたこの対談には司会者として吉川が参加し、三者の発言が入り乱れた、まさに放談と呼ぶに相応しい一席であった。

「フォールナンバー」が終刊したのは渓谷の未知未踏の消失によるのだから、この対談は逆説的な提言である。当然のことながら、沢登りの未来を展望するような建設的な話し合いがなされたわけではない。この対談を総括するかたちで、吉川は編集後記に概略だが次のように記している。

――道は三つある。ひとつは漫然といまの沢登りを続けること。二つ目は、沢登りはアルピニズムの御落胤《ごらくいん》だったと再認識し、あくまでも未知にこだわり続けること。第三に、渓谷とそこにおける登高を全的にアルピニズムから解放し、まったく次元の違う「登山」として再構築すること。これは必然的にアルピニズムを生んだ西欧近代合理主義の自然観、価値観、その根底をなす人間中心主義からの解放である。今日、核の支配とここまでの環境破壊を生んだ、人間中心主義の克服である。これはア！　マルクス・レーニン主義をオ！　もってしても乗り越えられない！――

ここでようやく、吉川の活動家としての片鱗が仄見えるが、やけっぱちに思えてなにやら悲しい。ともあれ未知未踏を標榜する沢登りは、この時点で懐かしい時代の終わりを告げた。しかし、「フォールナンバー」の終刊によって縁が切れたはずの吉川栄一と、その後十余年にわたって付き合いをつづけることになろうとは、このときは思いもしなかったのである。

＊

吉川が白山書房を辞めてフリーの編集者として独立したのは、「フォールナンバー」終刊の年である。フリーというよりは、ある雑誌の専属編集者として迎えられたのだが、その雑誌が、フォールナンバーに誌名を替えざるを得なかった元凶の「渓流」だったのは皮肉というべきで、釣りの専門誌である月刊「つり人」（つり人社）が、保有していた「渓流」という誌名を用いて渓流釣りに特化した別冊のムック（雑誌と書籍を合わせた性格を持つ刊行物。ムックはマガジンとブックの混生語）を創刊したのである。

吉川が携わったのは、渓流釣りの解禁に向けて年にいちど春先に発刊する別冊「渓流」の二号からで、以降、年に二冊の発行になり、それがふたたび一冊になり、さらに二冊に復活しながら、連綿と発行されつづけて現在にいたっている。

その間、折からの渓流釣りブームを受けて、各出版社から渓流釣りのムックが雨後の筍のように刊行されたが、淘汰の時代を経て、いつの間にか別冊「渓流」だけが生き残った感がある。その理由は吉川の編集技倆もさることながら、別冊「渓流」が、それまで山麓の釣りだった渓流釣りに源流という分野を持ちこんだからだと私は見ている。

源流釣りはゴルジュを泳ぎ、滝を攀り、その上に潜む岩魚を求めて釣り遡る形態をいう。いわゆる険谷の釣りで、言ってみれば竿を持った沢登りに等しい。技術がなければ分け入ることさえかなわない険谷だからこそ、尺を超える大物が釣れる。

なにも自分が釣らなくてもいいのである。そんな大物釣りへの憧れをビジュアルで満たしてくれる別冊「渓流」が、渓流釣り愛好者たちの垂涎《すいぜん》の的として多くの読者を獲得したのは当然の帰結であった。

一九八五年の創刊号をべつにすれば、別冊「渓流」の二号から現在にいたるまでの二十数年間、私は一号も欠かさず原稿を書かせてもらってきた。ひとえに吉川の存在によるもので、いくら感謝しても足りないだろう。

私の寄せた記事やエッセイの多くは地域研究の活動と連動している。地域研究の対象として遡行した渓谷で岩魚を釣り、それを記事にしてきたようなものだ。

それが幸いしたのかは知らず、「渓流」は釣りびとのみならず渓に思いを寄せる遡行者たちにも多く読まれた。いくら記録を発表してもモノクロでしか紹介されない総合山岳雑誌に比べ、豊富なカラーページで展開される渓が遡行者たちの願望を満たしたのであり、加えて巻末には前年に遡行された渓のクロニクルが付されたのだから、遡行者にとって貴重な文献ともなったのである。

それもまた吉川の功績であった。つまり吉川は「渓流」という媒体とかかわることによって、フォールナンバーでは果たせなかった、沢登りと渓流釣りを融合発展させた雑誌を作り上げてみせたのだ。「渓流」は渓を取り巻く環境破壊にも多くの提言を掲載してきた。それまでの渓流釣り雑誌には見られなかったことである。二〇〇五年、別冊「渓流」の二十周年を記念する祝賀会で配布された記念誌の冒頭に、私は次のような一文を寄せている。

——岩魚や山女魚の棲む清流は山里を潤し、やがて流域に点在する集落や都市部を潤して海に注ぐ。当然のことながら水は、岩魚や山女魚だけではなく、流域に暮らすすべての生物の欠かせない糧として存在してきた。

山が海に養分を与え、海もまた山を育んでいる。いまでは当然のように語られる海と山の抜きがた

奥多摩で行なわれた関東沢屋交流会にて。左が吉川栄一

吉川栄一と。南紀、池郷谷の遡行。30代初頭

い連鎖の破壊に危機感をいだいて取り組んだのが「渓流」であった。

それはまさしく、渓魚の棲む渓流の環境こそが、生態系の理想的な姿だとする信念の所産に他ならない。

源流の森を伐採することへの抗議。不必要に増え続けるダム建設と排砂システムの否定。各河川の固有の遺伝子を無視して行なわれる移植放流への危機感……。

各地の源流釣りを紹介するかたわらで綴られた、自然を守る戦いの軌跡は、森と川と渓魚を愛する多くの読者に感銘を与え、啓蒙しつづけてきた。

そして「渓流」の生んだ数々の副産物もまた、見逃してはならない。それは沢登りと源流釣りの融合であり、山菜やキノコなどの森の恵みであり、蝶や鳥やケモノや花や虫たちの存在であり、焚き火を囲んで酔いしれる源流の一夜である。源流に遍在しているのは、なにも渓魚の姿だけではない。渓魚を追うあまり見失いがちな、とても大事なことも「渓流」は教えてくれた。

あれから二十年という長い歳月が過ぎた。他社の釣り雑誌が次々と源流から撤退していくなかで「渓流」が生きながらえてこられたのは、ひとえに「渓流」を愛する多くの読者に支えられてきたからである——。

しかし、華やかな祝賀会の会場に、「渓流」の最大の功労者として称えられるべき吉川の姿はなかった。二〇〇〇年を間近に控えた世紀末のころだったと思うが突如として引退を公言し、世俗の一切から身を隠したのである。

青天の霹靂にも等しい吉川の引退の真相を私は知らず、彼もまた、なにひとつ語らないまま、みごとなまでに存在を消し去った。

あれから十数年の歳月が過ぎ、私はようやく吉川の消息をつかんだ。遠い北国の住まいも知っているし会おうと思えば会えるだろう。しかし私は彼に会おうとは思わない。当時を知る人々との再会を、彼が望んでいるとは思えないからだ。

おそらく私たちは、ふたたび会うことなく鬼籍に入るはずである。いまさら旧交を温めることになんの意義があるだろう。みずからの美学に殉じたひとりの男が北の国に住んでいる。それを知っているだけでいい。

＊

写真撮影に本腰を入れたのは「渓流」に記事を書きはじめてからである。同じ文章でもモノクロとカラーでは体裁も見栄えも違う。ならばカメラの技術を磨いて編集者の眼鏡にかなうような写真を撮り、カラー記事を誌面に展開してみたい。といえば聞こえはいいが、撮影技術の向上を志した本音はまったくべつで、きわめて不純な動機によるものであった。

文章と写真の原稿料に著しい差があったからだ。もとより読ませるよりも見せるほうに重きを置くのが雑誌の使命なのだから、文章より写真の稿料が高いのは当然である。取材写真はその場の撮影がいのちで失敗は許されず、いまのように撮影結果が現場で確認できるデジタルカメラではなくフィルムカメラしかなかった時代だったから、カメラマンの緊張と意気込みは、あとでどうにでも書ける筆者にも容易に伝わってくる。だが、取材のことなど忘れたころに締め切りを言いわたされ、机に向かって呻吟しながら文章を紡いでいると、その場の一発勝負にかけるカメラマンが、なんともうらやましい存在に思えてしまうのだ。

といってカメラマンへの転進を図ったわけではない。いきなり写真に転じて収入が得られると思うほど自信家ではない。カメラマンを使わず、自分で撮って書けば両方の原稿料が手に入る。それが不純な動機の正体である。うまくすれば一石三鳥になる。すなわち書くことと撮ることと、書いて撮るという三様の個別な仕事にありつけるのではないか、という不埒な妄想が頭のなかで渦を巻く。

この企ては順調な滑り出しをみせた。ニコンの一眼レフカメラを手に入れて渓に分け入り、感性の赴くままにシャッターを切った。その写真がどうにか使用に耐えたのは、余人が踏みこめない険谷という領域だったからに他ならない。

しかし、たちまち私は壁にぶち当たって困惑することになる。才能という、逃れられない壁である。ならばその壁を乗り越えるべく、都内にある夜間の写真学校に入ったのは一九九三（平成五）年の春であった。

写真学校で学んだのは撮影技法ではない。ただただ課題提出に明け暮れ、写真と格闘することを強いられる日々だった。次年度に進級するための課題提出が翌年の二月で、その連休に山岳会の遭難騒ぎがあった。吾妻連峰で五人の死者を出した他会の遭難のかたわら、山スキーで向かった会津の窓明《まどあけ》山《やま》で下山遅延を起こしたのである。

幸いヘリが飛ぶ寸前での未遂で終わったが、なんとも危うい事態であった。私は風雪の北アルプスの霞沢《かすみさわ》岳から命からがら逃げ帰って一報に接したのだが、使い古した目出帽に空いた虫食いの穴の部分が凍傷にやられて黒い斑点になっており、なにやら疫病に侵された不治の病人のような面貌であった。

会津の民宿で無事生還の祝杯を挙げたのち、都内の写真学校で進級審査の場に赴いたのだが、遭難騒ぎに遮られた私の課題提出が間に合うはずもなく、歳若いクラスメイトたちは遠くから、私の顔面に不穏に刻まれた黒い斑点を見て近寄ろうともせず、私は私で、何事もなく終わった遭難騒ぎの顚末を思い返していた。

学校からは期限の延長を許して課題を提出するようにと薦められていたが、すでに私は進級する意志を失い、みずからの思うままに写真を撮ればいいのだと、思い定めていた。

書いて撮る背景

幼いころから優柔不断だった。生まれついてのものではあるまいから、成長するにつれて身に付いた悪癖というべきである。優柔不断は、どちらにも決められないことをいうが、言い換えれば、どっちも欲しいという困った性癖で、物欲ならば金で解決が可能だとしても、いちばん困るのは女性問題であろうかと思う。複数の女性と関係して、どちらも選べないとなれば、男の風上にもおけない人間の屑として糾弾されるのは必至である。幸いにして貧相な小男の私には、そのような身を焦がす甘美な決断を迫られたことなどあろうはずもないのであるが。

抜きがたい自身の優柔不断と葛藤しながらたどり着いたのは、何事につけ執着してはならないという一点であった。ともすれば頽《くずお》れそうになる背中を支えたのが、二兎を追うものは一兎も得ず、という至言であった。人間の本来あるべき姿の行き着く先は、「立って半畳、寝て一畳」の境地だろうとする、その一点である。

しかし、その境地に立ち至っているかといえば、はなはだ疑わしい。それは私の仕事部屋を見れば一目瞭然である。生来の掃除嫌いを象徴するように乱雑で、読み捨てた本が埃を被って部屋を埋め、使いっぱなしの山道具がいたるところに散乱して、足の踏み場もない惨状を呈しているからである。てめえの頭の上のハエすら追い払えない、情けないざまなのだ。

優柔不断の根底にあるのは、飽きっぽい性格と根気のなさである。なにをやっても長続きしたためしがない。ギターやトランペットや合唱がそうであった。芸術であれスポーツであれ、なにかの技芸を見につけたいと願うなら、必ずぶち当たる壁を乗り越えねばならず、その先に新たな世界が広がり、さらなるスランプを超えた先にこそ、自身を変えるであろう未知の領域が待ち受けている。そのことを知りながら、私は努力をしてこなかった。なまじの自尊心と自己顕示欲が災いして、自身を律し、高める好機を放棄してきたのであった。

そんな私が、なぜ登山に執着し、かくも長くつづけてこられたのかといえば、登山が優柔不断を許さない世界だったからである。

登山の楽しみは多様であり無限である。山の中腹に登って弁当を広げ、山頂を眺めただけで下ろうが、流れのかたわらに泊まり場を定め、酒を片手に数日を過ごそうが、それも登山の楽しみ方のひとつで、誰に文句を言われる筋合いはない。足の向くまま、気の向くまま山をめぐるのもいい。しかし登山の本質が、無事に下山をすることで完結する行為である以上、山に優柔不断を持ちこんではならない。

登山は危険だと言われるが、正確にいえば、いたるところに危険が潜んでいるスポーツである。その陥穽をわきまえてさえいれば、無事に下山することは、さしたる難事ではない。むろん、人智を超える事象が待ち受ける自然界に分け入るのだから、完璧に無事を保証できるとはいえないとしても。たとえば雪山で烈風に晒され、視界不良に陥ってめざす避難小屋の在り処も知れず、といって山麓まで下るには深入りしすぎていて、このまま立ち往生していては体温を奪われて全員が危うい。

このときリーダーに必要とされるのは、冷静で正確な判断力と迅速な決断力である。進むか引くか留まるかの選択肢であり、ならばどうするかの方法論である。決してその場で慌てふためき「さて、どうしようか」などというような、救いがたい優柔不断ではない。

もちろん、魅入られるようにして危険地帯に足を踏み入れたのではなく、それまでもさまざまな対策を講じている。標高何メートルの地点で山麓に分岐する支尾根があり、その方向を示す直近の樹木に目印となる赤布をうち、そこから遠くない平坦地なら風を避けてテントが張れる。そこまではおおむね下りで一時間もかかるまい、というようなことだ。

どこでなにが起きてもうろたえず、どこなら危険を避けられるかを常に考え、万全の手をつくして登っているのである。その上で危機に瀕したとき、まるで予定調和のごとき冷徹な判断を下さなくてはならない。その日が晴れているからといってなにも考えず、鼻唄混じりで登っているパーティーがいたとしたら、それはまさしく遭難予備軍に他ならない。

登山という行為に没頭しているかぎり、私は優柔不断という自身の性癖と無縁でいられた。それは爽快な自己浄化作用というべきもので、仲間たちと結び合う生命の連鎖であった。あえていうなら、私がそうでありたいと願うかたちが、登山のなかにあったのだ。

といって、私がきっぱりと優柔不断から逃れられたのかといえば、それはまったくべつのことで、山から下りてしまえば飯をどこで食おうが、どこの温泉に入ろうが、どのような経路で帰ろうが、すべて仲間たちにお任せであった。それは優柔不断の合わせ持つ安逸の心理で、もはやどうでもいいのである。

＊

一挙両得、あわよくば一石三鳥を狙って写真技術の習得を志したのは、背後に優柔不断の性癖があったからだ。私が通ったのは東京の飯田橋にある日本写真学園で、そこを選んだのは夜間の講座があり、どうにか通える距離だと思えたからだ。

講座は午後六時にはじまって九時に終わる。授業開始の出席チェックに間に合わなければ、授業は受けられるが単位はもらえない。午後五時の終業とともに駅に向かい、浦和から電車に乗って飯田橋の校舎に午後六時まで入るのは至難であり、苦行であった。

なにより仕事に支障が及ぶのは必然で、残業もできない。当時私が携わっていたのは電話交換機の設備設計で、地域ごとに個別の設計者を配置するひとり仕事だったから、休日出勤はもとより、徹夜をしてでも決められた期日までに仕事を仕上げて入札の書類を納めさえすれば、どこからも文句はでなかった。これが複数のメンバーで行う仕事だったら、とても夜間の学校に通うことなどできなかっただろう。

一年目の授業は基礎科で、二年目の応用科に進級して初めて撮影技法のさわりを学ばせてもらえるのだが、すでに私は打ちひしがれていた。毎日が課題提出の連続であった。授業を終えて帰宅してから、風呂場で現像作業をし、押入れに据えた引き伸ばし機にフィルムを載せて画像を整え、印画紙に定着させて翌週の提出に備えるのだが、そのためにはまず写真を撮らねばならなかった。

たとえ夜間の授業といえども、仕事との両立は過酷にすぎた。風呂場と押入れを往復する作業はできたとしても、写真を撮る時間などどこにもなかったからだ。進級試験に合わせたように山岳会の遭難未遂事件が起きたのは、私を救うがごとく舞い降りた、写真学校からフェードアウトするための唯一無二の機会だったのかもしれない。

写真と執筆で企てた一石三鳥は、一石二鳥にもならず、一・五鳥という結果をもたらした。もちろん執筆が一であり、写真が〇・五である。それは私の写真の才能の乏しさを思えば自明のことで、世のなかは思うにまかせぬことの連続でありながら、それなりの落としどころに落ち着くという好例でもある。その結果に疑義はない。

しかし不満もあった。出版業界にかぎらず世間というものは、ともすれば二つの仕事を持つ者をどちらかの職種に限定して捉えようとする風潮に、である。たとえば「高桑さんって写真も撮るらしいけど、やっぱり書いてなんぼのひとだよね」というような。

だが、それをとやかくは言えない。私もそうした偏見で世間を見ているからである。卑近な例をあげれば、名を成したスポーツ選手が政治の世界に参入するのを見て、「それは思い上がりというもので、お前はスポーツをやってなんぼの人間だろうが」と、おのれを省みずテレビの画面に向かって毒づいたりする。

ひとりの人間が相反する職種に携わり、まるで両刀使いのように十全に成果を上げることは難しい。

しかし、近似する職種であれば、さほどの違和感はない。相撲の力士が引退して異種格闘技の世界に転進するように。あるいは医師や弁護士のような頭脳労働者が、異なる頭脳労働である小説を書く世界に身を浸してみせるように。

それでも、同じ人間が二つの分野を切り開くことは至難である。双方の世界で名を成すひとは、やはり多才なのである。

ならば、どちらにも才能を見出せない私は、さて、どうすればいいのか。

Half is twice（ハーフ・イズ・ツワイス）という言葉がある。直訳すれば、半分は両方である。ハーフは混血を意味し、それぞれの血は半分なのだとしても、混血は二つの国の世界を有しているのだから、怖れずに堂々と生きて行け、と解すべきかと思う。

価値観が変容した現代にあって、混血はある種のステータスになり得ているようにも思えるが、私たちの少年時代には、混血は合いの子と呼ばれ、異分子として疎外の対象になったりしたものである。混血への差別が、時代の変遷にともなって雲散霧消しているのなら、これほど喜ばしいことはない。けれど、もしも隠微なかたちで残っているのだとすれば、いわれなき偏見に晒されてきた混血の身にとって、Half is twice はこころ温まる福音で、北風に向かって凜と立つ勇気を与えてくれるに違いない。

執筆と撮影という、それぞれに中途半端な才能しか持ち合わせず、それでいて二つの世界を獲得しようとする私にとっても、この言葉はまたとない応援歌となった。私がこの言葉から学んだのは、視点の同一ということである。すなわち、書くというまなざしを失うことなく、レンズを通して被写体を見据えてシャッターを切る。あるものはぎりぎりまで引いて広角にし、あるものは微細なまでに被写体に接近してマクロで撮るのである。共通するのは、二つの世界を同じまなざしで切り取る感性に他ならない。

書くことも撮ることも、感じることである。見て感じた事象を脳内で処理するか、フィルムに焼き付けるかの差である。味付けは、それぞれによって異なる。書くという行為なら、おのれの文体に応じて文章を紡げばいいが、写真の場合はそれが許されない。シャッターを切る瞬間に結果が決まってしまうからだ。

自堕落な性格でも、懸命に書き、懸命に撮ってきた。その上でなお与えられる、書いて撮るという複合の仕事に向かい合ったとき、それぞれの拙《つたな》さを補い合いながら、書いて撮る同一の視点でなければ表現しえない世界を構築できないものか、と考えてきた。それがどのようなかたちで結実するのかは、いまだ不明だが、私はそのようにして、書くことと撮ることの、二つの世界の融合をめざしたのである。

*

「文は人なり」という言葉は、辞書によれば、「文章はその人柄を示し、文章を見れば書き手のひととなりがわかる」、という意味だが、私は逆説的に、ことあるごとに周囲に対して、「文は人ならず」と言いつづけてきた。

私の文章を、リリカル（叙情的）な文体だと過分に評してくれた編集者がいるが、しかし私は嘘つきである。

山岳雑誌の「岳人」に連載し、その後単行本として出版した『径なき渓への招待』(東京新聞出版局・絶版)は、沢登りの技術をエッセイふうに解説した一冊だが、そのなかの一項で渓の夜に触れ、闇のなかで襲われる鉄砲水がもっとも怖ろしく、就寝時は無防備の最たるもので、ために私は、渓で安らぎの夜を過ごしたことがない、と結んだ。

このときの文脈を捉えて、親しい仲間たちはことあるごとに酒の肴に話を持ち出して私を責める。もちろん、実態が文章と著しくかけ離れているからである。

一日の行動を終え、焚き火のまわりの快適な場所に腰を据えた私は、やおら周囲に、身に着けていたギヤ(登攀具)や渓流足袋をところかまわず脱ぎ捨てて整理しようともせず、あげくの果ては思う存分酒を飲み、いぎたなく寝てしまうというのが偽らざる実態である。

私は細部にわたって安全を確認した上で、初めて酒に手を伸ばしたのであって、すなわちこれは応用編である、というのだが、そんなものは言い逃れにすぎない。

応用は基礎を習得した後に初めて成立するものだと確信していても、沢登りの技術書に、そんなことを書けるはずがないだろう、というのが私の大義名分なのだが、そうした自分の所業をふり返るにつけ、そんなに簡単に文章と人格が一致してたまるか、という思いが強く湧き上がる。

ときとして山に仕事を求め、山里で暮らす人々を取り上げたドキュメンタリーを書くが、ノンフィクションである以上、虚構は許されないにしても、取材対象者の生きざまを描きながら、そこに書き手の思いを投影せずにはおかないのが表現者の抜きがたい性である。

むしろ、書き手の人生観を投影したいがゆえに、取材するに足る人物を視つめているに違いなく、そこにあるのは対象者へのかぎりない共感で、それがなければとても納得できる文章になどなり得るはずがない。

その人物の生きざまを誠実に活写し、なお周辺に筆者の虚実の心象風景を織りこむのがドキュメンタリーの技法だと思ってはいるが、あくまでも技法であるかぎり、どこまでそこに「文は人なり」という書き手の真実が反映されているのかは、私にもわかってはいない。

書いて撮るという仕事を与えてくれるのは、山岳雑誌であり釣り雑誌が主である。といって、きれいな若いモデルを連れて山小屋に泊まるような美味しい取材山行は、きわめて稀だ。私は沢登りを主体として活動する人間であり、不遇な山域の精通者と目されているからである。日本アルプスのような有名山域の取材には、べつの取材陣がいるということで、つまりはほとんどの取材が、衣食住のすべてを背負うテント山行なのである。

そこに、予備を含めた一眼レフカメラが二台と交換レンズが数本、さらに三脚が加わるから、ザックの重量はかなりのものになる。

縦走ならそれでもいいが、渓ではカメラの水没の危機が常にある。シャッターチャンスのそのたびに、カメラケースからカメラを取り出していたのでは、とても仕事にならないからだ。だから私は、よほどのことがないかぎり、肩からカメラを剝き身で提げて渓を遡行することになる。その結果、これまで私が水没させた一眼レフカメラは七、八台にはなるはずである。

いちど沈《ちん》してしまえばカメラが助かるケースはほとんどない。そのたびに余儀なくされる数十万の出費は、渓の取材に要するやむなき必要経費で、いわば授業料のようなものであった。

書くにせよ撮るにせよ、安易な最短ルートなどあるはずもなく、遠い道のりを淡々と目標に向かって歩いて行くだけである。

みずから選び取った表現者としての、決してたやすくはない道程を思い描くとき、たった一年で別れた写真学校の同級生たちが脳裏に浮かぶ。二十代前半の十数名の男女の一群で、挫折を怖れぬひた向きなまなざしが眩しかった。仲間の誰かが私をオッサンと呼び、かなりへこんだ記憶があるが、日本写真学園が閉校してすでにない現在、彼らがどのように巣立ち、どのようにしてカメラと関わっているのかを知るすべはすでにない。

文明の蚕食を免れた幻の大滝

文化ということをさておけば、文明は便利の追求によって成立している。便利さを求めるのは当然のことだと誰しもが思っている。あえて不便な暮らしを望む者がいたとしても、変わり者といわれるだけだ。

田舎暮らしに身を投じる人々にしても、電気や電話まで否定はしない。あれば便利だからだ。彼らは便利と引き換えにしてあまりある、豊かな自然のなかの暮らしを選んだにすぎない。どれほど辺鄙《へんぴ》な山奥だとしても、水洗よりもぽっとんトイレがいいとはいうまいし、家のそばまで電線がきているのに、あえて蠟燭で暮らしたいとは思わないはずだ。彼らが甘んじて受け入れているのは環境の不便であって、原始生活を望んでいるのではない。

私が幼いころは盥《たらい》と洗濯板で衣服を洗う光景が日常としてあったが、洗濯機の登場によって死滅してしまった。それも当初は洗った衣類を脱水バーに挟んで水を絞ったものが、やがて遠心力を用いた脱水槽になり、全自動洗濯機に進化した。もはや手洗いの暮らしにもどることなどあり得ない。

便利は不便を駆逐するが、正確には機能の劣るものを高機能が凌駕して、際限なき進化を追い求めるのである。

それでも文明のすべてが文化として成熟するわけではない。それまで板敷きがすべてだった日本の家屋に生まれた畳が、洋風化が進んだいまでもほとんどの家庭で使われているのは、文明を文化として取り入れて生き残った、ささやかな例証である。

文明と文化を乖離させてはならない。私ごときが、なにを言ってもはじまるまいが、文化を置き去りにして加速する文明は、爛熟のあげく、どのような末路をたどるのだろうか。

科学文明に支えられた人類の未来が無限ではない、と知らされたのは二〇一一年の早春である。私たちはあのとき、便利さに押されて衰退して行く道具の有益性を思い知らされた。それはプロパンガスであり、石油ストーブであり、蠟燭だった。その前から不思議だったのは、神戸の震災を経験しながら、停電を想定していない災害対策などあり得ないにもかかわらず、オール電化の勢いが、むしろ加速していたことだ。

東日本大震災では被災地の多くで電気が止まった。電気が止まればすべてが止まる。それは暮らしの停止を意味する。さほどうろたえなかったのは、登山用具を有する人たちだけだったかもしれない。ガスコンロ、水筒、炊事道具、ヘッドランプ、蠟燭、ザック、ヘルメット、ザイル。そうした野外生活における、もろもろのアナログな道具の数々が手元にあったからだ。

「電気が止まって家の電話も使えず、とても困った」という被災者の声に耳を疑った私がいる。

固定電話の電源は電話線によって供給されているという事実を、多くの人々が忘れているのだ。フアックスや留守番電話はコンセントからの電気が無ければ作動しないが、電話機能にかぎっていえば、電源は電話局から電話線を通して各家庭に直接供給されている。電気が止まった暗闇でも通話はできるし、ベルは鳴る。ひと昔前の黒電話と同じ構造が維持されているからである。停電しても電話は使える。それが公共性を優先した電話という通信手段の、導入以来の災害対策なのだ。

電話局への高圧給電が止まっても、即座に局内の蓄電池に切り替わり、それが尽きればディーゼル発電機が作動する。つまり、電話局そのものが壊滅しないかぎり電話は使えるようにできている。強度の耐震性を有した要塞のような電話局の建物は、強い地震にも耐えられるはずであり、かつ電話局から放射状に延びた各家々までの電話線が、すべて一斉に切断されるとは思えない。

パニックに陥って携帯電話に殺到し、交換機の処理能力を超えてしまう前に、家の電話でも通話を試みるべきだったのである。

携帯電話という現代の神器は、いったい私たちになにをもたらしたのだろう。携帯電話を使いこなしているつもりでも、実は携帯電話にこき使われているのではないか。

携帯とはいいながら、家にいても携帯電話を手放さず、メールのチェックに明け暮れ、外に出ても常に居場所を捕まれて追いかけられる生活が、果たして自由で便利な暮らしといえるのか。それが強迫観念をともなう不便ではないと、ほんとうにいえるのか。

遠く離れた母の看護で、常に連絡が付くようにと姉に迫られ、いやいや持たされた携帯電話を、母が死んだいまでも使っている私の言葉に説得力などありはしないが、ひとたび手にしてしまうとやめられない、麻薬のような魅力が携帯電話にはあるのだろう。

携帯電話の前身は自動車電話である。開発したのは電電公社でありＮＴＴだ。ポケットベルを含めて移動体通信と呼ぶが、ドコモ（do communications over the mobile）はその略である。分厚い単行本の三倍はあった当時の車載電話が、いずれは腕時計のような小ささになり、電話にかぎらずすべての通信を担うようになる、というのが開発当初のコンセプトであった。

その結果は見てのとおりだが、人口が一定であれば、携帯電話の拡大が固定電話の減少を招くのは必然だ。全国津々浦々まで張りめぐらされた固定電話は、加入者の減少に伴って維持管理に悲鳴を上げ、やがてはかたちを変えて消え去るのかもしれない。いわばＮＴＴの自業自得だが、二の次三の次の対策を必要とする災害への対応を根幹に据えて考えれば、固定電話を切り捨てて済む問題でもあるまい。一事が万事なのである。

民営化されたＮＴＴの初代社長は石川島播磨重工業から招聘《しょうへい》した真藤恒《しんとうひさし》で、ドクター合理化と呼ばれた彼が掲げた社の方針が、未来に向けた光ケーブルによるディジタルネットワークの構築を示すＩＮＳ（Information network system）で、社内では「Ｉ（いったい）Ｎ（なにを）Ｓ（すればいいの）」という訳語が、まことしやかに流れたものだ。

小さな社会の底辺を流れる諧謔に満ちた風刺に、わが社員もなかなかやるではないか、と安堵したものだが、それがＩＳＤＮと呼び替えられるころには聞かれなくなってしまった。大きな変化には抵抗するくせに、長いものにはすぐに巻かれてしまう日本人の性格が、ありありと見えた気がした。

文明の進展を無批判に受け入れてはならない。文明の有限に気づいてしまった私たちにとって、加速すればするほど終焉は近くなる。

これではまるで、何者かに急き立てられて海に向かう鼠の群れのようなものではないか。

原発の是非は多くの識者が論じていて、私がとやかくいうつもりもないが、壊れた瞬間から放射能による破壊がはじまる科学を文明とは呼べない。

化学文明が万能ではないかぎり、私は便利が不便を駆逐して当然だとする文明最優先の考えに、にわかに賛同するわけにはいかないのである。

＊

以上のような考えは、3・11を待つまでもなく、私のなかで脈々と流れてきた精神である。もしかすると私は不便に還りたいのかもしれない。私が山に登るのは、やがてはもどらねばならない文明社会からの一時的な逃避である。そのなかで、自分を取りもどすことができればそれでいい。

なにも生命体としての地球の営みに接しようなどと、大上段に振りかぶるつもりはない。人為のおよばない、あるいは及ぼしてはならない悠久の営みのさなかに、いっとき身を浸していたいのだ。

私を私として産み落とした母なる自然は、人間から畏敬される共生の対象であり、決して征服すべき対象などではない。

剱《つるぎ》沢大滝に挑もうと決めたのは、そんな思いと無縁ではなかった。たとえそれが酒の勢いを借りた失言だったとしても。

関東周辺の沢登り愛好者が情報交換という名目で酒を飲む集まりがあり、その席で隣り合わせたのが本《もと》図《ず》一統《かずのり》であった。ACC－J茨城という、クライミング集団の頭目である。聞けば彼は積年のテーマとして剱沢大滝の登攀をめざしていて、過去四度の挑戦のことごとくを退けられていた。それも滝に取り付く以前の遡行においてである。

悲願をかなえるためには遡行技術の習得が欠かせない。それが、本図さんをして沢登りの世界に足を踏み入れさせたすべてであった。

是が非でも下部の激流を突破して大滝に取り付きたい。取り付きさえすれば登攀は可能だという。どうにかならないものか。

私は酔眼朦朧としながら、その夢乗った！　と叫んでいた。後悔が襲ってきたのは翌朝のことである。悔やんでも悔やみきれなかった。私に登れるはずがなかった。

剱沢大滝の存在を知らなかったわけではない。わが国屈指の渓谷である黒部にあって、近づかなければその全貌を現さないがゆえに幻を冠されている滝、それが剱沢大滝である。

黒部の下ノ廊下の中枢に十字峡がある。本流の左右から十字に支流が合わさっているためにその名があるが、左岸から流入するのが剱沢だ。

黒部の盟主である剱岳から落ちる水は鋭くて重い。年間五千ミリにも達する降水量の大半が、膨大に降り積む黒部の雪である。鋭く重い水が岩を抉《えぐ》り、楔のように両岸をそば立たせて殺到するのである。切り立った両岸の岩は高さ五百メートルにもおよび、その楔の底を、落差一二〇メートルの九段の大滝が、剱沢の全水量を疾走させている。

その存在を知ってはいても、剱沢を遡行するなど考えもしなかったのだ。沢登りに滝の登攀は付きものだが、剱沢大滝は別格だった。もはや完全にクライミングの領域だったからである。しかし私は引き受けてしまった。

腹を括った私は、本図さんとともに綿密な計画を練った。私たちの結論は、決して急がないこと、であった。何年かかってもいいから少しずつラインを伸ばし、ここぞと思ったときに一気呵成に攻めればいい。荷物は極力抑え、水量の減る秋口を狙う。

十字峡から尾根を越え、剱沢に降り立ったとき、その水の凄まじさに啞然とした。触れれば血の出る刃物のような水だった。現場に立って初めてわかる衝撃である。

十字峡から大滝最下段のI滝（落差四八メートル）までの直線距離は、わずか一キロにも満たない。平地なら十五分もあれば歩ける距離を、本図さんたちは四度の挑戦にもかかわらず、越えることができなかったのだ。この短いアプローチは、まさしく剱沢大滝の擁する前門の虎であった。

ある年は水量に阻まれ、ある年は大滝の前に架かる鎧のような雪渓が前途を閉ざした。本図さんたちの失敗は、大滝までの激流のアプローチを遡行として認識しなかったことだ。引き返すときの安全対策に徹するあまり、七箇所におよぶ徒渉点のすべてにザイルを張りめぐらしたのである。その労力と装備の重さが時間を奪い、疲労を加速したのだ。

しかし、私たち遡行者は、渓をあくまで沢登りの対象として視る。岩に孔を穿《うが》ち、ボルトでザイルを固定する時間があれば、その時間を水の弱点を読むことに費やす。弱点を捉えさえすれば、あるときは跳び、あるときは投げ縄のようにしてザイルを放って対岸にわたる。自然の驚異とじかに向き合うのならば、なにをやっても許されていい。パズルを解くようにして、全知全能を傾けて上流をめざすのだ。

劔沢大滝Ⅰ滝の登攀

したがって、本図さんが私を劔沢大滝のパートナーとして選んだのは、その意味では正しい。大滝前後の渓の突破は私で、大滝の登攀は本図さんという役割分担が決められていた。協力したのは私の山岳会の仲間たちである。凄いところがあるから見せてやる。その代わり少しは背負え。誘った私も私だが、物見遊山で付き合ってくれた仲間たちもたいしたものだった。

初年度（一九九四年）は激流を突破して大滝に取り付くことに成功した。天の逆鱗《げきりん》のように降り注ぐ最下段のⅠ滝の滝つぼを、雨具を着て完全装備で押しわたる。暴風雨に等しい滝つぼのなかでは目も開けられず、それでも視界の端に無数の虹を捉えていた。飛礫《つぶて》のような水が翻るたびに、陽光を受けた夢幻の虹が出現したのである。

Ⅰ滝の垂直の側壁に、鳥の巣のようにしてへばりついているのが焚き火のテラスだ。広さおよそ一畳の奇跡のごとき空間で、大滝に取り付くまでを第一関門とすれば、焚き火のテラスは第二関門である。ここから先は垂直の楔の壁を、人工登攀を駆使して延々とトラバースする核心部になる。ここまで到達したのは、初年度の大いなる成果であった。

二年目は焚き火のテラスに泊まり、以奥のルート工作に費やした。三年目は悪天で渓に降りることも適わず追い返され、四年目に初めて本図さんと二人きりの黒部詣でになった。

天気は晴朗。初日は予定通り焚き火のテラスまで。すべてを登攀担当の本図さんに託す。その安定感と抜群の登攀力に舌を巻く。餅は餅屋なのである。

大滝登攀の泣き所は水が得られないことだった。楔の底に下りる手立てがないからだ。水に触れさせてもらうことなく大滝を登りきらなくてはならない。それでも強引に懸垂下降で流れのかたわらの岩に降りて水を汲んだ。あと一泊は、どうしても壁のど真ん中で過ごさなくてはならないのである。

D滝の側壁の小さなテラスが二日目の泊まり場だった。腰掛けるのがやっとの狭い空間で、ザイルを張りめぐらして眠った。眼前には、ここまでこなくては目にすることのできないD滝が轟音を上げ、アマツバメが鋭い羽音を立てて飛び交っていた。

三日目。D滝の脆い側稜をひたすら登り、四度の空中懸垂の末にD滝の上に降りた。大滝登攀の終了点とされている幻の神岩に立ってひと息つく。そしてふたたび私の出番がやってきた。後半のゴルジュの突破が残されていた。緊張をそのままに突っこむが、後門の狼であるはずのゴルジュも、大滝を足下にした私たちにとってすれば、すでにさほどの難関ではなかった。

登山道の横切る近藤岩に着いたのは、陽が傾くころだった。本図さんと固く手を握り合い、無言で抱き合う。一九九七年八月三一日の夕刻である。本図一統五十一歳、私が四十八歳の秋だった。すべてを本図さんに託した登攀だった。私は彼の夢の実現に手を貸しただけである。クライミングに終始した登攀を、私は強引に沢登りの範疇として位置づけたのだ。

あれから十五年の歳月が経つ。昭和三七（一九六二）年に鵬翔《ほうしょう》山岳会が初登攀して以来、剱沢大滝を完登したものは、わずか五〇名前後に過ぎない。あの激流と登攀の厳しさに加え、天候などの運にめぐまれなければ通過を許してもらえないからだ。

I滝の側壁には、いまだに残る錆び付いた針金がある。昭和六（一九三一）年に行われた日本電力の測量隊の痕跡である。彼らは大滝を登攀せずに、前後から肉薄して測量を終えたが、それは決して大滝に追い返されたからではない。もしこの地にダム建設が決まったなら、彼らはたやすくこの地をダムの底に埋めてしまっただろう。

それは、傲然と水を落とす劔沢大滝に加えられた、ささやかな瑕疵《かし》である。それでも私は、この大滝が残されたことを素直によろこぼうと思う。人為を加えてはならない自然があっていい。劔沢大滝は登山者のみならず、すべての人々にとっての財産である。

ろうまん山房設立

成田を発つ日、桜が見送ってくれた。三月下旬に開花した桜が長い花冷えを耐え抜いて、私たちがネパールに向かう四月一一日まで咲き残ったのである。

見送りにきてくれた仲間たちのなかに妻と息子の姿があった。一歳半の息子を抱いていたのは妻の妹で、妻のおなかには二人目の息子が宿っていた。思えばあのころが家族として充実していた歳月で、生きていくことへの希望があった。

一九八一年の春、私たちが目指したのはネパールのロールワリンヒマールにあるコンデリ峰という、六千メートル級の小さな山である。およそ一ヵ月におよぶ浦和浪漫山岳会初の海外遠征で、メンバーは四人。隊長の私が三十二歳で、あとのメンバーは二十歳代半ばという布陣だった。ポーターのストライキによって峠越えがならず、転進したのはアイランドピーク（六一六〇メートル）で、これは首尾よく登頂できた。しかし私たちは、目的のピークに立てなかった失意を胸に帰国したのである。

前年度から繰り越した有給休暇に新年度の有給休暇を加えた日数を、まるまる遠征にあてた。五月の連休後に帰国した私の有給休暇は、すでに三日しか残っていなかった。これを二十日まで回復させるためには、その後十年の歳月を待たなくてはならなかった。山に登るために優先的に有給休暇を使うのだから、貯まるはずがなかったのだ。

当時私が住んでいたのは、埼玉の上尾市にある公団住宅だった。与野市の独身寮から転居したのである。家族もしくは結婚予定がなければ2LDKには入れない時代だったから、誰かに名義を借りて入居したはずである。それが誰であったかは、すでに思い出せない。

「稜線の仲間」の会員だった妻と再会したのは、そのあとのことで、私も彼女も、すでに会を去っていた。私の部屋で暮らしはじめてから長男が生まれた。それを機に、妻の実家のある杉戸町に家を建てた。

妻の生家までは三百メートルもなかった。それがいけなかったのかもしれない。

初孫である私の息子たちを溺愛する妻の両親にしてみれば、山に明け暮れて家を留守にする私の存在はありがたかったはずである。娘婿という他人が山に没頭しているあいだは、娘と孫たちとともに過ごす身内だけの時間が保証されたからだ。

それをいいことにして私は家を省みなかった。山に向かう頻度も変わらず、山と山岳会を中心にした生活が、半ば公然のようにつづいた。自身も山岳会に在籍した経験を持ち、登山に理解があるつもりでいても、毎週のように山に向かう夫を、いつも笑顔で送り出す妻などいようはずがない。

些細な行き違いがさまざまな誤解と軋轢《あつれき》を生み、私たちは次第に互いへの関心を失い、言葉を失っていった。

ネパール・ヒマラヤ遠征、1981年。エベレスト街道にて

妻の両親に非があったわけではない。いまでも私は、息子たちを愛してくれた彼らに深く感謝している。

妻と私はときおり、どちらからともなく関係の修復を模索したが、それぞれの主張を譲ることなく、相手の非ばかりを攻めるのだから話はいつも不毛に終わり、議論の一致点を見出せないまま疲れ果て、部屋にもどるのが常であった。理解しあうことの前提にあるはずの、互いを思いやるこころの動きを見失ったまま。

家族が夫婦の絆の結晶だとするなら、家庭内別居に等しいわが家はすでに火宅であった。それでも息子たちは朗らかでのびのびと育った。両親の諍いを反面教師として受け取っていたのかもしれない。親がなくても子は育つというが、親があっても子は育つのである。

私は子どもというものが好きではなかった。それがなぜかはいまでもわからない。しかし、子どもができたと知らされたとき、一瞬躊躇したのは子どもが嫌いだからではなかった。それでなくても自分というものに自信の持てない私が、果たして一個の人格を世に出していいものだろうか、という唐突な不安と戸惑いである。

私はすぐに思い直した。私のもたらした小さな生命の火が妻のからだに点っているのなら、素直に従い、生み育てればいいのだと。

意見の一致をみることの少ない夫婦だったが、子どもたちの育て方については了解しあっていた。他人を思いやり、自らを失わず、挨拶を忘れない人間に育ってくれればいい。そして自分たちが老いても子どもたちに頼ることはすまいと。

成長していくわが子に接するのは、慰めでありよろこびであった。子は鎹《かすがい》なのだと、ほろ苦く思うことはたびたびであった。子を産み育てるのが動物としての営みなら、巣立つまでが親の責任だと思うのは、いまに変わらぬ信念である。大学に進みたいという子どもたちの願いを認めたのもそうである。そこには大学に進めなかった自身の屈折を、子どもたちに味わわせたくないという思いもあった。進む大学も専攻も、彼らが自分で選んで決めた。私はそれを認め、経済的に支えてやっただけである。受験に失敗しても一浪させる余裕はなく、ただちに就職活動をする、というのが条件だった。

べつに名を成さなくてもいい。自分の行動に責任を持てる大人になればそれでいい。だから私は万が一、息子のどちらかが犯罪に手を染めて、マスコミがこぞって親の責任を問うたとしても、道義的に頭を下げることはあれども子どもの責任を身にまとって謝罪するつもりは毛頭なかった。凶悪な犯罪者の親元に殺到して反省と謝罪を求めるマスコミの風潮が私は嫌いだし、それもまた、かたちを変えた陰湿な犯罪行為に他ならないと思っている。いつまでも子の行為の責任を親に帰すべきではない。といいながら、現実に自分の子どもが他者に害を与えたとしたら、どうするかは私にもわからない。私はその子どもを育て上げた親に他ならないからだ。

息子たちが社会に出て巣立つとき、すでに火宅のさなかにいる私は彼らにこう言った。

「俺のことはどうでもいいから、お母さんのことだけは気にかけてやってくれ」

いかに巣立つまでが親の責任だとはいえ、自分のおなかを痛めた母親の感情は、それほど単純に割り切れるものではないはずだし、巣立った時点で親子の縁が切れるものでもないからである。

＊

仲人をしてくれたのは、電電公社の山岳会の顧問だった塩沢喜次《よしじ》である。結婚式の席上で彼は、四十歳を過ぎれば給料は上がるし、生活もどんどん楽になる、といって双方の親戚一同を安心させた。事実、その言葉を疑った参列者はいなかったであろう。

しかし時代はおおきく変遷し、世界は不況に陥った。むろんNTTとて例外ではない。私は出世とは縁遠い会社生活を送ったが、出世をしたくないわけではなかった。サラリーマンである以上、悶々とした思いはあったのだ。それが払拭したのは四十歳になってからである。残すところ二十年かと思えば、会社人生の到達点が見えたような気がした。

もちろん、仕事の手を抜いたわけではない。与えられた仕事は十全にこなした。それでも、未来への遠望がもたらした軽やかな達観によって、常に上昇志向を強いられる、目に見えぬ重圧から逃れられた思いだった。からだは絶好調だったし、多くの山や渓にも分け入った。先は見えているし、人生のなんたるかもおぼろげながら承知している。四十歳からの十年を、人生最良の時代だと周囲に言いふらしたのもそのためである。

取材や原稿で得られる収入が少しはあった。それを会社が問題にしたことはいちどもない。建前としての副業の禁止はあったのだろうが、仕事に穴を空けさえしなければ咎められることはなかった。その意味ではいい会社であった。しかし、会社を辞めてフリーになれないものかと思いはじめたのは、そのころからである。

山にかかわる仕事で生きていきたい。それが、体力の衰えるであろう年齢を前にした私の希いであった。定年になったら、なにかの仕事をはじめたい。そんな思いを口にする先輩社員は周囲に多くいた。それでは遅いのだ。それが仮に蕎麦屋だとして、少なくとも十年前には修行をはじめ、退職時には店を出す算段をしておかなければならない。定年になってから考えるのは武士の商法と同じで、まず成功するのは覚束ない。常に将来を見据え、準備を怠らない覚悟が必要なのだ。その点、私の準備は充分すぎるほど整っていた。

おりから、不況に喘ぐ会社の示したのが五十歳定年制の導入であった。五十歳になったすべての社員を退職させて退職金を支払い、給料を三割カットした上で再雇用する制度である。その制度を歓迎しながら、しかし私は認知したわけではない。年寄りを大事にしない会社や社会に未来はない。こんなふざけた制度を誰が考えだしたのだと周囲に毒づきながら、私はいそいそと退職金の計算をしはじめていた。

給料の五十数ヵ月分と早期退職制度の割増金を合わせると、予期せぬ病でも得ないかぎり生きていけるだけの金額になった。それを目減りさせない収入をフリーの仕事で稼ぎ出せばいいのである。次男の大学の卒業に目処がついたのも幸いした。誰にも相談せず、たったひとりで退職を決めた私は、毎日退職届をカバンに入れて会社を往復した。思いがけなかったのは身に染み付いたサラリーマンの悲しい習性で、身分保障のないフリーランスへの転進の不安からか、なかなか退職届を出すことができなかったことだ。べつに決心が鈍ったのではない。退職届を胸に仕舞って仕事をこなしたのは、もしかしたら刹那の感触を楽しんでいたのかもしれない。

退職届を提出したのは早期退職制度の締め切り当日のことである。出してしまえば翻意はとおらない。上司もまた翻意を促してはならないと指導されている。さっぱりとしたものだった。五十歳定年制を翌月に控えた二〇〇三年の三月。私は五十三歳でNTTを去った。

＊

フリーランスの事務所名を「ろうまん山房」にした。ろうまんは浪漫山岳会からの引用であり、それをひらがなにしたのはロマンと読んで欲しくなかったからだ。

フリーになったからといって仕事が思うように入ってきたわけではない。それまでと異なって自由に時間が使えるので、打診された仕事への融通は利いた。山関係のみならず、旅の雑誌や田舎暮らしの本などにも仕事を広げられたらと、営業活動もしてみた。しかし、そこで私が思い知ったのは新規参入の壁であった。ひとつの雑誌が成立している以上、そこにはすでに、必要にして充分のカメラマンやライターがいるからである。そこに強引に割りこんで仕事をもらうまで卑屈になりたくなかった。そこまでしなくても食べていけるだけの蓄えはある。それが私の強みであり、弱みでもあった。なんとしても仕事を得て結果を出さなければ食べていけないのだという、ぎらぎらした欲望に欠けていたからである。

いただく仕事の多くは、それまで付き合いのあった釣り雑誌や山岳雑誌からだった。若い時分からフリーで活動しているカメラマンやライターとも仕事をした。彼らを見て感じたのは、やはり一日でも早くフリーになるべきだったという痛切な思いである。

求められた仕事は基本的に断らないと決めた。仕事の内容の五割は原稿執筆で、三割が取材と撮影。残る二割が山と渓のガイドである。収入は仕事量と反比例して執筆がいちばん安く、ガイドがもっとも高い。そのガイドの仕事を二割にしたのは、顧客の安全を最優先にしなくてはならないリスクの高さからだった。顧客の安全を担保できなければガイドの仕事は勤まらない。事故を起こしてしまえば、それまでである。その緊張感に堪えて山や渓を案内するのは二割が限界だったからである。もっと若くしてはじめていれば、と思うのはそんなときだ。

どんな仕事も断るまいと決めていたが、どうにも苦手で逃げまわる分野がある。講演会の依頼がそれだ。幸いなことに、それほど多くはないのだが、沢登りの経験を話して欲しいと頼まれるのがつらい。私の口実はいつも決まっていて、「人前で話してはならない、というのが先祖代々の家訓なので」というのだが、これで引き下がる手合いは少ない。

人前で話すのが不得手なのは、小学五年生の時分に吃音癖にかかったからである。おそらく吃音の同級生の真似をしてからかったのだ。それがそのまま自分に跳ね返って私は動揺した。因果応報というべきである。それまでは母親譲りの歯切れのいい東京弁で朗読なんぞをしていたのだから、私の衝撃はただ事ではなかった。それはもしかしたら、小賢しいガキを懲らしめてやろうとした神の采配だったのではないかとまで思った。

成長するにつれて吃音癖は陰を潜め、いまでは支障なく会話ができるが、それでも吃音のトラウマは私のなかで重く長く尾を引いている。吃音の後遺症だと思うが、「大衆面前緊張性失語症」とでもいうべき症状に悩まされたからだ。

早い話が、大勢のひとの前で話すと言葉が出なくなるのではないか、という恐怖に襲われて、緊張のあまり頭が真っ白になる。これは私にとって屈辱にも等しい欠陥である。

これの類例は、たとえば結婚式の祝辞や司会である。祝辞は「しゃべらされるのなら出席しないよ」といえばいいが、司会となるとそうはいかない。ならば断固として断ればいいではないか、と言われそうだが、長い付き合いで、頼まれればどうにも逃げ切れないケースというものがある。

この場合の対処法はただひとつで、式の直前に酒を呑むのである。この効果は絶大なのだが、問題はその呑み具合で、緊張をほどよく抑制してくれるが、式がはじまって緊張が緩むにつれて、酔いがどんどんまわってくる。口は滑らかになり、言わなくてもいいことを口走り、その結果どうなるかといえば……それ以上は怖ろしくて、ちょっと書けない。

これまでに結婚式の司会を三度、講演会を五度ほどやった。失敗ばかりで成功した記憶はない。なぜ苦手なのに引き受けてしまうのだろうと自分でも不思議なのだが、その答えは簡単だ。苦手意識をどうにかして克服してやろうと思うからである。なにをやっても才能はないのに、自己顕示欲だけはあるからだ。

講演を依頼するほうも、いろいろと手の込んだ仕掛けをする。数年後の企画として話を持ち出すのである。断りつづけて何度目かには、二年後ならまあなんとかなるかと、つい応じてしまう。それが何年先でも、なんともなりはしないのに。

最後の講演は二〇〇二年冬に開かれた、新潟市にある「ゆきみ山の会」の創立記念祝賀会でのことだった。冬のこととて関越道は雪で、このまま大雪で交通が途絶してしまえばいいのに、と本気で思った。結果はもちろん惨敗で、「下田・川内山塊と越後の山」というテーマを与えられた時間はどうにか費やしたが、しどろもどろの語り口は祝賀の席の華やかな雰囲気に水を差し、私は思わず倒れこむところであった。

それ以来、私はこの手の依頼をきっぱりと断ることにした。なまじ色気をみせるから付けこまれるのである。この欠陥は、このまま墓場まで持っていくしかない。

だがしかし、あろうはずがないとは知りつつも、演壇に酒瓶を置き、これを呑みながらでいいから気楽に話してもらうわけにはいきますまいか、という依頼がもしきたら、動転のあまり、思わず引き受けてしまいそうな私がいる。

フリーの生活

フリーになってから十年になるが、そのあいだ、いちどとして会社を辞めたことを後悔しなかった。山の仕事がないかぎり、朝はゆっくり起きればいいし、風雨に苛まれる日などは誰にともなく「ざまあみろ」と快哉を叫んだものだ。なんとも人間が姑息なのである。

サンデー毎日（毎日新聞社発行の週刊誌「サンデー毎日」を引用して、毎日が日曜という意味の比喩）だね、と他人《ひと》はいうが、仕事が入れば日曜も祭日もなかった。忙しくて家にも帰れず、そのまま次の山の取材に向かう日々があるかと思えば、一ヵ月のほとんどを自宅待機ですごすこともある。なにせ営業活動をしないのだから待つほかに手段はない。

ならばテーマを決めて原稿用紙に向かえばいいものを、私は締め切りがなければ書けない人間になっていた。しかも手書きから離れてしまったせいで、パソコンがないと筆が進まないのである。いつしか無雪季は取材やガイドに駆けまわり、冬はパソコンの前で原稿書きという習慣が出来上がっていた。

出版社からは、モデルと日程を定めた仕事も入ってくるが、こちらでメンバーと日程を整えて提案する渓流釣りの取材や、山小屋の連載を自由にやらせてもらえたのが大きい。しかし私は退職を機に、それまでの取材の仕事に加えて新しい試みがしたかった。山と渓のガイドである。

ガイド資格の統一を図った、日本山岳ガイド協会の発足は、私が退職した二〇〇三年のことだが、ガイド資格は、いまにいたるまで強制力を持たない制度である。自分がガイドだと名乗りさえすれば山岳ガイドの仕事はできる。私はこの制度の弱みに付け入った。以来私は無資格のガイドのままである。いわばもぐりに等しいのだが、無資格を承知のうえで参加する客がいてくれればそれでよかった。

山岳雑誌にいちどだけ募集をしたが、それからはすべて口コミだけにした。募集はしないのに問い合わせがくるのは、雑誌「渓流」の筆者紹介に、渓のガイドをはじめました、と書いたからである。だから当然、客の多くは渓流釣りの愛好者に偏ってしまうのだが、それでも私は渓のすべてを味わってもらいたいがために、「渓谷から頂へ」という方針を貫いた。

それまでにも渓のガイドはいたが、その多くは教室というスタイルを採っていた。机上と現地の講習を重ねていけば、気心も知れるし技倆の進歩も見えるからである。しかし私は、そのスタイルを採らなかった。あくまでガイドは、仕事全体の二割ほどの比率に留めるつもりでいたからだ。

技倆のわからない初めての客でもガイドを厭わなかったのは、私の知るかぎり、黒部の全支流を遡行して名を馳せ、その後ガイドに転じた志水哲也だけだったはずである。

教室という形式を採らない以上、客の技倆はわからない。だから私は事前の面接を欠かさず、そのうえで、難易度の低い渓からガイドをはじめ、山行を重ねることによってステップアップを図ったのである。

互いに面識のない不特定多数のガイドを嫌ったのは、技倆のばらつきへの対応もさることながら、それぞれの客に対する意思疎通の労力が煩わしかったからだ。なんと傲慢な、といわれそうだが、ガイドは山行における絶対権力を有する王様だと思っている私は、パーティーを自分の思うとおりに導きたかった。それが客の安全を担うガイドの、唯一無二の手段だと信じたからである。

私がガイドの対象にしたのは、その多くが単独であり、夫婦であり、グループである。夫婦であれグループであれ、複数で山に登るからにはリーダーという存在がいる。山行中に問題が生じたときは、そのリーダーと話し合えばいい。

たとえば誰かが歩けなくなったとき、さてどうするか、となるのだが、不特定多数の場合は、それぞれが同一のガイド料を負担しているのだから、引き返すとなれば元気なメンバーに不満が生じる。誰もが山頂を踏みたいのだ。

しかしそれがグループなら、私が示す案を彼らが相談して決めればいい。よろこびも悲しみも苦しみも、共有できるのがグループの力というものだ。このシステムは、私にとっても好都合だった。個々人の好き勝手な言い分を集約しなくて済むからである。

個人とグループを問わず、渓に入るための可能な日程というものがある。その結果、七月の連休はAグループ、八月初めの週末はBグループ、八月末に長丁場の日程を組むCグループ、九月最後の連休にDグループと、まるで棲み分けのようにしてガイドの予定が決まる。あとはその間隙を縫って取材をし、原稿を書けばよかった。

そのようにして年に五、六度の、山と渓のガイドを細々とやってきた。それぞれのグループが私のガイド山行をよろこんでくれているだろうと思うのは、それが単発に終わらず、毎年ガイド予定の日程を打診してくれるからである。

若い嫁を渓に連れて行きたくて、万全を期すために私にガイドを頼む進学塾の講師。山の取材で私と知り合い、うまく乗せられてガイドの客になったのはいいが、国家存亡の危機をもたらして、しばらくは山どころではなくなった某電力会社のおしどり夫婦。古い付き合いの、産業廃棄物の会社を経営する釣りキチ社長。尺を超える岩魚を釣りたいばかりに私にガイドを依頼してきた、仙台の病院長。高校時代の仲間たちで作った釣りクラブの、仲良し三人組。

彼らとの交流は、すでにガイドと客の領域を超えていて、さて今年はどこの渓に案内しようかと思案するのは、まことに楽しいひとときである。

仕事としてお金を戴く以上、早朝から夕暮れまでの行動時間を目いっぱい使って、思う存分楽しんでもらおうと心がけたのは、それが渓に遊ぶ者たちの欲求に違いないと信じたからなのだが、ある日彼らの誰かに「高桑さん、気持ちはうれしいけど、俺たちは半日行動でいい。午後になったら早めにテント場を決めて、焚き火を囲んで楽しみたい。お金はきちんと払うから」といわれたのには心底驚いた。

考えてもいなかった視点である。それでいいなら、こちらもどんなに楽なことか。なるほど、楽しむというのはそういうことなのかも知れなかった。長く付き合いをつづけていけば、忌憚《きたん》なくものが言い合えるようになる。それはガイド冥利に尽きるひと言であった。

*

深田久弥が選定して著した日本百名山がある。いまさら深田久弥の、と冠しなくても百名山という だけで通用する、中高年登山ブームのバイブルである。フリーになった時点で数えてみたら、私の登った百名山は、すでに六十山に達していた。べつに百名山を意識して登ったわけではなく、たまたまそうなっていたにすぎない。しかし、六十山を超えてみると少しは意識する。といって、いまさら百名山完登をめざすのも俗すぎて嫌だった。

むろん山が俗なのではない。俗なのは人間である。山から登山者を排除してみればよくわかるが、深田久弥の選定基準にある、山の品格、山の歴史、山の個性に照らして言えば、百名山と呼ばれるのは秀逸な山岳が多い。渓谷遡行を根底に据えているにもかかわらず、私の百名山が少しずつ増えて行ったのは、山岳雑誌の取材による踏破の結果である。多くは出版社の意向によるもので、意識せずに登っていたら、いつしか八十山になっていた。

天邪鬼《あまのじゃく》の高桑さんでも百名山は別格なんですね、といわれるのが嫌だから、自分から百名山をめざすことはしなかったが、このまま取材がつづけば百に近づくのは間違いない。それでもきっと、百にはなるまい。べつにどうでもいいが、偏屈なままで、どこまで百に迫れるのかに他人事《ひとごと》のような興味がある。どうして私が百名山を気にしはじめたのかはわからない。わかっているのは、百名山に選ばれた山には、なんの責任もないということだけだ。秀逸な山なら、つまらぬこだわりで忌避すべきではない。

まるで漂泊のように各地の山をさまよった。モデルがいるときもあれば、いないときもあるけれど、カメラはいつも山の友であった。それまでは数えるほどしか泊まらなかった山小屋との付き合いが生まれたのも取材によってである。山小屋に泊まらなかったのは、小屋のない山や渓ばかり歩いていたからであり、あっても宿泊費が高く、まして混雑する小屋で、見ず知らずの登山者たちと過ごす山の夜が耐えがたかった。私にはタープで眠る渓の夜が性に合っていたのだ。

さまざまな山小屋に泊めてもらった。そのいずれもが快適に思えたのは、こちらがメディアの人間だからという小屋の配慮があったからに違いない。

しかし取材で訪れてみると、山小屋の立ち位置が見えてくる。彼らは決して慈善事業をしているのではない。三ヵ月の短いシーズンで一年分の収入を得なければならないのだ。混雑はやむをえないのであり、そのうえでなお快適さを担保するのは至難の業である。それでも登山者たちは快適を求めてやまない。ひとり一畳の寝場所はもとより、トイレは水洗やバイオでなければ良しとせず、美味しい食事と風呂まで要求し、気に入らなければすぐさまネットで風評が流れる。

山小屋もまた、需要と供給の原則に立たされており、他の小屋に負けまいとしてサービスの向上に翻弄される。快適な小屋になるのは願ってもないが、壮大ないたちごっこであるともいえる。

予約をしていても、雨が降れば平気でキャンセルする。用意した食材が無駄になる。ツアー登山などの大量キャンセルならなおさらだ。すべては小屋の泣き寝入りである。

そろそろ悪循環を断ち切らねばならない。予約限定にし、不可抗力を除いて食材相当のキャンセル料を求める小屋が出てきたのはいい傾向だ。山小屋に観光地並みの待遇を求めるのなら、山小屋もまた登山者を観光客として扱うほかはないだろう。

といって、べつに両者が険悪なのではない。弊害をもたらしているのは、ひと握りの登山者の偏見である。そろそろ山小屋のあるべき到達点を模索していい頃合いだ。

なにも難しくはあるまい。郷に入らば郷に従えばいい。文明から隔絶された山中の、まるで文明の飛び地のような山小屋に宿る幸福に感謝するだけでいい。雨具と防寒具と行動食を入れた小さなザックひとつで山を歩き、お金さえ払えば食事つきで泊めてもらえる宿など、そうざらにあるものではない。

それにしてもカメラが上達しない。十年を超えて撮りつづけても満足する出来栄えの写真が少ないのはどうしたことだろう。フィルムの時代には失敗が許されなかったが、デジカメになって写真の世界は大きく変わった。それでも基本と応用は同じである。

親しい編集者は、高桑さんの写真は秀逸とはいえないけれど味があるし、空気感のある写真を撮りますよ、といい、またある編集者は、カラーでページが組めるだけの写真を撮れるのだから、そのへんで手を打つべきである、という。言われた私としては、かなり複雑である。それでも私でなければ撮れない写真があると信じた。

少ないけれど雑誌の表紙を飾った写真がいくつかはある。見開きページにどかんと載ったカットも数葉ある。してみると私の腕も、まんざら箸にも棒にもかからないほどではないのだろう、と思いなして、みずからを慰めるほかはなかった。

＊

テレビ局から電話があったのは、会社を辞めて、山と渓を忙しくめぐり歩いているさなかのことだ。私はそれを、誰か有名人の取材の手伝いだと思った。まさか私に取材を求める連絡だとは考えもしなかったのである。

ＴＢＳ（毎日放送）の「情熱大陸」がそれであった。各分野で活躍する人物を取り上げたドキュメンタリー番組なのは知っていたから、当初私は、なにかの間違いではないかと思った。しかし話を聞くうちに納得した。つり人社から出ている「渓流」誌に連載してまとめた、『山の暮らし、山の仕事』という単行本を読んで企画にしたいと考えたのだという。

渓流釣り一辺倒の誌面に、箸休めのようにして山暮らしの連載をしてはどうか、と編集者に提案したのは私である。渓流釣りの現場は、山の暮らしと仕事の場でもあるからだ。その共感が支持されて、連載は十年の長きにわたってつづけられ、一冊の本になった。その現場を訪ね歩き、遡行のシーンも交えて番組にしたいという要請であった。

当然のように私はうろたえて答えを保留した。人前でろくにしゃべれない私が、テレビに出られるはずがない。以前に「奥利根本谷遡行」という釣りのビデオを「つり人社」から出したことがあり、そこで恥を晒《さら》しまくった私に、いままた衆目の面前に情けない姿を晒せというのか。

思い余って相談した単行本の担当者は、ぜひ出演すべきだ、と唆《そその》かした。本の売り上げに繋がるからである。悩みぬいたあげく、私はこれを受けた。

一分の放映のためには、最低でも三〇分の撮影が必要なのだという。つまり私は三〇分の番組のために、少なくとも九百分におよぶ取材撮影の苦行に耐えなければならなかった。

放映されたのは二〇〇三年の九月下旬の日曜の夜だが、幸い私は取材で山に入っていてテレビを見ていない。むろん後日、ビデオが送られてはきたが、胸をなでおろしたのは、視聴率がそれなりの結果を出し、『山の仕事、山の暮らし』のアマゾンの瞬間売り上げが十四位になったことである。

番組に私を選んだのは、いまでも間違いだと思っている。おそらくネタ切れだったのだろうが、私ごときが出ていい番組ではなかった。私は山に寄生して生活している名も無き人間にすぎない。

深い徒労のなかに身を沈めながら、いったい私は何者なのかと思う。芸能人がステータスを得るために、金を出してもいいとまで出演を望んでも、なかなか認められないというその番組に、私は仕事としてなら出てもいいと嘯《うそぶ》き、後日ささやかな謝礼が振り込まれて、それを了とした。

その翌年の夏、故郷の脇本中学校の三年E組のクラス会が四十年ぶりに秋田で開かれた。誰が誰やらわからない、禿のオヤジや油の切れた婆あが居ならぶ席は、やがて混沌の様相を呈して入り乱れたが、そのなかで幼い日の面影を皺で埋めた婆あのひとりが私に訊いた。

「信ちゃん、いまなにしてらなや」

秋田ではTBSの放映がないため、私の現状を知るものはいなかった。幸いである。

「フリーライターってわがるが。山さ登って本こさ書いたりしてるなや」

「そいだばフリーターの間違いでね」

それを聞き咎めたべつの婆あが参入する。「信ちゃ、へば作家でねなが」

毒々しい口紅をはみ出させた婆あが、絶妙の合いの手を入れる。

「それだば作家でなくて錯覚だべ」

まことに女性は偉大である。私は一切の反論を許されず、愛しき彼女たちの隙を逃さぬ突込みにたじろぎながら、やがてゆらゆらと至福の思いに導かれていった。

フリーターに錯覚とは、よくぞ言ってくれたものだ。時空を超えて生きている、したたかな婆あどもに攻められているうちに、私は何者なのかという、とるに足らぬ屈折が、きれいさっぱり拭い去られていったのだった。

熊との遭遇

山からの帰り、親しい仲間から電話があった。自宅近くの公園で、巣から落ちた烏の雛がいるという。青い目がとても可愛く、助けを求めるように鳴いているので立ち去りがたい。近くに親がいるのだが、もちろん親鳥に助けられるはずもない。どうしたらいいかと相談されたので、簡明に答えを返す。

「最後までめんどうをみてやれる自信がないのなら、そのまま放っておけ。なんの子でも、可愛い仕草で庇護を求めるようにできている。それが巣立つまでの赤ん坊の仕事だ。信じられんだろうが、こんなにひねてしまった俺だって、ガキのころは、あら、めんこい子だねえって言われたもんだ」

そう話しながら、私は遠い日の出来事を思い返していた。

春合宿の出発日、参加者の男子会員から連絡が入った。アパートから駅に向かう途中、街路樹の下で巣から落ちた雀の雛を拾ってしまい、困惑しているという。困るくらいなら拾うんじゃねえよ、といいたかったが、口にはしなかった。雛を見過ごしにできない彼の優しさは得がたいものだし、その眼差しを大事にして欲しかったからだ。しかし、それとこれとは話がべつで、雀の雛ごときで、準備万端整えた春合宿を棒に振るわけにはいかなかった。

時間の許す範囲で保健所に連絡し、それが無理なら近くの小鳥屋を探して相談。それもだめなら、あとは自分で考えろ。私はそう突き放して電話を切った。

幸い、理解のある小鳥屋が引き取ってくれて事なきを得たらしいが、かわいそうに思えても、自然の摂理に介入してはならないと、懇々と諭されたという。

対象に注ぐ愛情が、そのまま対価を伴って還ってくるとはかぎらない。まして相手は餌も啄《ついば》めない雛である。仕事を持つ身の社会人が、まさか雛と一緒に通勤できるはずもない。そんなことは百も承知で雛に手を差し伸べてしまった彼の優しさが、何ものにも換えがたい美風に違いないと私には思えたが、もし彼がもう少し大人だったなら、巣立ちまでの育雛《いくすう》を有料で小鳥屋に頼み、そののち自分が引き取って飼うか、放鳥するかの選択肢もあっただろうに、と当時を懐かしく思い出す。そして、片時も頭上の枝を離れずに、雛を見守っていたであろう母鳥の存在をも。

小鳥にかぎらずだが、山の鳥や獣は臆病で繊細で、ときに大胆だ。それはもちろん、弱肉強食の論理に晒されているからだが、人間に守られた犬や猫とは異なって、一瞬の油断が死に直結するからでもある。登山道のない奥山の渓を歩く私たちも、些細な気の緩みが窮地を招きかねないという意味では、山の獣と同じようなものかもしれない。

喉を嗄《か》らして流れに下り、思う存分水を飲んだそのすぐ上に、カモシカの腐った死骸が横たわっていた経験がなんどかあるし、それが仔熊だったこともある。カモシカの多くは雪崩によるもので、俊敏とはとてもいえないカモシカが、雪崩に巻き込まれて渓に埋められたのが大半なのだが、これを見つけたゼンマイ小屋の親父が、冷凍状態のカモシカの肉を小出しに切って食べたという話を本人から聞いたことがある。獲ってはいけないが、食べてはならない規則もあるのだろうか。いずれにせよ、棚から牡丹餅に等しい動物性たんぱく質の出現に、親父は小躍りしたのだという。そのカモシカは、それから半月あまりも雪渓のなかに保存され、肉の乏しいゼンマイ小屋の食生活に彩りを添えたのである。

しかし、仔熊の死も雪崩によるものかといえば、なんともいえない。雪崩の時期には、まだ冬篭りの穴から出ていないからだ。おそらく母熊からはぐれた末の行き倒れのようなものなのだろう。

長く渓を歩いていると、熊に出会うことも再三である。最初に遭遇したのは奥利根の刃物ヶ崎山《はもんがさきやま》だった。鎌尾根と呼ぶ険しい岩尾根で、越後マタギの熊狩り場だった山である。道はもちろんなく、残雪を踏んで歩いていたら三〇メートルほど向こうの尾根に熊がいた。互いに向き合うように進んでいたので、立ち止まって熊の動きを見守った。雑食性の月ノ輪熊は、臆病でおとなしい動物だと聞いていたし、こちらは多勢だから、不幸な出会いにはなるまいと思ったのだ。

こちらに気づいた熊は、悠然と茂みに分け入って消えた。かなり大きな熊で、銃を持っていたら一発必中の距離だったろう。

その夜の交信で、奥利根湖の対岸を登っていた仲間から連絡が入った。私たちは奥利根本流の交差横断をするべく、二隊に分けて奥利根湖の左右の尾根を登っていたのである。

聞けば矢木沢ダムから登りはじめて日崎山に近づいたブナの森で、熊と出会ったというのだ。こっちも熊に遭ったけど、べつに怖くはなかっただろうが、というと、それが仔連れの熊で、木から下りてきて、立ち上がって威嚇《いかく》したのだという。

熊に怯えた彼らは、それ以上進むことを諦めてダムに降り、明日、そちらと合流してもいいかという了解を求めてきたのである。

この熊騒動で交差縦走はふいになったが、私たちは熊に関する、いくつかの教訓を手に入れたことになる。

臆病でおとなしい動物であっても、仔連れの熊には細心の用心をすべきこと。すべての鳥や動物には、それ以上他者が近づけば反撃する結界があるので、その結界を超えないこと。そのためには風向きも肝要で、熊の存在を察知したら、なるべく早く、こちらの存在を知らせる努力をすること。

彼我の違いが悲喜こもごもの結果をもたらした熊騒動だったが、しかし私は母熊の脅威を、身をもって知らされたわけではなかった。私にとってすれば、熊は人間と共存するに足る、山の獣の一員だったのである。

＊

会津の山に分け入ったのは、奥利根で活動した末期のころだったが、そこでひと組のゼンマイ採りと出会って懇意になった。名を長谷部昭信という。越後と会津を結んだ古道に八十里越えがあるが、その会津側に建つ口留番所の直系の次男であった。奥さんの房子さんとともに、一ヵ月をかけてゼンマイ小屋に暮らす、そのおおらかな佇まいに魅かれて訪ねるようになったのだが、酒を呑んで語り合う山中の話は、必然的に熊に行き着く。

「あれはまあ、山の仲間だな。驚いたり焦ったりしねえことだ。不意に出会っても、おお、いだが、わー（自分）もそっちに行ぐんだが、ちょっと通してくれや。そういって待ってれば、しょうがねえ、って感じでよげでくれるもんだ。

仔熊見だら、まず親が近くにいると思わねばならねえ。めんこいからって手を出しては駄目だ。このひと（房子さんのこと）も、きのうすぐ上の山で仔連れに遭ってるしな」

それを受けて房子さんがいう。

「わーは女子だから、ぱっと逃げるわげにもいがねえし、ゼンメエ（ゼンマイ）も背負ってるがらや。仔っこはめごい（可愛い）ども、こっちさくるがこねえが見極めて、そっと離れるしかねべな」

一ヵ月におよぶ山中の暮らしをしていれば、互いを認識しあうことは充分あり得る話だ。熊は一日四〇キロを移動して餌を求めるという。会津の山中に熊がどれほど生息しているかは知らず、長谷部さんは、いずれの熊とも共存が可能なはずだと淡々と語る。

ちなみに房子さんは、どぶろく造りの名人である。里と同じように仕込んでも、山のほうが出来がいいという。水が違うというのである。ラジオのほか、なにひとつない会津の山中のゼンマイ小屋で、山の話に興じて酌み交わした記憶が、私にとってかけがえのない宝物になっている。

長谷部さんが山を降りたのち、彼らの小屋跡で数日過ごしたいという仲間の女性がいた。岩城史枝である。まるで桃源郷のような佇まいのゼンマイ小屋の跡地は、そのころから会津の渓をめぐる仲間たちの羨望の的になっていた。

彼女を送り届けてから長谷部さんの里の家で酒を呑み、翌朝帰宅する途中の私に、房子さんから電話が入った。ともかく戻ってこいという。そこには前日送ったはずの彼女が、決まり悪そうに座っていた。

ゼンマイ小屋の跡地で焚き火を囲んだ夜、背後の気配に気づいてふり返ると熊が横切るところで、互いにびっくり仰天してパニックになったのだという。とてもここには泊まれないと思った彼女は翌朝、急遽荷物をまとめて下山したのであった。

二日連続で長谷部さんの家で厄介になるのだが、熊談義は深夜まで尽きることはなかった。そもそも、驚いたのは熊のほうが先だったはずである。いつもどおりの径を歩いている熊に罪はない。ふり返った焚き火の傍らの影が、一つ目小僧のようなヘッドランプをかざして叫んだのだから、熊にとっては災難そのものだといっていい。正体不明の化け物は、むしろ彼女なのであって、おそらく精神に変調をきたしたであろう熊は、しばらくそこに近づくことはあるまいから、彼女も泰然と構えていればよさそうなものを、やはりひとりでは不安に耐え切れなかったものとみえる。

しかし、そのころようやく、各地の熊は不穏な動きを見せはじめ、山里に出没するようになっていくのである。

＊

二〇〇八年八月。秋田の堀内《ほりない》沢を遡行した。山釣りのガイドである。客は古い馴染みの産廃業の社長で、結果はどうあれ、年にいちど、付き合ってくれればそれでいいという上客である。釣りの腕は確かで、沢慣れているからさしたる心配もいらず、申しわけないほど条件のいい仕事であった。

　初日はマンダノ沢出合の気持ちのいい台地に泊まり、二日目は蛇体淵《じゃたいぶち》の川原にタープを広げた。岩魚も適度に釣れ、東北の夏を満喫したのだが、遊びすぎたのが良くなかった。

「渓谷から頂へ」を標榜しているのだからと、下山は羽後朝日岳から部名垂沢《へなたれ》の下降を選んだ。山頂を踏んだのは、すでに昼近く、なんどか通った経験がある部名垂沢は荒廃が進んでいて苦労させられた。まるで逆落としのような急傾斜の渓筋に、目印のテープが申しわけ程度に付いているだけだった。これでも部名垂沢は、羽後朝日岳に登るための登山道なのである。

　古い林道に惑わされて道を踏み迷い、広い林道に出たのは夕刻であった。雨も降りはじめたが、あとは車を停めた夏瀬温泉まで二時間も歩けば着くはずだった。にわかに重みを増した背中の荷をいなしながら林道を歩いた。夜目の利くうちはヘッドランプを点けないで歩こうとしたのも良くなかった。

　堀内沢の瀬音が聞こえるころ、ヘアピンカーブを曲がった林道の向こうに、山から林道に出てきたばかりの仔連れの熊がいた。その距離、わずかに一〇メートル。そこで立ち止まって、静かに後ずされればよかったのに、私は後方をふり返って「熊だ！」と叫んでしまった。油断である。よもや熊が向かってくるとは思わなかったのだ。それまでの熊の対処法など、頭から吹き飛んでいた。

　私を敵だとみなした熊が突進をはじめたとき、私は熊に背中を見せて走った。むろん、逃げ切れるとは思っていなかった。およそ五メートルも走ったろうか。咄嗟の判断で沢沿いの斜面に滑りこんだ。予期していない私の行動に、熊は私の跳んだ地点をオーバーランして同じ斜面に飛びこんだ。

熊は私のすぐ下にいた。思えばまったくいい位置に来てくれたものだ。体勢を上に向けて襲いかかろうとしていた熊の横っ腹が目の前にあった。私は渾身のちからを籠めて熊の腹を蹴ったのである。直後に仲間が走ってきて、叫んでくれたのも大きかった。戦意を失った熊は姿を消し、助かった私は悪運の強さをそのままに、安堵のため息を漏らした。

しかし、林道で分断された熊の親仔は、その後も互いの姿を求めて切ない声で鳴き交わし、およそ二時間近く、私たちは藪蚊の猛攻に耐えながら、雨のそぼ降る林道にたたずんだまま、熊の去るのを待たねばならなかった。

山里に熊が下りてきているのは承知していた。その二年前も、葛根田《かっこんだ》川の下山径で熊と遭遇していた。登山道の脇に立つブナの枝に熊の親仔がいたのである。知らずに通り過ぎた私と後方の仲間で熊を挟むかたちになった。私は「ほおっ」と小さく叫び、うろたえた母熊は、藪に飛び込んだ仔熊を追って姿を消したのだが、そこはすでに、乳頭温泉まで二百メートルもない山里であった。

熊がなぜ里に出没するのかは、いまだに解明されない謎である。正確ではないにせよ、熊の生息数が増えているのは事実で、餌が少ないということでもないのである。どうやら熊は、里に美味いものがあることを学習してしまったらしい、というのが研究者やマタギたちの識見である。

それでもなお、私は熊を怖れていなかった。鈴を鳴らし、笛を吹き、ヘッドランプを付けて熊にこちらの存在を知らしめるべきを、なまじの邂逅の記憶を頼りに対策を怠った私の失態である。それにしても、よくぞ無事だったものだ。藪でズボンを裂きはしたものの、五体無事で熊との格闘を逃れたのだから。

一連の熊との遭遇を、私はいくつかの雑誌に書いた。その最後に、あれはこちらの不注意がもたらした不幸な出会いであり、熊は怖い動物ではないという、それまでの見解を変えるつもりはない、とも書いた。しかしそのとき、私の書棚には、江戸時代の熊の恐るべき被害を報告した本が眠っていたのである。その本を迂闊にも私は読んでいなかったのだ。

「季刊・東北学　第十号」（東北文化センター刊・二〇〇七年冬号）がそれで、「弘前藩庁御国日記」という記録を村上一馬氏が引用して解説したものだが、狼の被害につづいて熊荒《ゆうこう》の記録がある。それによれば元禄から享保におよぶ五十年間で、熊に襲われて死亡した者十六名。重軽傷者はそれを上まわる。狼は民家に押し入って子どもを奪って食べたが、熊は山中で大人を襲って食べたのだ。仔を思う母熊どころの話ではない。むろん、獣の習性も時代に応じて変化するのであり、いまでは考えられない被害であるにしても、北海道の開拓民家に押し入って人間を襲うヒグマの被害を生々しく描いた『羆嵐』（吉村昭）の小説そのままの光景が、奥羽の山中に展開していたのである。

それを読んで、私は慄然とした。ろくに調べることもせず、熊は人間を怖れる動物であり、こちらが敵意を示さないかぎり襲われることはなく、仔連れの熊との遭遇を避けてさえいれば怖れるに足らず、と豪語してきた見識の至らなさに恥じ入ったのである。

前述の記録が教えているのは、人間と熊という動物相互の、弱肉強食の力関係にあった時代の悲劇である。

およそ現代では考えられない熊の被害だが、それでも知ってしまうと身構えざるを得ないのが人間の悲しい性だ。二度あることが三度になれば、おそらく私も無事では済むまい。悪運なのか強運なのか、ともかくしぶといねえ、と他人《ひと》はいうが、私は単に好運だったにすぎないと思っている。

あれからしばらくは、鈴を鳴らし、笛を吹きまくったが、やがて次第に無神経になった。それでも油断はしていないつもりなのだから、落ち着くところに落ち着いたのである。

熊が山の獣ではなく、里を徘徊する獣になってしまったらどうしよう。現に里に出没する熊の数は年々増えているのである。私たちの知らない山のどこかで、熊たちを突き動かす、なにかが起きていると思わざるをえない。

生と死の狭間

仲間を死なせた谷川岳の遭難をさておけば、浦和浪漫山岳会を立ち上げて以降、下山遅延はあるが遭難に至ったことはないというのが、ささやかな自負になっている。

遭難を避けるには、物理的にいえば山に行かなければいい。しかし、それでは山岳会が成立しない。攻撃が最大の防御だというのなら、それに徹しようと思ったのだ。殿《しんがり》がもっとも脆く危険なのは、敗戦によって意気消沈し、戦闘意欲が失われてしまうからだが、山岳会でもそれは同じで、及び腰は遭難を招きかねない。中止撤退の危険を充分に認識しつつ、なお攻撃の精神を失わないことによって前途に活路を求めたかったのだ。

とまあ、それほどのことではないにしても、山に入りつづけていれば、遭難の危険性は比例して増えるのだから、そのことを忘れずに、惰性に陥らず、常に周囲を点検して渓に向かおうではないか、というほどの意味である。

パーティーとしても遭難寸前の危機はなんどかあったが、私自身にも、当然のことながら危機一髪の経験がある。それでもこうして原稿を書いていられるのは、繰り返すが好運の産物に他ならない。ほとんど駄目かと思った二つの事態が、ともに雪にまつわる事故で、それも山の仕事にかかわっているのは皮肉としかいいようがない。仲間との山行なら緊密な連繫によって、おそらく避けえたはずの事故だったからである。すべては油断が招いた事態だった。

東北の月山でのことである。雑誌「渓流」の取材で、釣りとスキーのコラボレーションを提案したのは私だった。それはおもしろい、是非やってください、とモデルを指定してきたのは編集部である。時は七月。スキーのシーンを撮りながら釣りもできるのは、豊富な残雪に覆われた月山ならではの取材である

月山は山岳信仰と修験の山で、羽黒山、湯殿山とならぶ出羽三山の一角を占める。農耕の神として祀られているのは月読命《つくよみのみこと》で、死後の世界を司る神としても知られている。

古代において出羽三山は、月山、鳥海山、羽黒山であった。それが変遷を重ねて現在のかたちに落ち着いたのだが、どちらにせよ、鳥海山と月山は一対の山だった。鳥海山の陽と月山の陰である。生の象徴としての鳥海山と、安らかな死後の世界を求める月山は、一対の陰陽の山として成立してきた。月山は祖霊信仰の山なのである。

その月山を雄大に貫く流れのひとつが、最上川支流の立谷川《たちやがわ》で、上流には粗末だが快適な避難小屋がある。いまでは姥沢や弥陀ヶ原に表玄関を奪われたかたちになっているが、八方七口と呼ばれた月山の登路の、由緒正しい岩根沢口参詣道の奥深くに建っているのが「清川行人小屋《きよかわぎょうにん》」である。

まるで山奥の分校のような佇まいの清川小屋には源流の清水が引かれ、寒い日のために薪ストーブ

まで設《しつら》えてある。シーズンの週末でも宿泊者をあまり見ないこの小屋は、しかし月山を愛する者たちによって管理され、快適な環境を整えているのである。

この小屋に月山の山頂から滑り降り、目前の流れに竿を出すのが取材の目的であった。緑滴る月山の、豊富な残雪を割って流れる立谷川の源流で岩魚を釣り、古いが清潔な小屋に泊まる贅沢。もちろん、釣れなければ話にならないが、岩魚は一尾か二尾あればよかった。釣りは主役でこそあれ、その岩魚を育む月山の豊かな自然を写し撮りたかったのだ。

モデルはスノーボーダーの達人である高橋玉樹さんとお仲間の荒井さん。山にも造詣が深く、ラインとしては遊びに等しい。天気さえ良ければ最上の二日間になるはずだった。

姥沢のスキー場からリフトに乗り、そこから亀の子のようにスノーボードを背負って山頂をめざす。山頂を踏んで北東に進むと、夏なお残る万年雪の「大雪城《おおゆきしろ》」に出る。清川行人小屋は、この大雪城の下端にある。しかし七月ともなると雪の状態が悪く、私のテレマークスキーではスプーンカットに跳ね返されるが、スノボの二人は快適に飛ばしていく。

小屋にいたのは、月山とこの小屋を愛する地元の岳人「清川月山会」の面々で、訊けば、餌の数だけ岩魚が釣れるよ、とのこと。明日の午前に釣って、そのまま頂上に登り返す計画なのだが、天気が思わしくなく、それならきょうのうちに釣ってしまおうと腰を上げる。

しかし事は、そううまくは運ばなかった。例年にも増して残雪が多く、私たちはどんどん下流へと追いやられた。高橋さんはフライロッドで、荒井さんはルアーである。けれど残雪の渓で、フライやルアーに岩魚がヒットするものだろうか。私も編集部も、まったくその事に対して失念していた。季節に対する仕掛けの適合を考えていなかったのである。餌の数だけ、と清川小屋の客は言ったが、その餌がないのだから、名人でもないかぎり、フライやルアーに岩魚がくるはずがなかった。徒労と失望と焦燥が、それぞれの面貌を満たしていく。もう少し、あと一投。その諦めの悪さもよくなかった。次で駄目なら引き上げて、明日また出直しましょう。そう声をかけて、最後の残雪の淵に望みを繋ぐ。すでに夕暮れが近い。

前後を雪渓に覆われたその滝は、落差一メートル。滝上で竿をふる二人を撮影しようと、下の雪渓の縁から滝に飛び移る。しかし望みは断たれ、ついに岩魚の影を見ることはできなかった。

諦めきれずに竿をふる彼らを置いて、私はふたたび滝上から雪渓に跳んだ。次の瞬間、雪渓が半径二メートルにわたって崩壊したのである。雪渓から岩に跳ぶより、岩から雪渓に跳ぶほうが、雪に衝撃が加わることを知っていたにもかかわらず、私は無造作に禁忌を犯してしまったのだ。

私はうろたえて立ち上がろうとしたが、流れの速さがそれを妨げた。このままでは、下流百メートルはつづく雪渓の暗黒に呑みこまれてしまう。そのとき私は、とっさに雪渓の切断面にぶら下がった。それで体勢を立て直そうとしたのである。

しかし、それも空しい努力だった。身体を持ち去ろうとする流れがあるかぎり、沢床に立つのは不可能だった。このままでは、やがてちからが尽きて、雪渓の暗やみに持ち去られてしまうのは明らかだった。もし下に落差を持つ滝があり、そこに嵌まれば低体温に陥って長くは持つまいし、あるいは雪渓の奥深くに運ばれれば、そのまま春まで冷凍漬けになるだろう。

死中に活路を見出す思いで、雪渓の縁にかけた手を放した。雪渓の奥が滝の落ち口の手前で狭まっていたのが私の好運である。そのスプーンカットのひとつに指をかけ、ようやく足を流れの底に置くことができた。いつ気づいたのか、上方の半円の空間から、心配そうに覗きこむ二人の姿があった。私は危うく、死後を司る月山の胎内に魂を捧げるところであった。いのちを拾った一方で私が失ったのは、小さなプライドとカメラ機材一式だったのである。

＊

その数年後の春。「岳人」誌の取材で、飯豊連峰の縦走をやった。還暦間近の中年オヤジの私に、単独でさまざまな山を歩かせようという企画のひとつだった。山は私が自由に選んでよかった。八ヶ岳の冬季単独全山縦走、大雪山《たいせつさん》から十勝《とかち》連峰への初秋の単独縦走と回を重ねていたから、おそらく三度目の挑戦だった。

飯豊連峰西方の蒜場《ひるば》山から最高峰の大日《だいにち》岳を越え、北方の杁差《えぶりさし》岳までの縦走を企てたのにはわけがある。

数年前の「岳人」誌で、全国のマイナー名山を選定する企画があった。知られていないが名山としての品格があり、一泊以上を要し、かつ登山道がない山、というのが条件であった。私も選定委員のひとりで、選んだ山は全国で十二山。その筆頭が私の推した川内《かわち》山塊の矢筈《やはず》岳だった。しかし矢筈岳はその後道が整備され、山頂に標識が建てられて、マイナー名山としての孤高の風姿を失った。その当時から脳裏を過《よ》ぎっていた山が、飯豊連峰の烏帽子岳である。次位に甘んじたが、奥深さでは矢筈岳を凌ぐものがあった。私がこの山を筆頭に推さなかったのは、いまだ登っていなかったからである。

起点となる蒜場山から大日岳までは道がなく、烏帽子岳はその中間地点に位置していた。登るなら残雪に覆われ、しかも雪の締まる四月が好機である。どうしても烏帽子岳に立ちたいという思いが、私を残雪の飯豊の縦走に導いたのだった。

地形図で調べたこのコースの難関は三つ。蒜場山と烏帽子岳と大日岳の、それぞれの下りである。尾根が明瞭に繋がっておらず、視界が悪ければ迷いかねなかった。その場合は手前で泊まって天候の回復を待つ作戦を立てた。

蒜場山を越え、稲葉ノ平と丸子カルを通過して烏帽子岳に立ったのは三日目の朝である。快晴の南峰に立ったとたん、いきなりの風雪に見舞われて鞍部にテントを張った。軽い前線の通過だろうと、緊急避難のつもりで安易に建てたテントは、その後二十四時間止むことのない風雪に叩かれ、テントから一歩も出ることができなかった。出ればテントが飛ばされそうな強風だったからである。おかげでトイレに出ることもかなわず、食器にオシッコをして外に捨てた。

丸一日吹き荒れた風雪に耐え、ろくに眠れなかったが、気を取り直して烏帽子岳を発ち、大日岳に立ったのはその日の午後の、陽の傾く頃合いであった。気温が下がって雪面が氷化し、迷わずアイゼンを着けた。第三の難関の、大日岳の下りから御西岳《おにしだけ》への稜線がくっきりと見え、勝利を確信したのが油断のもとだった。

風が吹いていた。大日岳の下りはかなりの急傾斜だったが、アイゼンを利かせてゆっくりと降りれば問題はないはずだった。カメラケースのバンドの余長が風に舞い、後方にふり上げたアイゼンの爪を、まるで獲物を狙ったように捕らえ、それと知らずに足を下ろそうとした私は体勢を崩して倒れ、凍った雪面を滑りはじめた。

ピッケルバンドを外していたのもよくなかった。カメラを頻繁に構えようとすれば、ピッケルバンドが邪魔になるからである。しかし、カメラはすでにケースに仕舞っていたのだから、ピッケルバンドをきちんと手首に着けて、難場に備えるべきだったのである。

滑りはじめた瞬間、なにを思ったか私はピッケルを手から放し、指先で凍った雪面を引っ掻いていた。止まるはずがなかった。はっと気づいた私は、反射的にアイゼンを蹴りこんでいた。見上げると三メートルほど頭上にピッケルが刺さっていた。

足下には実川《さねかわ》源頭の氷のスロープが、ボブスレーのコースのように渓底までつづき、ところどころに岩が顔を覗かせていた。バランスを崩せば奈落の底に落ちてしまう綱わたりをしてでもいるかのように、しばらくそのままで息を整え、両手で雪面に身体を支えながら、じわじわとピッケルを求めて登り返したのである。

九死に一生などというよりも、九分九厘死んでいてもおかしくない窮地であった。もし転倒した体勢が少しでも傾いていれば、たとえアイゼンを刺したにしても身体が弾き飛ばされ、私はそのまま、死の直行便としてのボブスレーの乗員になっていたはずである。

その夜は無人の御西小屋に泊まって生還の祝杯を挙げた。すでに杁差岳をめざす意欲など、どこにもなかった。いのちを拾った。その思いだけが鮮烈であった。

＊

熊との遭遇であれ、雪渓の踏み抜きであれ、大日岳での滑落であれ、思い返しても恐怖の実感がほとんどない。冷や汗が出たり、背筋が凍ったり、うなされたりはしないのだ。なにやら霧の彼方の夢のような出来事である。

それはおそらく覚悟なのだろうと思う。もちろん、死を受容する覚悟ではない。山をつづけているかぎり、いつ何時、ふりかかってもおかしくない、遭難という事態への覚悟である。これが山以外の不時の危難なら、私は見苦しく泣き叫ぶに違いなかった。

これまでの山の自身の危機に際して、私は好運だと述べてきた。それが悪運でもなく強運でもないのは、悪運も強運もツキだと思うからだ。ツキならば、いつかは落ちる。そのツキに縋って生きるほど、私は強くはない。しかしそれが好運ならば、本来はもっと悪しき結果になっていたはずの事態への反省や努力に繋がる。だから私は、これから先も訪れるであろう危機——あまり遭いたくはないが——からの脱却を好運だと、ことさら思うことにしているのである。

いつ死んでもいいが、決して死にたいわけではないと思うようになったのは、老いの坂を自覚するようになってからだ。語るべき才能をなにひとつ持たない私だが、他人の迷惑を顧みず、やりたいことをやりたいようにやってきた。後顧の憂いはないのである。

生は公平だが死は不公平だとも述べてきた。どのみち逃れられない死ならば、苦しむよりも安楽に死を迎えたいと願うのは誰しものことだろう。おやすみ、と言って寝室に消えた人間が、翌朝布団のなかで冷たくなっている死は、まったく幸福な死に方といえるだろう。しかし、死の瞬間に際して、大方の人生はプラスマイナスゼロであろうという持論に従えば、安楽死が、たとえば余命を宣告された死よりも、ほんとうに幸せなのだろうかと最近疑うようになった。

不意に訪れる死は、死を意識する暇《いとま》もないが、余命を宣告された死には、死への覚悟と準備をなす時間を与えられているともいえるのである。死が逃れられない実相ならば、死を迎える在りようもまた公平なのではなかろうか、と不遜な思いをいだく。


知り合いの釣りびとのKとNが、朝日連峰の岩井又沢《いわいまた》で五十五歳の誕生日を祝った。岩井又と祝いをかけたのだ。しかし岩井又沢は岩壁が井戸のようになっている難渓で、助っ人兼切り込み隊長に会の若手のSを動員した。

とある滝つぼを突破しようとしたSは、滝つぼの激しい流れに引きこまれて溺死するのだが、それが仮にSの独断であったとしても、リーダーであったKの責任は免れないだろう。そこまではやむをえないとしてもいい。しかし、その後の処理が最悪だった。

Sの遺体を村上警察署に運んだ彼らは、急を聞いて駆けつけているはずのSの父親の到着を待たずに引き上げたのである。

山にいて葬儀に間に合わなかった私は、山からの帰途に弔問したのだが、KとNの仲間と思われて危うく門前払いをされそうになった。金属製の冷たい安置台に裸で置かれた息子をそのままに、なぜ彼らは帰ってしまったのかと、Sの父は声を震わせ、涙を流しながら悔しそうに語った。

人間には、やってはいけないことがあるが、やらねばならないこともある。どのような理由があろうともだ。

その少しあと、富山の有峰《ありみね》林道で、Kの車が数百メートル下の谷底に転落してKと奥さんが亡くなった。その知らせを受けた私たちは、Sの死との不思議な因縁に思いを馳せ、きっとKは呼ばれたに違いないと囁きあった。Kの死が、Sの四十九日の当日だったからである。偶然であろうと思う。しかし、偶然でないとも言い切れない。

いのちを拾った私と、彼岸に持ち去られたSとKのそれぞれの明暗もまた、さまざまな生と死の実相のひとつに他ならないのである。

山渓交遊録1・浪漫の仲間たち

山と渓に遊んだ半生を書くように勧めてくれた編集者の真意を、いまだに私は理解していない。なんで私なのかがわからなかったのだ。山と出会い、渓に目覚めて歳月を費やしながら、ヒマラヤの未踏峰に立ったわけでもなく、身を削るような苛烈な登攀と遡行を重ねてきたのでもない私は、ただの平凡な登山者のひとりに過ぎない。

小さな山岳会を率いて未知未踏の渓を求め歩いた自覚はあるが、私の登攀力や遡行力など並み以下だという自覚もまたある。その自覚を身につけることが臆病さと慎重さに繋がり、それゆえにこそ生き延びてきたようなものである。

唯一私が縋《すが》ったのは、遡行は総合力だとする一点であった。総合力とは山河の意思に逆らわず、おのれの力量を知り、渓に埋没するようにして同化することである。

私が存在するから山河があるというのは哲学の帰結にほかならないが、私はやはり、山河があって私がいるのだと信じたかった。私たちは山河によって生かされているのである。

森の深さによって山の保水力を知り、等高線の密度によって渓相を読む。流れの際《きわ》の草木の状態で増水時の水位を探り、上空の微細な変化も見逃さない。川原に宿るか高みに泊まるか。雪国の強靭な灌木を信じて体重を預けるが、それが雪の少ない山域なら、手首ほどもある灌木でも決して信じずに、そっと手をかける。その根底にあるのは、人間など歯牙にもかけない山河の存在である。それは山河に寄せる、敬虔な祈りのような自覚である。

美しい山河に美しいラインを引きたいと希ってきたし、その軌跡を拙《つたな》い文章に綴ってもきた。しかし、それだけの人間に過ぎない私が、半生の記など果たして書いてよいのか。

そういう歳まわりになったということですよ。静かに語る編集者に唆されて、その気になった。機会を与えられれば書かずにいられない私の、抜きがたい本質を見透かされたようなものだった。

結果、しょんべん臭いガキのころから白髪頭になるまでの経緯を書き連ねているのだから、これはもう半生の記ではなく、自伝のようなものだろう。その間、当然のことながら多くの他者との交流がある。ひとは他者とかかわらなければ生きてはいけない。

自叙伝の多くは晩年に著される。功なり名を遂げるためには歳月が必要だからだが、しかしどうもそれだけではなさそうだ。交遊録を記すには鬼籍に入った者たちを書けばいい。死者は反論しないからだ。それが立志伝中の人物なら、取り巻きたちがへへえっと畏れ入るだろうからなんの問題もあるまい。しかし私のような、まだ少し余生を残している凡人となると、なかなかそうもいかない。兄弟も仲間たちもぴんぴんしているのである。

この一文を載せた「月刊みすず」は仙台の兄によって購読され、そののち秋田の姉に転送されるという、まことに姑息な読み方をされているのであるが、書いてから数ヵ月ののちに秋田から逆鱗の電話が入る。

「しんちゃ、おめへばなに考えでるなや。なんでもかんでも書けばいいってもんでねえべ。おめだばいいべども、おらえだって兄さんがだだって書かえればしょしごどはなんぼでもあらあだ。少し考えれって」（通訳と大意＝信一さん、あなたはなにを考えてるの。相手の迷惑を省みないで、なんでも書いていいというものでもないでしょう。あなたはいいでしょうけど、私の家も兄たちも、書かれて恥ずかしいことはいくらでもあるの。少しは考えなさい）

私はこの姉に頭が上がらないのである。したがってここでは、多少のことなら許してくれるはずの仲間たちから書くことにする。交遊録は、相手が嫌がることほど読んでおもしろいのであるが、仕方がないから差し障りのない程度に留める。

＊

浦和浪漫山岳会を立ち上げたとき、職域山岳会から移行した仲間のなかで、いまだに付き合っているのが四人いる。付き合っているどころか、年に三回のOB山行を二十年もつづけ、ほぼ全員が皆勤に近いのだから尋常ではない。彼らの現役時代を加えれば、ともに山に登った歳月は三十年を優に越え、そろそろ四十年に手が届く。

その歳月を、疎遠になることもなく、頻度はともかく継続的に付き合ってきたのは異例といおうか異常というべきか。

私をさておけば、彼らの夫婦仲はきわめて円満である。妻の操縦に長けているのか、はたまた妻たちの理解が深いのか。そのいずれもそうだとして、たとえ薄くであれ、山とどこかで関わっていたいという、彼らの希求の結果だと信じたい。

彼らはすべて関東北部か東北出身の長男坊である。山を愛するものには長男か一人っ子が多いというのが登山界の定説だが、揃って東北出身というのは、高度成長で地方から駆り出された時代の背景があったからである。

坂内幸男の栃木、小松正秋の岩手、舘岡恵《さとし》の秋田、水野栄次の福島。彼らが山岳会を去り、五月雨《さみだれ》のように東北の地に散っていったのは、地域研究が佳境を迎え、第二世代に差し掛かるころあいであった。

彼らの誰かに代表の座を継がせ、山岳会を背負ってもらおうと目論んでいた私は、深い挫折と焦燥の思いをいだいたまま彼らを見送るほかなかった。私は取り残されたのだと思った。櫛の歯が欠けるように去っていく古い仲間の最後が秋田の舘岡で、すんなりと秋田に帰るのではなく、仙台の高速道路公団に出向のかたちで転勤したのである。

舘岡を見送ったとき、私は一からの出直しを覚悟した。浦和浪漫になってから入会した仲間たちの前で、落胆の色を見せるわけにはいかなかったのだ。

会にこられなくなった仲間たちとＯＢ会を結成し、東北の地でＯＢ山行をはじめたのは、それからしばらくしてのことである。心置きなく山行に専念するためには、有事に際しての後方支援の組織が必要であるというのが結成の名目だが、創立以来の彼らとの絆を失いたくなかったのが本音である。

最初は秋の栗駒山でキノコ山行と銘打って行われた。それが存外に楽しく、やがて春の山菜山行に広がり、三月の山スキー山行に繋がっていく。当時、宮城蔵王の澄川スキー場の一角にNTTの無人の山小屋があり、仙台の総務部門にいた水野の伝手《つて》を使えば、わずかな金額で施設を借り切り、思う存分好き勝手ができたのだ。そこには現役会員も加わって活況を呈し、古い仲間たちも刺激を受けたのだが、やはり浮沈は付き物で、現役が少ないときは不平も出た。そんなとき私は、五人しかいないと思えばいいではないかと言った。五人ではじめたものなら五人が集まればいい。その絆を深めながらなお門戸を開いていれば、少ない現役参加者もうれしいものだ。

そのようにして東北のOB山行は回を重ね、二十年を超えた。集う顔は同じでも、衰えは拭いようもない。頭は白く、あるいは禿げて肌は弛《たる》み、積年の面影を見出しようもないけれど、変わらず山の話に花が咲く。私の世代は知らず、もしかしたらOB会は戦友会に似てはいまいかと危惧した。太平洋戦争という凄惨な修羅場を生き抜いたものたちの集まりを手放しで認めようとは思わないが、私たちのフィールドは戦場ではなく山である。ときに命を賭けた遊びをしてきた私たちも戦友のようなものだが、それが山であるかぎり、私たちの集まりのほうが純粋で屈託がないはずだ。

思えば与野の独身寮で隣合わせの部屋に住んだのが坂内との機縁である。どのような難局にも動揺せず、長身を利した圧倒的な遡行力を見せる坂内を、私は鉄人と呼んだ。全国でも五本の指に入ると私は彼を評したが、それは決して誇張ではない。

ライオンの鬣《たてがみ》のような長髪をなびかせた坂内だが、いまや産毛がかろうじて見えるばかりの頭になった。私たちのなかで唯一孫がいる。孫を持ち出されれば、もっと山に行こうぜ、とは言い出せなく

坂内幸男と。早出川遡行の後、矢筈岳山頂にて。後方は粟ヶ岳。1984年９月

なる。坂内を見ていると、つくづく私たち五人は合わせ鏡なのだと思う。それぞれの暮らしを懸命に生き、花を咲かせて実をつける。そして孫という新しい生命にみずからを受け継ぎ、朽ちていく。それはいまだ孫のいない小松や水野や舘岡にも、遠からず訪れる未来である。なにもいまさら山にこだわることはない。山と深く遊んだ記憶が彼らの晩年を豊かに彩るなら、ＯＢ会というささやかな集まりの意義もまた、十全に果たしたといえるのである。

小松正秋ほど、結婚という人生の節目を機に生きざまを変えた人間を、ほかに知らない。それまでは、ひとにどう見られようと委細かまわず、破れたジーパンを穿き、山用のシュラフで夜ごとを過ごしていた端正な顔立ちの青年が、結婚を機にがらりと変わるのである。身綺麗にし、冷やかしに訪れた私たちの前に、ついぞ見たこともないピンクのパジャマ姿で現れる。もちろんそれが新妻の買い求めたものだとしても、私たち仲間は、小松は狂ったかと訝《いぶか》しんだ。それほどの変容であった。しかし、それが小松の予定調和の出来事であり、結婚生活に自身の安定を求めたのは、彼の生得《しょうとく》の願望であったのだと、やがて気づいた。

それでも彼は、結婚生活に重きを置いて山から遠ざかったのでは決してない。私とは会運営の是非をめぐって論争が絶えなかったが、山にもよく行った。会員との軋轢も多かったが、会員の面倒をよく見たのも小松であった。岩手に小松がいてくれるのは、会員たちの大きな支えになっていたのである。角《つの》を残しながら円熟を増していく。坂内とともに定年を間近にした小松を見ていて思うことである。

単身で北上に住みながら盛岡の職場に通い、一方で気仙沼の実家に家族を置いている。その気仙沼の家が、瀬戸際で震災の魔の手から逃れたのは僥倖にほかならないが、私たちは彼と家族の無事をこころからよろこんだ。

福島の水野栄次は、仙台との転勤を繰り返した末に、郡山に安住の地を求めた。若いころから仕事の虫であった。というよりも、そうせざるを得ない環境にあったのだ。彼以外の四人は、いずれも技術畑で、緊急事態にでもならないかぎり休みは捻り出せるが、一貫して総務畑を歩いてきた水野は、そうはいかなかった。人間を相手にする仕事がいちばん忙しい。それでも激務の合間に閑を見出して、よく登ったと思う。十四週連続山行というのは、彼の若い日の記念碑になっているはずである。

そんな水野も五十代に差し掛かって、ようやく開き直った。山に復帰したのである。会社勤めの到達点が視えてしまえば、ひとは誰でも生き方を考え直す。手を抜くというのではない。十全に仕事をしてなお、豊かに生きようとしたのである。若い社員が育ったこともあるだろうし、そのほうがうるさがられなくて済む。娘たちも年頃になり、親父元気で留守がいいのだと強がるが、彼ら家族の結束と連帯は比類がない。

そんな水野の復帰をなによりよろこんでいるのが私である。いまではろうまん山房の現役に混じって、月に二回は山に行く。冬のスキーは水野の独壇場である。彼の住む郡山の近郊は、山スキーのメッカだからだ。

舘岡は私の高校の後輩である。彼が山岳会に入ったのは二十歳を少し過ぎたころだが、その純朴さを皆が愛した。またその話ですか、と彼は眉を顰《ひそ》めるのだが、初めて北アルプスに連れていったとき、真昼の星を眺めながら、蒙古人の視力は三・〇で、三つ目がいると教えると、たやすくそれを信じたのである。三つ目の種族の存在は、まったくの嘘ではないが、それにしても疑いを持つことを知らない彼の朴訥《ぼくとつ》を私たちは愛した。

そんな彼も、五十の坂を越えて山から遠ざかっている。それは秋田の両親が老いて、広大な田畑の農作業を彼ひとりで支えているからである。数年前のOB会の席上で、古い連中で奥利根本流を遡行する話が決まったとき、翌日、申しわけなさそうに舘岡から電話が入った。きのうは盛り上がっていて言い出せなかったが、茄子《なす》の収穫が佳境で手が放せない、というのである。それなら計画を一年遅らせるから、来年は茄子の作付けを半分にせよ、と厳命したのだが、結局話は立ち消えになった。山は逃げないが、機会を逃すと山は果てもなく遠ざかる。そんな舘岡が、NEXCO東日本にスカウトされて要職についているのだから、人生はわからない。

＊

東北の古い仲間にかぎらず、一定の実績をあげたのち、会から離れざるを得ない会員がOB会に移行してくる。なにもせずとも、長く在籍していることこそが貢献の最たるもので、継続は力だという見本だね、と私に皮肉を籠めて言われているのが大久保浩で、OB会員の権利を有しながら、いまだに現役に留めおかれ、年に数度、忘れられては困るとでもいいたげに参加している。私の苦言と罵倒を馬耳東風に受け流せる希少な存在かと思う。

平野淳子は、登れない、歩けない、背負えない女子会員の典型で、舘岡が秋田の岳友の渡辺進雄《しんゆう》を連れてきたとき、これ幸いと彼の車に乗せ、アドレスを交換して付き合え、と唆したら、もののみごとにカップルになった。狙い通りになったのだからよろこんでいいのだが、あまりに目論見どおりつぼに嵌まると、ちょっと鼻白むのは私の嫉妬である。すでに二児の母親で、秋田に住み、当然ながら山とは疎遠になった。

名古屋の山岳会で、チーフリーダーを張っているのが浅野賢一である。彼もまた地方出身の長男で、長く私たちと登った末に、岐阜に帰って暮らしている。あまり顔を見せないが、他の山岳会で重きを置かれているのが、私たちにとってはなによりうれしく、誇りを感じさせてくれる。

そして最近、二十年ぶりでＯＢ会に参加するようになったのが松下ゆう子である。老いたりとはいえ、早稲田大学を卒業し、西洋美術を教えてきた才媛と美貌はいささかも衰えず、百人殺し（言葉どおりの意味ではなく、百人の求愛を袖にした）の風評もかくや、と思わせるのである。

＊

さて、ろうまん山房には数少ないながら現役がいる。栃木の大田原のガス屋の社長が石井伸和《のぶかず》である。四十歳を過ぎてなお、これほど素直で素朴な人間もめずらしい。山の食事の才は瞑目するに値するほど見事なもので、純粋に私を慕ってくれるのだが、いつだったか同行した女性編集者に、石井さんの献身が高桑さんを駄目にする、と言わしめたものだ。

埼玉の春日部で司法書士をしている狐塚《こづか》克博はもはや古株で、忙しさのあまり山にも行けないが、私にとっては得がたい中堅である。ただ、山に行けないことが自己撞着を招いている気配があり、私には如何ともしがたいが、なんとか突破口を見出して欲しいものだ。

日商岩井に入社し、関連会社を転々としている室井雅彦は、もはやどこの誰なのかがわからないほどの風雲の人生を送っているが、倒れそうになりながら前進をやめない生き様の背景には、柔道二段という運動部系の粘り強さがあるに違いない。

古参の黒澤芳一は海外赴任のさなかで、いつまでも帰参が許されないのは、現地妻の存在があるからではないか、というのが、根拠のない私の揶揄である。顔を見なくなってすでに四年が経つが、ようやく帰国したと連絡があったのが先日（二〇一三年三月）のことである。どこぞの山宿で、帰国祝いをして旅の垢を落としてやらねばなるまいと思う。

ともあれ私の山岳人生が豊かなのは、彼ら浪漫の仲間たちがいるからである。そのことに感謝し、率直によろこぼうと思う。

山渓交遊録２・池田知沙子、そして心優しき先達たち

現役集団としての遡行同人「ろうまん山房」と浦和浪漫山岳会ＯＢ会の陣容は、両者合わせても十数名という、絶滅危惧種にも等しいかつかつの所帯である。したがって個別に山行を組むというよりは、互いに誘い合って山に向かう横断的な様相を呈さざるをえないのだが、このような情けない仕儀に立ち至った原因はただひとつ。両者の母体である浦和浪漫山岳会を両断し、あまつさえ会名をも消滅せしめた私の愚挙である。

会の運営を託した会員たちとの間に隙間風を感じはじめたのはフリーになってからだった。当初それを、私が会の山行に参加しなくなったからだろうと思っていた。ガイドの仕事の多くは週末で、それはそのまま会の山行に参加できないことを意味する。会の山行には参加せずガイドの仕事に没頭し、ときに会員を助手に連れ出したりすることに不満が生まれたのだと。しかしそうではなかった。私は疎まれていたのであり、目の上のたんこぶだったのだ。

代表を辞したのは、その数年前だった。笛吹けど踊らない会員たちに業を煮やして、後継者を無理

やり選び出して運営を任せたのである。私は疲れ果てていた。会員の減少に歯止めがかからないのは山岳界全体の風潮で、加えて沢登りの世界では未知未踏の渓を探し出すのが難しい時代になっていた。絶滅危惧種に等しく、会員が一定数を割りこめば繁殖率は著しく低下する。行き着く先は山岳会の消滅である。会員を増やさないかぎり生き残る方途はない。そのためにはどうするか。

さまざまな案が浮かんでは消えた。どの案も、会員たちの自発的な協力なくしては不可能だった。叱咤激励は徒労を生み、そのたびごとに私は疲弊していった。おのれの無力感に会員を巻きこむわけにはいかなかった。ならば俺抜きで、お前たちのやりたいようにやってみろ。そう告げて代表を降りたのだ。

私は責任を放棄したのである。それでいて、会の行く末を見届ける責任まで放棄したのではない。山行にはいけなくとも、集会には参加して彼らの議論を聞き、あるいは助言をすることによって見守ろうとしたのである。

代表の座を放棄したのだから、助言はしても彼らの決定には極力従おうとした。それでもなお、勝手に山岳会の未来を託して責任を逃れた私の存在が疎ましかったのであろう。山には行かないくせに集会にはやってきて、いつも気難しそうな顔をして座っているのだから。

彼らとの山行は決して多くはなかった。山行をともにして議論を重ねてこなかったツケがこれである。とすれば、ここにあるのは器をそのままに中身が変わってしまった山岳会だった。

もはやこれまでと、私は数人の気心の知れた会員を引き連れて会を出ようと企てた。すなわち、遡行同人「ろうまん山房」の設立である。しかし私は騒乱を願ったのではない。残った会員たちで浦和浪漫山岳会を盛り立ててくれればそれでよかった。私はひっそりと身を引きたかったのだ。

　だが、やはりそれではすまなかった。慌てふためいた会員たちが騒ぎ立て、あろうことかOB会に助けを求めたのだ。それは私との仲裁ではなく、OB会に連繫を要請したところに彼らの読みの甘さがあった。

　OB会を代表して坂内が集会に乗りこみ、会名の使用禁止と返還を告げたのである。OB会の意思をひと言でいえば次のようになる。浦和浪漫山岳会があってOB会が存在したのではなく、OB会があってこそ、浦和浪漫山岳会が存在しえたのだ、と。

　その矜持を見誤ったのが彼らの誤算である。そして、私を含めたOB会をないがしろにしたことに、内紛に至ったすべての原因があったように思う。いや、白状すれば私の徒労の背景には、みずから認めたくない感情があった。未知未踏の領域を切り拓き、山岳界へのいささかの貢献を成し得たというささやかな自足と達成感である。そのゆえにこそ、私は抜け殻になっていたのだ。その小さな自足が向上心を鈍らせ、みずからを後退せしめたのではなかったか。その感情を扱いかねて、老害を撒き散らしたのではあるまいか。

　もっと周到に退場すべきであった。ここまで騒ぎを大きくするつもりはなかったのだ。内情を知らない若い会員たちを動揺させた後悔だけが重くこころにのしかかった。しかし、もはや後戻りはできなかった。すべては私の不明であり、寄ってくるものを愛し、逆らうものを切って捨てる私の悪癖が招いた災厄である。

　だが、いまになって思う。もし池田知沙子が生きてさえいれば、浦和浪漫山岳会の解体はありえなかったのではないか、と。

＊

池田知沙子の出身は千葉で旧姓は菊池。埼玉で池田俊樹と知り合って結婚。北海道にわたって山を知る。その後、帰埼して保育園に勤めながら浦和浪漫山岳会に入ったのは三十二歳のこと。子どもはなかった。

当初は北海道の仲間が恋しいらしく、合宿のたびに北海道に舞い戻って、あちらの仲間と山行をしていたのだが、未知未踏を模索する私たちの熱気に感化され、地域研究の先鋒となって活動するようになるまで、時間はかからなかった。

アフロヘアーにバンダナを巻いた出で立ちで女性会員の先頭に立つ姿は、美しき女傑と呼ぶに相応しい風情を醸しだしていたのであるが、なにせ超のつく天然だった。

奥利根合宿の帰りに、コシアブラの名前を覚えるにはどうしたらいいかと質問し、お前の尻と同じだよ、と私に言われ、笑い転げながら一発で覚えたのが彼女である。

用があって池田あ！　と呼んでも気がつかず、婆あ！　と呼ばれて初めて気がついて、返事をするようなひとだった。

ロングピースとウイスキーをこよなく愛し、角ビン一本を飲み干しても平然としていたほどの酒豪ぶりを発揮した。

ＯＢ山行では温泉の自炊宿に泊まるのが常だった。しかし、呑んで騒いで平然と混浴したのは彼女

1991年夏合宿。奥利根、小穂口沢出合のベースキャンプに全メンバーが揃う

だけである。物忘れの天才で、爆弾事件の渦中の公園にザックを忘れ、もしかしたらと大騒ぎになっている場に、それは私のです、と悪びれもせず取りにもどる度胸もあった。おそらく彼女のなかでは、恥の在り処と在りようが異なっていたのに違いない。

それでも彼女には優れた散文の才があった。起承転結に囚われず、山への思いを自在にあらわす感性のひとであった。私の好きな彼女の句を二編記しておく。

あくがれを
炎にあずけことごとく
空白となる
宵宮の酒

蠢《うごめ》いて
輝いて
つまづいて
流されて
はぐれてしまおうか

料理の腕前は一級品。家庭では夫婦のそれぞれの両親を、壮絶な介護の末に最期まで看取り、保育の仕事にも決して妥協をしなかった。そんな彼女も、山に入ると別人になった。

ふり返ると、萎《な》え足の少年がたたずんでいる夢を見ると言い、森の妖精のリリス（堕天使）に逢いたいと繰り返した。それらはすべて、池田知沙子の現実に直結していた。リリスに逢うためにはひとりの山でなければならず、森の樹はブナでなければならなかった。怖ろしいほどまじめに、彼女は自分の山を模索したのである。その非現実の夢に付き合う私たちはしかし、辟易しながらも彼女を愛した。彼女の純粋な山への希求を愛し、そのひた向きな山への姿勢を愛した。いくら山が好きでも、決して自由にはならない私たちの、少しばかりの羨望と嫉妬を含みながら。

そんな彼女だからこそ、会を割って消滅にいたる騒乱になど巻きこみたくはなかった。彼女を悲しませたくはなかった。生きていたなら。

加齢とともに、彼女の酒量は激減した。少しの酒で潰れるからである。それでも呑むのをやめなかった。酔うと唇の端を歪める奇病は加齢のせいだったろうか。徐々に荷物も背負えなくなり、歩みも遅くなった。それらの老いの予兆は無惨でさえあった。

彼女の入会から五十一歳で亡くなるまでの二十年、私たちは池田知沙子の山と渓の光芒とともに生きたのである。

一九九九（平成十一）年二月の連休の三日間、頸城《くびき》の雨飾山で遊んだ翌日の夕刻、また連れて行ってください、と電話をよこしたその夜に、彼女は忽然と逝った。その死にざまもまた、彼女に相応しく派手なものだった。入浴中に脳内出血に見舞われて急死したのだ。

呑んでいたかはわからない。しかし彼女のことだから呑んではいただろう。不幸だったのは、彼女の家の風呂が自動停止の機能を備えていなかったことだ。

帰宅したダンナが発見したとき、彼女は煮えたぎった風呂に浮かんでいたのである。もしダンナの帰宅が遅ければ彼女の肉は溶け、骨だけになっていたところだ。私が駆けつけたとき、本来なら白蠟色のはずの死に顔が、茹蛸《ゆでだこ》同然だったのだ。

ひとは死を選べないが、最後の最期まで周囲を騒がせ、悲しませて彼女は逝った。自分が死んだことさえ、あいつはいまだに信じていないだろうと、ダンナがぽつんと呟いた。墓など要らず、いっそゴミ箱にでも捨ててくれればいい、という生前の意思を無視して、私たちは彼女の愛した山河に遺骨を撒いた。

忘れ去ることによって、ひとは悲しみから立ち直る。彼女が逝ってから十三年の歳月が経つ。鮮烈な記憶と忘却の狭間でときを過ごしながら、私はゆっくりと池田知沙子を忘れつづけた。そしていま、彼女の面影を晩秋のかわいた空の彼方に思い浮かべている。すでに悲しみも消えて、残酷なまでに……淡々と。

＊

一九八五年八月一二日。私たちは奥利根の水長沢出合にいた。豪雨の夜であった。焚き火を囲む私たちのタープにやって来たのが小泉共司《ともつぐ》である。私たちは夏の休暇を利用して、奥利根の先達であるグループ・ゼフィルスの数名と、奥利根の集いと称して合宿を展開していた。小泉共司は、その頭目である。私のかたわらに池田知沙子がいて、その向こうに彼は座った。すでに食事を終え、解散して

池田知沙子と。1997年５月。南会津、三ッ岩岳にて

いたのだが、ラジオのニュースに三々五々集まってきたのだ。

そのときの彼の出で立ちをいまでも忘れない。寒かったのだろう、下着のシャツを股引《ももひき》代わりに穿いていたため、首の部分が狸の金玉のように垂れ下がっていた。短髪で上の前歯が二本無く、その格好で腰を下ろして、興奮したように話しはじめた。

「いま平ケ岳のほうでよ、どーんという音がしたんだ。きっとあそこに落ちたんだ。間違いない」

タープを叩く雨の音で、まともに会話ができなかった。彼の声が、雨に負けまいと大きくなる。そうすると、前歯の隙間から唾が飛ぶのである。その唾を至近距離で顔面に浴びながら、奥利根の先輩だと思うからか、池田知沙子は顔を背けられないようであった。雨音に妨げられて平ケ岳の轟音が聞こえたわけではない。たとえそうだとしても、私たちになにができるはずも無かった。

話はそれだけである。ラジオのニュースは日航機事故の一報で、群馬の御巣鷹山《おすたかやま》に墜落したのを知ったのは翌朝だった。

小泉共司とは奥利根を通じて知り合い、さまざまな教えを受けたのだが、もっとも強烈な記憶として残っているのが、この夜の出来事である。

それから二十年近く経ち、私は南会津の只見に山小屋を求めた。閑静な別荘地の一角にある中古の物件だった。前に住んでいたのはアメリカ人の地ビール工場の経営者で、私は彼を『希望の里暮らし』(つり人社)の連載で取材していた。しかし技術を優先し、地元との折り合いを軽視したためか、彼の事業は左前で、私に住まいの売却を持ちかけ、南会津に拠点を探していた私は、快くこれを受けた。

その向かいの家に住んでいたのが田代一彦で、ここで暮らして家具を作りながら二十年になる山のひとだった。その田代を、同じ連載で取材したのだが、彼の奥さんの河口真理子が、日航機事故で悲痛な遺書を書き遺した河口博次氏の娘さんだと知ったのは、取材以後のことである。

私はひどく驚いた。因縁さえ感じた。むろん偶然だったろう。しかし私は、瞬時に奥利根の夜を思い返したのである。時空を超えてあの場に引きもどされたのだ。珍妙な姿の小泉共司がいて、彼の飛ばす唾を受けて困ったような顔をした池田知沙子がいた。豪雨の音がいまでも甦る。

ひとは不思議な糸によって操られ、輪廻のような邂逅の絆を生み出しているのかもしれない。河口真理子が田代一彦と出会わなければ、そして田代が私の小屋の前に住む山のひとでなければ、決して生まれないはずの邂逅である。

＊

岩崎元郎、渡辺斉、柏瀬祐之、深野稔生、佐伯郁夫・邦夫の兄弟。すでに七十歳代に突入しているはずの錚々たる先達がいる。山をともにしたことはないが、多くの薫陶を戴いた。

渓でいえば関根幸次と瀬畑雄三がいる。関根幸次には組織を率いる心構えを、瀬畑雄三からは渓の自在な遊び方を学んだ。

数少ないが、いまでもクライミングや渓に同行してくれるのが、ＡＣＣ－Ｊの本図一統と名雪博二で、劔沢大滝以来の付き合いだが、貴重な先輩である。

飯豊・朝日の山々を遊びつくす亀山東剛、武田宏のお二人とは古道を歩くかたわら縁が生まれたが、地元の山との向き合い方を教えてくれた。

竹濱武男・鈴木仁・下山田康男の茨城三人組は、私の釣りの師匠で、ときおり渓に同行を願っては、こころ安まる数日を過ごす。岩城史枝とは、彼女が「岳人」編集部在籍中に担当した連載を契機として、長いつき合いになっている。

私の事務所のある幸手《さって》市には、手島亨が住む。「童人トマの風」の会長で、同じ幸手に沢登りの巨匠二人が住むと、かの会員たちから、からかわれるが、まったくの偶然である。そろそろ創立二〇周年を迎えるはずで、高桑さんの会を目標にしたんですよ、と言ってはくれるが、こちらは負け組で、あちらは日本を代表する山岳会を築き上げた。

登山に専念したいがために会社の重職をなげうって退職し、悠々自適に山を遊ぶ。ときに山に誘われ、私がうれしそうについていくのは、そもそもこちらの会員数が少ないうえに、平日休めるやつらがいないからである。

取材の過程で生まれた多くの方々との交流がある。ガイドの客であったり、山小屋の主人であったり山里のひとであったりするが、彼らとの語らいは、私の安らぎの源泉になっている。

そして「岳人」、「山と溪谷」、「つり人」の各編集部の面々には、言葉を尽くしても足りないほどのお世話になった。そろそろ加齢を理由に退場せねばと思ってはいるが、いましばらくのお付き合いをお願いしたい。

そうした、山を愛する心優しきひとびととの交流を重ねながら、いま私はここにいる。


（文中、敬称略）

山へ、渓へ、そして森へ

雪崩に遭ったことが二度ある。そのいずれもが、発生を予測していたので事なきを得た。

一度目は後立山連峰の鹿島槍ヶ岳で、私たちは稜線上に建っている冷池山荘に泊まっていた。翌日の午前に山頂を踏んでから下山を開始したのだが、前夜からの降雪が膝上まであった。

下山は赤岩尾根だが下り始めが急斜面で、おまけに五十メートルほど下ると、その下が垂直の崖になる。ラインは崖の手前に立つ樹木から左方の尾根に乗るのだが、雪崩が起きれば崖を越えて飛ばされるのは明らかで、当然のようにザイルを張った。

雪崩が起きたのはもうすぐ樹木に届こうかという地点で、膝までの雪は見る間に胸まで達した。けれどザイルに守られて飛ばされることはなかった。いわばこちらから雪崩を起こしたわけで、雪が落ちてしまえばその後の通過は容易である。

二度目は上越の足拍子《あしびょうし》岳で、その日のうちに稜線に抜けてしまえばよかったものを、山頂から張り出した巨大なキノコのような雪庇が怖くて、少し離れた地点に雪洞を掘った。ひと晩経てば、少しは落ち着くと思ったのである。しかし、降雪はやまなかった。

安全を期すなら逃げ帰るのが正しい。だが欲が出た。直下の斜面は登るにつれて急になる。雪庇の崩壊ラインを逃れるには、山頂から離れた稜線の肩に向かえばいいのだが、降雪直後の雪を斜めに切るのは自殺行為である。まっすぐ登ってキノコの雪庇をぎりぎりで躱《かわ》すしかなかった。

私は仲間たちに安全なラインでの待機を指示して、ひとりで雪面を登りはじめた。

「俺が流されたら、その方向をちゃんと見て、埋まったら掘り起こしてくれ」

ひとりが登り切ればトレースがつく。そうなれば勝ったも同然だと、泳ぐように登っていたら、ズンという音がして斜面が揺れ、あっという間に流されていた。

二〇メートルも流されただろうか。幸い埋められることはなかった。怖かったのは私よりも、むしろ見ていた仲間たちのほうだったろう。

むろん山行はここまでと、潔く撤退する。下山は尾根通しで、足もとから雪崩が頻発するが、これは怖くない。雪崩を食らうのではなく、起こしながら下るからである。

雪崩に遭ったというのは正しくないが、雪崩を誘発して肝を冷やしたことがある。あれはまったく、生きた心地がしなかった。

初登攀を狙っていた上越国境の、三ッ石尾根の厳冬の様子を探ろうと、偵察山行をしたときのことだ。初日は大割山《おおわりやま》の直下で泊まり、二日目は大兜山《おおかぶとやま》でテントを張った。その夜に降った雪は一メートルを超え、すでに撤退は考えられなかった。行くも戻るも細い岩稜の真っただなかで、あと少し進めば三ッ石尾根は右稜と左稜に分かれ、その分岐までたどりつけば尾根も広くなり、左稜の森に逃げこめる。ならば進む一手であった。

しかしそこまでが長かった。足もとから厚さ一メートルの雪が、まるでスローモーションのように切断面をあらわにして谷底に落ちていく。たまらずザイルを出して牛歩のごとく進むのだが、左右一歩の踏み出しを間違えば奈落の底である。ザイルの触れた雪面が、ことごとく雪崩《なだ》れていく。ようやく岩稜が尽き、広くなった尾根でひと息つく。さて行くかと立ち上がり、先頭の若手が歩き出したその刹那、彼の左右の足のあいだが割れて雪崩が出た。

とっさに右手に跳んで巻きこまれずに済んだのはいいが、そのあとが凄かった。左の渓は、大兜山から右稜にかけて半円形に広がるジロト沢で、差しわたし五百メートルはあろうかという擂鉢《すりばち》状の一大空間が、まるで発破でもかけられたかのように、瞬時に連鎖して雪崩れ落ちたのだ。

私たちは立ち竦んだまま、声もなく震えた。たしかに彼は左の斜面に寄りすぎていたかもしれない。その不用意な一歩が、渓全体を揺るがして傲然と雪煙を上げたのである。

そのあとの私たちは雲の上を歩く思いで、足取りが定かではなかった。すでに尾根は広く平坦になっていたのに、先ほどの光景が脳裏を去らず、いつ足もとが浚《さら》われるのかと怯えたのだ。

その三ッ石尾根を初登攀したのは二年後の年末年始だった。寡雪の年で、さほどの苦労もなく山頂に立ち、風を避けて鞍部にテントを張ったのが大晦日の午後のこと。軽く呑んでひと寝入りし、新年の声を聴いたとたんに跳ね起きて、午前二時にはテント場をあとにした。新年の夜空に寒月が昇り、稜線の行く手を青く照らしていた。

私の脳裏から、ジロト沢の雪崩の光景が去らなかった。元日の夕方から悪天になる予報が告げられていた。悪天に摑まれば必死の脱出行になる。その前に巻機山までの縦走を果たし、避難小屋に逃げこみたかった。その思いが私に、深夜の出発を決断させたのである。

晴れてさえいれば、なんのことはなかった。冴え冴えとした青い光の稜線をたどり、私たちは無事、元日の午前に避難小屋に滑りこみ、あらためて初登攀の祝杯を挙げたのだ。

＊

夏は沢登り、冬は雪稜を標榜してきたが、フリーになったのを機に、少しずつ雪稜から遠ざかるようになる。山岳会の仲間たちとはなかなか日程が合わず、ましてひとりで雪稜に向かう体力もない。私が冬のガイドをしないのは、リスクを避けたからである。雪山ではラッセルが必須だからだ。ラッセルは雪をかき分けるのではない。雪を踏み固めて一歩を勝ち取る技術である。雪が深くなれば、その一歩さえ容易ではない。ピッケルで雪をかき寄せ、膝で押さえ、その上にワカンを履いた足を乗せて、ようやく一歩を踏み出せる。

ラッセルは技術と体力と気力の勝負だ。ラッセルハイというのは、ラッセルに夢中になるあまり無心になって昂揚し、無限にラッセルをつづけようとする状態をいうが、経験を積まないと、その前にへばってしまう。

そんな苦行を客にさせたくなかった。大雪が降れば必死の行軍になる。それが仲間となら力を合わせればいいが、お金をもらっている以上、先頭に立ってラッセルをするのは私の役目である。

上カケズの上部から、三ッ石山と国境稜線をのぞむ。1997年暮れ

日帰りのガイドをするつもりはさらさらなく、やるなら雪山に泊まって楽しんでほしかった。しかし私のガイドは、段階を重ねる教室のスタイルではなく、力量の見えない不特定の客が相手である。悪天に摑まれば進退窮まるのは目に見えていた。私が力尽きればパーティーの前途が危うくなる。そこまでして雪山のガイドをしたくはなかった。

この三月（二〇一三年）で六十四歳になる。それからの一年が、私のガイドの最後の仕事だ。雪山のガイドをしないから、正確に言えば秋までのことになる。まだやれるだろうと言われれば、できなくはあるまい。「老いてはやすきところを少な少なと演じ……」、という世阿弥の言葉のように、山の味わいを教え導くのならできると思う。しかし、私には辞めねばならない理由がある。

十年ほど前、著名な登山ガイドが、冬山でガイド中に遭難死したことがあった。死亡時の年齢は六十五歳である。その遭難を知ったとき、私は仲間たちにこう言った。

「六十五歳にもなって、ひとの生き死にを背負うガイドなんてやってんじゃねえよ。だから見ろ、本人が死んじまった」

そうなのだ。みずから放ったその言葉を覚えているかぎり、六十五歳になってまでガイドをつづけることはできない。そんな言葉など誰も覚えていませんよ、と言われようが、私が忘れていない以上、ガイドをつづけてしまえば厚顔無恥になる。

だが、これまで私を支えてくれた客たちとの付き合いをやめるつもりはない。同行を求められたら、金を戴かずに山に行けばいいだけのことだ。そのとき彼らは、初めて私のプライベートな山の仲間となるだろう。

＊

雪山ガイドをせず、雪稜から遠ざかった私の冬は、山スキー一辺倒になった。冬は原稿書きと決めているから、その合間を縫って仲間たちと雪山に向かうのである。

私のスキーはテレマークと呼ばれるもので、靴をスキーに固定するアルペンスタイルではない。もちろんアルペンスキーでも山は登れる。逆走しないためのシールをスキーの底に貼り付け、踵《かかと》の上がる山スキー専用のビンディングを開放して斜面を登ればいい。しかし、同じように見えながらアルペンとテレマークは、まったく異なるスキー技術だ。

テレマークスキーは踵が固定されない。これをヒールフリーという。したがって滑降時の姿勢も独特のものになる。登るときはシールが必要だが、登りも下りも踵は自由だ。この自由さがテレマークスキーの本領なのだ。

アルペンスキーでも山は歩けるが、滑降を優先して進化してきたスキーだ。それに比してテレマークスキーには、底に鱗を刻んだステップソールという、シールを必要とせずに登降できるものがある。そもそも滑り優先ではなく、山野を自在に歩くためのスキーなのである。

アルペンスキーがいっこうに上達せず、持っていたスキー一式を処分して辞めようと思っていた私は、テレマークスキーに出会ってすぐに魅せられた。

それから十年、暇を見つけては山中をうろついてきた。むろん、腕など知れたものである。しかし、スキーなんぞ山に登るための道具に過ぎないと、滑りの下手な言いわけにしていた私が、いまでは山スキー三昧なのだから、とても信じられないと他人《ひと》は言う。

私は幸運だったと思う。体力や気力が落ちて厳しい山が登れなくなっても、雪山から離れたくはなかった。老いてなお雪山を歩きつづけたかったのだ。そのためにはどうしたらいいか。標高を下げ、山の難度を落とせばいいのだろうか。

テレマークスキーに出会ったのは、そんなときだった。長く雪山と親しむためには易《やす》きにシフトすればいい。テレマークスキーを知ったのは、私にとって僥倖であった。

黒部の開拓を担った登山家に、敬愛する渡辺斉がいる。

「五〇キロのザックを背負ってさ、一歩、二歩、三歩って雪稜を登っていくんだ。それが黒部の醍醐味だ。五〇キロを背負えなくなったら、そのときが俺の黒部の終わりだな」

酒の席で唾を飛ばしながら、熱く語った彼の言葉が蘇える。

――仲間を山で失うたびに、自分が生き残っているのは、自分が純粋に山に向かっていないからだと思い知る――そんな彼の文章を読んだ記憶もある。

不純で軟弱な私は、とても渡辺斉のようにはなれないが、それでも易きに流れて、雪山にしがみつこうと思っている。

数年前の冬、いつものようにスキーを履いて山に登っていたら、息苦しさに気づいた。息を大きく吸っても改善せず、胸が押されるように苦しいのだ。歳のせいだと思った。それにしてはおかしい。初めての体験である。

当然のようにスピードは落ち、前方はるかで仲間たちが談笑して待っている。「お前ら、少しは心配してもいいだろうが」というと、「だって高桑さんの滑りを見てたら、とても調子が悪いとは思えないですよ」

そう返されて、ひと言もなかった。下りになると息苦しさは消えて、いつものように、ただ大胆なだけの滑りで斜面に飛びこんでいくのだから、心配のしようもないだろう。

そのようなことが山行のたびに起こり、これはさすがになにかあるな、と危ぶんだ。

折しもネパールヒマラヤの六千メートル峰に遠征の計画があり、参加の表明をして間もなかった。しかし、このまま参加してなにかあったら隊員に迷惑がかかる。きちんと調べる頃合いであった。

病院の診察室で心電図をとった私は、そのまま車椅子に乗せられて手術台に直行し、カテーテルによる心臓の手術を受けた。

「不安定狭心症」、それが私の病名であった。

心臓に酸素を供給する三本の冠状血管のうち、二本が詰まっていたのである。

「高桑さん、命拾いしたね」、そういってから執刀医師は言葉を繋いだ。「原因はタバコです。きっぱり辞めることですね」

私は肺がんの宣告を予感して、覚悟していたのだ。四〇年以上にわたって喫煙していれば、肺がんがもっとも疑わしい病気だろう。それがまさか心臓病だとは思いもしなかった。

その日が平成二二年二月二二日という二並びになったのは単なる偶然にすぎないが、遭難とはべつのかたちで、死を間近に感じる記念日となった。

生まれて初めての手術であり、入院であった。二、三日泊まって行きなさいと言われたが、結局ひと晩だけの入院で病院を追い出され、その週末にはスキーの取材で秋田に向かい、滑りまくっていた。生命の根幹を掌《つかさど》る心臓の手術を、開胸もせず、微細な管でやってのける医学の進歩に、感謝というよりも、むしろ他人事のように呆れ果てたものである。

糖尿病の宣告を受けたのは四十九歳のときである。肥満とは無縁で、むしろ痩せている私が糖尿病になるはずはないと、当時は意味もなく頑強に否定していたものだ。

適度な運動と食事制限。それが糖尿病治療の根幹である。いまでは隔月に診察を受け、どうにか投薬で安定してはいるが、なんで俺が、という理不尽な思いは消えずに残っている。

といって生活の変化はあまりない。酒も呑むしタバコも辞められないままだ。ひとつだけ有益があるとすれば、堂々と山に行く口実が得られたことだろう。そして、よせばいいのに仲間たちに豪語する。

「俺はマグロのような回遊魚と同じで、登っていなければ生きられないんだ」

無病息災という言葉がある。けれど私はすでに、不治の病をふたつも得てしまった。ならばこれからは、病の機嫌を取り結びながら、二病息災を座右の銘にしようと思う。


ヒマラヤ遠征は幻と消えたが、翌年の平成二三（二〇一一）年の夏、南米のボリビアに向かった。最高峰のサハマとイリマニに登るためである。

現地のテレビで震災後の日本の、早い梅雨明けを報じていた。ボリビアは真冬で、私たちはうらやましい思いで暑い日本の映像を見つめたが、なにやら国を捨ててしまったような後ろめたさがあった。四十年ぶりという異常気象が災いして、ボリビアの山は二つとも登れなかった。しかし悔いはなかった。私の脳裏に在ったのは、美しい日本の山河への、かぎりない郷愁である。

昨年（二〇一二年）の夏は七月のひと月、飯豊《いいで》連峰の門内《もんない》小屋の小屋番をした。避難小屋だから、そこにいてくれるだけでいいようなものだ、と言われてその気になったのだが、それまでとは異なるまなざしで山を眺め、登山者と接してみたかったのだ。

その新鮮な視座は、私に山のなんたるかをあらためて教えてくれた。得難い体験であった。これに味を占めて、あと二年はつづけてみようと思う。石の上にも三年、というやつである。

死にたくはないが、いつ死んでもいいとは思っている。勝手をいえば、なるべく苦しまずに、だ。死後のこの国の将来は残された人々に託される。それがたとえ、選挙権のわずか一票の微細な権利であったとしても。

死んでしまうのだからどうでもいいが、この国の美しい山河だけは守ってほしい。国の向かう方向を選択するのは、若い人たちであるべきだ。災厄の象徴のような原発のことだ。

歳を経たものの知恵は得難いが、いつも正しいとはかぎらない。国が滅んでも、山河さえ残れば、ひとは立ち直れる。

すでに余生に等しいが、残された歳月を、山に向かうことですごしたい。深い森と渓のせせらぎと風雪の夜が、私の慰藉であった。

山々が語りかけてくる。もっと山へ、渓へ、森へと唆《そそのか》すものがいる。その内なる声に、素直に従おうと思う。

自分勝手な私の言葉で傷つけてしまったであろう人たちの存在を承知で言っていいなら、山と渓で遊んだわが半生に、悔いはない。

あとがき

山をはじめて四十五年になる。しかし、四季を問わず憑かれたように通いつめたその行為を、登山と呼んでいいのかは疑わしい。さして山頂にこだわらず、渓を遡り、森をさまよっただけの半生にも思えるからだ。「渓谷から頂へ」を標榜して山野を跋渉してきたのだから、登山と呼んで差し支えはないのだろうが、どうでもいいことだ。

幼いころから自己顕示欲が強く、扱いにくい子どもだった私が、以後の人生を他者と協調して過ごしてこられたのは、生きていくことの時間軸を山に添わせた結果である。

私は文明の子でありながら森の子であった。それは文明の子である前に生物としての地球の子である、というほどの意味にほかならない。便利という名の欲望を大義名分にして、際限なき進化を求めてやまない文明への疑義がある。文明がもしも有限なら、拙速な進化を望まず、不便を友としてゆったりと暮らす自足の生き方があってもいい。その視座と自覚を、私は山から得たように思うのだ。

川は山から海への放水路では決してない。山と海は川を仲立ちにして支え合ってきた。その営みの行方と私たちは無縁ではない。この国のいたるところで川を分断してしまったために、山の養分を得て育った鮭や鱒が山中深く群れなして遡上した日々はすでに遠い。

べつに過ぎし時代を懐かしんでいるのではない。便利ななにかを得ようとすれば、不便だがかけがえのない何ものかを失うという自然の理《ことわり》が、紛うかたなくそこにある。その覚悟を持って生きてゆきたいだけである。

わずかばかりの酒と食糧を担いで渓谷を遡り、深い森の流れのかたわらで、せせらぎとともに焚き火を囲んで過ごす夜が、いまも私を支えている。森の静寂と豊饒の闇と、清々として明けていく森の朝が私の友だ。それは私が森の子だからである。いや、すでに森の爺《じじい》と呼んでいいのであるが。

激動の時代であった。混迷の時代の流れが速くなればなるほど、私は街を離れて森に逃れるだろう。それが私の余生になるはずである。

本書は、月刊「みすず」誌上で、計三〇回（二〇一〇年四月号〜二〇一三年三月号）にわたって書き継いだ連載を、加筆のうえまとめたものである。さしたる実績もなく、登山家とよばれるのもおこがましいほど未熟な私に連載の機会を与え、励ましてくれた、みすず書房編集部の浜田優氏に深く感謝している。

三年という連載の月ごとに、みずからの生い立ちと生きざまに否応なく向き合い、点検させられた日々が、いまでは懐かしく思い起こされる。

おかげで私の山と渓に遊んだつたない半生に、とてもいいかたちの区切りがつけられたと思っている。

恥を承知で書きあげた本書が、せめて恥の上塗りにならないことを祈るばかりである。

二〇一三年　初秋

高桑信一

著者略歴

（たかくわ・しんいち）

1949年，秋田県男鹿半島の船川で生まれる．秋田工業高校を卒業後，電電公社に入社．そのころから登山を始め，1980年に浦和浪漫山岳会を設立．おもに夏の沢登りと冬の雪稜登高によって，奥利根，下田・川内，南会津などの知られざる山域に足跡を残す．2003年にＮＴＴを退職し，以後はフリーランスのライターおよびカメラマンとして，山岳雑誌や渓流釣りの雑誌に，山行記や山里の暮らしを追ったルポなどを発表する．「ろうまん山房」主宰．埼玉県幸手市在住．著書に『一期一会の渓』『希望の里暮らし』『山小屋からの贈りもの』（つり人社）『山の仕事，山の暮らし』（つり人社，ヤマケイ文庫）『道なき渓への招待』『古道巡礼』（東京新聞出版局）『渓をわたる風』（平凡社）．編著に『森と水の恵み――達人の山旅２』（みすず書房）．

高桑信一

山と渓に遊んで

2013年 9 月30日　印刷
2013年10月10日　発行

発行所 株式会社 みすず書房
〒113-0033 東京都文京区本郷5丁目32-21
電話 03-3814-0131(営業) 03-3815-9181(編集)
http://www.msz.co.jp

本文組版 キャップス
本文印刷・製本所 中央精版印刷
扉・表紙・カバー印刷所 リヒトプランニング

Printed in Japan
ISBN 978-4-622-07788-6
[やまとたににあそんで]